高等教育城市轨道交通系列教材

城市轨道交通土建工程

（修订本）

主　编　张兴强
副主编　朱竟争　熊钰冰　胡庆华
主　审　张艳英

北京交通大学出版社
·北京·

内 容 简 介

本书主要包括城市轨道交通线路和轨道结构、区间隧道工程、高架桥梁工程和城市轨道交通车站等7章内容，以《地铁设计规范》（GB 50157—2003）和《城市轨道交通技术规范》（GB 50490—2009）为依据，紧密结合生产实践，内容丰富，图文并茂，系统性和实用性强，章前有本章的重点学习内容介绍，章后配有思考题，供读者学习。

本书可以作为大中专院校城市轨道交通工程专业的教材，也可作为继续教育、成人教育的专业课教材，并可供城市轨道土建工程设计、施工、管理单位的工程技术人员学习参考。

版权所有，侵权必究。

图书在版编目(CIP)数据

城市轨道交通土建工程/张兴强主编.—北京：北京交通大学出版社，2011.8（2023.7 修订）
ISBN 978-7-5121-0716-8

Ⅰ.①城… Ⅱ.①张… Ⅲ.①城市铁路-铁路工程：土木工程-高等学校-教材
Ⅳ.①U239.5

中国版本图书馆 CIP 数据核字（2011）第 176035 号

责任编辑：陈跃琴
出版发行：北京交通大学出版社　　　电话：010-51686414
地　　址：北京市海淀区高粱桥斜街 44 号　邮编：100044
印　刷　者：北京时代华都印刷有限公司
经　　销：全国新华书店
开　　本：185×260　印张：12.75　字数：320 千字
版 印 次：2023 年 7 月第 1 版第 1 次修订　2023 年 7 月第 5 次印刷
书　　号：ISBN 978-7-5121-0716-8/U·73
定　　价：38.00 元

本书如有质量问题，请向北京交通大学出版社质监组反映。对您的意见和批评，我们表示欢迎和感谢。
投诉电话：010-51686043，51686008；传真：010-62225406；E-mail：press@bjtu.edu.cn。

《高等教育城市轨道交通系列教材》
编　委　会

顾　　问：施仲衡

主　　任：陈　庚

副 主 任：朱晓宁　司银涛　章梓茂

委　　员：郑光信　毛保华　韩宝明
　　　　　赵晓波　贾慧娟　李　菊

本书主编：张兴强

本书主审：张艳英

出版说明

为促进城市轨道交通专业教材体系的建设，满足目前城市轨道交通专业人才培养的需要，北京交通大学交通运输学院、远程与继续教育学院和北京交通大学出版社组织以北京交通大学从事轨道交通研究教学的一线老师为主体、联合其他交通院校教师，并在北京地铁公司、广州市地下铁道总公司、南京地下铁道有限责任公司、北京市轨道交通建设管理有限公司、香港地铁公司等单位有关领导和专家的大力支持下，编写了本套"高等教育城市轨道交通系列教材"。

教材编写突出实用性，文字简洁明了。本着"理论部分通俗易懂，实操部分图文并茂"原则，侧重实际工作岗位操作技能的培养。为方便读者，本系列教材采用"立体化"教学资源建设方式，配套有教学课件、习题库、自学指导书，并将陆续配备教学光盘。本系列教材可供相关专业的全日制或在职学习的本专科学生使用，也可供从事相关工作的工程技术人员参考。

本系列教材的出版受到施仲衡院士的关注和首肯，多年从事城市轨道交通研究的毛保华教授和朱晓宁教授对本系列教材的编写给予具体指导，《都市快轨交通》杂志社主办和协办单位专家也给予本教材多方面的帮助和支持。在此一并致谢。

本系列教材从 2011 年 8 月起陆续推出，首批包括：《城市轨道交通设备》、《列车运行计算与设计》、《城市轨道交通系统运营管理》、《城市规划》、《轨道交通需求分析》、《交通政策法规》、《城市轨道交通规划与设计》、《企业发展战略》、《城市轨道交通土建工程》、《城市轨道交通车辆概论》、《城市轨道交通牵引电气化概论》、《城市轨道交通通信信号概论》、《城市轨道交通列车运行控制》、《城市轨道交通信息技术》、《城市轨道运营统计分析》、《城市轨道交通安全管理》、《交通运营统计分析》、《城市轨道交通客流分析》、《城市轨道交通服务质量管理》、《轨道交通客运管理》。

希望该套教材的出版对城市轨道交通的发展、对城市轨道交通专业人才的培养有所贡献。

教材编写委员会
2011 年 6 月

总　　序

近年来，中国经济飞速发展，城市化进程逐步加快。在大城市中，地面建筑越来越密集，人口越来越多，交通量越来越大，交通拥堵对社会效益和经济效益都带来了很大影响。据统计国内每年由于交通拥堵造成的损失将近一千多亿元。

解决交通拥堵，有各种各样的方法，其中城市轨道交通由于在土地利用、能源消耗、空气质量、景观质量、客运质量等方面的优势，正逐步成为许多大城市交通发展战略中的骨干，并形成以地铁、城市快速铁路、高架轻轨等为主的多元化发展趋势。

我国城市轨道交通从20世纪50年代开始筹划。1965年7月，北京市开始兴建中国第一条地下铁道。经过近50年，特别是近十年的发展，截至2010年底，我国已有13个城市拥有49条运营线路，总里程达1 425.5 km。另有16个城市，总计96条、2 000余km的线路正在建设中。目前已发展和规划发展城市轨道交通的城市总数已经接近50个，全部规划线路超过300条，总里程超过10 000 km。

随着城市轨道交通在全国范围的迅猛发展，各地区均急需轨道交通建设、运营管理的大批技术人员和应用型人才。目前全国有近百所高等院校和高等职业院校开设或准备开设城市轨道交通及相关专业。全国几十家相关企业，也都设立自己的培训中心或培训部门。

从目前的情况来看，在今后几年城市轨道交通人才的培养应该是各大专院校的学历教育与企业、社会的能力培训相结合的状态。但现实情况是相关的教材，特别是培养应用型人才的优质教材、教学指导书的建设和出版严重不足，落后于城市轨道交通发展的需要。

2011年初，北京交通大学远程与继续教育学院、交通运输学院、北京交通大学出版社共同筹划出版了"高等教育城市轨道交通系列教材"。这套教材的出版，恰逢其时。首先，这套教材的作者是由国内该领域的学术界和企业界的知名专家执笔。他们的参与，既保证了对中国轨道交通探索与实践的传承，同时也突出了本套教材的实用性。其次，它丰富、实用的内容和多样性的课程设置，为行业内"城市轨道交通"各类人才的培养，提供了专业的、实用的教材。

祝愿中国轨道交通事业蓬勃发展，也祝愿北京交通大学出版社这套"高等教育城市轨道交通系列教材"能够为促进我国城市轨道交通又好又快发展提供支撑！

中国工程院院士
2011年5月

前　言

随着城市规模不断扩大,城市交通已经是不得不面对的严重的社会问题。城市轨道交通作为一种有效的运输方式近年来在我国许多城市有了迅猛的发展。今后若干年将是我国城市轨道交通高速建设发展时期,这需要大量的合格城市轨道交通专业人员,以保证最大可能地节约资金与资源,求得最佳的社会效益。为了培养符合新时期要求的城市轨道交通人才,本书参考《地铁设计规范》(GB 50157—2003)和《城市轨道交通技术规范》(GB 50490—2009),组织有关人员编制了《城市轨道交通土建工程》一书。

本书认真贯彻和执行了《地铁设计规范》(GB 50157—2003)和《城市轨道交通技术规范》(GB 50490—2009),并参考了铁道工程的相关最新技术规范,体现了本书的时效性。

本书在内容上博采众长,广泛参考和吸取了国内外相关教材的优点。同时编写时充分考虑了城市轨道交通工程专业特色和学生知识构架,注重与其他课程的衔接与有机联系。

在教材知识结构和教材组织上,以城市轨道交通线路工程和土建结构工程为主要构架,介绍了城市轨道交通线路设计、各主要结构区间隧道工程、高架桥梁工程和城市轨道交通车站的设计及施工。本书内容做到层次清晰、重点突出、结构合理,每章前有本章重点学习内容,章后设置了思考题,有助于学生尽快学习和理解该章的知识结构,并通过习题掌握该章的知识点。

本书共分7章,全书由张兴强主编,其中第3章由王臻、杨雪编写,第4章由朱竟争编写,第6章由熊钰冰、胡庆华编写,其余章节由张兴强编写。同时本书参考了有关规范、标准、教材和论著的内容,在此谨向有关编著者表示衷心的感谢。

由于编者水平有限,书中错误和不足之处在所难免,恳请读者批评指正,以便进一步修正、补充和完善。

编者
2011 年 5 月

目 录

第1章 绪 论

1.1 城市轨道交通体系 ………………… 3
  1.1.1 城市轨道交通体系组成 ……… 3
  1.1.2 地铁系统的构成 ……………… 6
1.2 国内外城市地下铁道的发展 ……… 10

第2章 城市轨道交通线路和轨道结构

2.1 概述 ………………………………… 19
  2.1.1 城市轨道交通线路类型 ……… 19
  2.1.2 限界 …………………………… 25
2.2 线路平面 …………………………… 30
  2.2.1 线路的平面位置 ……………… 30
  2.2.2 线路的平面线形 ……………… 32
  2.2.3 线路平面主要技术指标 ……… 36
  2.2.4 线路平面设计 ………………… 38
2.3 线路纵断面 ………………………… 39
  2.3.1 坡度和坡长 …………………… 39
  2.3.2 竖曲线 ………………………… 40
  2.3.3 线路纵断面设计 ……………… 41
2.4 轨道结构 …………………………… 43
  2.4.1 道床 …………………………… 44
  2.4.2 钢轨 …………………………… 48
  2.4.3 道岔、轨枕和扣件 …………… 52

第3章 区间隧道工程

3.1 概述 ………………………………… 58
  3.1.1 区间隧道分类 ………………… 58
  3.1.2 区间隧道截面的几何尺寸 …… 59
  3.1.3 隧道围岩 ……………………… 60
  3.1.4 区间隧道所受荷载及工程材料 … 61
3.2 区间隧道施工方法 ………………… 63
  3.2.1 明挖法 ………………………… 63
  3.2.2 暗挖法 ………………………… 71
  3.2.3 沉管法 ………………………… 80
  3.2.4 区间隧道主要施工方法比较 … 82
3.3 区间隧道的结构 …………………… 83
  3.3.1 明挖法施工区间隧道结构 …… 83
  3.3.2 矿山法施工区间隧道结构 …… 83
  3.3.3 盾构法施工区间隧道结构 …… 87

第4章 高架桥梁工程

4.1 概述 ………………………………… 91
  4.1.1 城市轨道交通高架桥的特点 … 91
  4.1.2 高架桥的分类 ………………… 93
  4.1.3 高架桥设计原则 ……………… 95
4.2 高架桥的上部结构及附属结构 …… 97
  4.2.1 上部结构 ……………………… 97
  4.2.2 附属结构 ……………………… 103
4.3 墩台结构 …………………………… 105
  4.3.1 桥墩的类型 …………………… 105
  4.3.2 桥墩构造 ……………………… 112
  4.3.3 桥台 …………………………… 114
4.4 基础 ………………………………… 116

第5章 城市轨道交通车辆段

5.1 车辆段概述 ………………………… 122
  5.1.1 车辆段的组成 ………………… 122
  5.1.2 车辆段的线路配置 …………… 123
5.2 车辆段的平面布置 ………………… 125
  5.2.1 车辆段平面布置的原则 ……… 125
  5.2.2 车辆段的选址 ………………… 126
  5.2.3 车辆段的规模 ………………… 127

第6章 城市轨道交通车站

6.1 概述 ………………………………… 137

  6.1.1 车站分类 …………………… 138
  6.1.2 车站组成 …………………… 142
  6.1.3 车站的总平面布局 ………… 144
 6.2 地下车站 ……………………… 147
  6.2.1 概述 ………………………… 147
  6.2.2 地下车站分类 ……………… 148
  6.2.3 地下车站的结构类型 ……… 149
  6.2.4 地下车站的建筑设计 ……… 151
 6.3 高架车站 ……………………… 156
  6.3.1 概述 ………………………… 156
  6.3.2 高架车站分类 ……………… 157
  6.3.3 高架车站的结构类型 ……… 159
  6.3.4 高架车站的建筑设计 ……… 162
 6.4 地面车站 ……………………… 166
  6.4.1 地面车站的形式 …………… 166
  6.4.2 地面车站组成 ……………… 168

  6.4.3 地面车站的布局设计 ……… 168

第7章 给排水系统及结构防水

 7.1 给水系统和排水系统 ………… 175
  7.1.1 概述 ………………………… 175
  7.1.2 给水系统 …………………… 176
  7.1.3 排水系统 …………………… 179
 7.2 结构防水 ……………………… 181
  7.2.1 防水材料 …………………… 181
  7.2.2 结构主体防水 ……………… 184
  7.2.3 细部结构防水 ……………… 187

附录 A 城市轨道交通土建工程模拟试题

A1 模拟试题 1 …………………… 191
A2 模拟试题 2 …………………… 192

参考文献 ………………………………… 194

第1章 绪论

本章内容简介

　　本章在对我国城市交通现状及产生原因分析的基础上,介绍了城市轨道交通体系组成形式——地下铁道、轻轨、城市铁路、独轨、磁悬浮、索轨交通等的概念,并以地下铁道系统为例,介绍了其供电、通信信号、环控系统、车辆和土建结构等主要构成的系统组成。最后以纽约、伦敦、东京和北京城市轨道交通的发展历史,介绍了世界主要城市轨道交通的发展。

本章学习重点

1. 各种城市轨道交通方式的概念;
2. 地铁车辆的形式和主要技术规格;
3. 地铁土建工程的组成;
4. 世界主要城市轨道交通的发展。

城市是人口稠密，具有生产、生活和行政管理等功能的区域，一般包括住宅区、工业区和商业区，城市是人类文明进步的重要标志，也是一个国家或地区的政治、经济、文化和科学技术中心。随着我国国民经济的迅速发展，城市规模不断扩大，而土地开发利用和经济区域的布局又主要是在老城区周边，城市人口高度集中，居民出行更加频繁。例如，目前我国北京城市机动车辆接近500万辆，机动车年平均增长率迅速，但是城市道路等基础设施建设远远跟不上社会和经济发展的需要，单一的道路系统与多元化交通工具的共存已显得越来越不相适应，传统的公共交通客运方式已不能满足现代城市居民快速、频繁出行的要求。目前城市日常交通不顺畅已经严重影响了城市居民的生活质量和城市经济发展的动力，产生了严重的社会问题，具体表现为以下几点。

① 交通阻塞，行车速度慢。这已成为我国许多城市普遍存在的突出问题。北京、上海等城市一些主干道平均车速为10 km/h，市区路口严重阻塞的达60%，阻塞时间也越来越长。

② 交通秩序混乱。我国城市传统的混合用地模式，即步行、自行车、低运输量的公共交通工具为主的出行方式，限制了城市客流的疏散。各种车辆混行在道路上，交通秩序混乱，交通事故频增。

③ 耗能多，污染严重。我国一些大城市环境形势日益严峻，大气污染日益加剧，北京、沈阳、西安、上海、广州均列入世界十大空气污染最严重的城市。资料表明，一辆公共汽车可以代替15～20辆私人汽车，一个拥有600辆公共汽车的车队可以使街道上的小汽车减少12 000辆。轿车载客的社会费用为公共交通的6～8倍，能耗高达3～4倍，空间占用量高9倍，环境污染损失高达9倍。

造成我国城市交通现状的因素主要表现在以下几点。

① 城市化的快速发展。随着农村地区向城市化转变的过程加快，旧市区的改造和城市区域的扩大，大都市圈和大城市形成的日新月异，赖以疏通人员和货物的交通设施，往往不能适应当地与城市化进程同步发展，是造成交通困扰的主要原因之一。

② 城市布局与规划不合理。我国城市布局欠合理，居住区与工作岗位分布不平衡，商业、政府行政办公和文化娱乐设施过于集中，使人们出行距离过长，出行目的过于集中。现代城市的发展则是以包括地下、高空的利用在内的立体化为基本形式，然而我国大城市在进行城市总体规划时大都限于平面规划。

③ 公共交通结构不当。我国大城市的公共交通方式，绝大多数还是利用传统、低运能的交通工具。由于经济的高速发展和城市的不断扩大，在市区同一条客运走廊上每小时集中运送1万人次以上客流的情况已相当普遍，与之相对应的高、中运能的轨道交通客运方式在我国城市还很少，更谈不上高、中、低运能不同方式的合理布局。表1-1为几种轨道交通方式的技术表。

表1-1　几种轨道交通方式主要技术表

轨道交通运能分类	Ⅰ（高运量）	Ⅱ（大运量）	Ⅲ（中运量）	
	地铁	地铁	轻轨	市郊铁路
单向运能/（万人次/h）	5～7	3～5	1～3	1～3
适用车型	A	B或A	C或B	C或市郊铁路
列车最大长度/m	185	140	100	

续表

轨道交通运能分类	I（高运量）	II（大运量）	III（中运量）	
	地铁		轻轨	市郊铁路
线路形式（市中心区）	全封闭	全封闭	半封闭/全封闭	半封闭/全封闭
最高速度/（km·h^{-1}）	大于80	80	60～80	80～120
旅行速度/（km·h^{-1}）	30～40	30～40	20～30/30～40	30～60

④ 道路面积少。主要表现为城市道路面积与城市面积之比及人均道路面积太低。例如，东京城市道路面积占城市面积的比例为15%，人均道路面积为11.3 m²；而北京分别为8.4%和4.4 m²。

我国许多大城市建设用地十分有限，不能无限制地扩展道路。因此，应结合城市的总体规划，做好城市快速轨道交通——地铁和轻轨的规划，有计划地、分期分批地建造地下铁道、高架轻轨、郊区快速铁路，并与公共汽车、出租车、有轨电车、轮渡等交通工具有机结合，互为补充。同时也应改进现有的交通法规，强化城市居民交通文明意识。发展城市交通应围绕安全、高效、有序、经济和环保的要点，逐步使交通结构合理，供求平衡，实现可持续发展。

1.1 城市轨道交通体系

1.1.1 城市轨道交通体系组成

城市轨道交通体系按其系统运营方式，可分为地铁、轻轨、城市铁路、独轨、磁悬浮、索轨交通等多种模式。

1. 地铁

泛指车辆的轴重大于15 t，高峰小时单向运输能力在30 000～70 000人左右的大容量轨道交通系统，其形式包括地下、地面和高架三种，如图1-1所示。表1-2列出了地铁的主要技术参数。

(a) 地下铁路　　(b) 高架铁路　　(c) 地面铁路

图1-1　地铁形式

表1-2 地铁主要技术参数

序号	项目	技术参数	序号	项目	技术参数
1	高峰小时单向运送能力	30 000～70 000人	9	安全性和可靠性	较好
2	列车编组	4～8节	10	最小曲线半径	300
3	列车容量	3 000人	11	最小竖曲线半径	3 000
4	车辆构造速度	80～100 km/h	12	舒适性	较好
5	平均运行速度	30～40 km/h	13	城市景观	无大影响
6	车长平均间距	600～2 000 m	14	空气、噪声污染	小
7	最大通过能力	30 对/h	15	展台高度	一般为高站台,乘降方便
8	与地面交通隔离率	100%			

2. 城市铁路

建在城市内部或内外结合部,线路设施与干线铁路基本相同,服务对象以城市公共交通客流,即短途、通勤旅客为主,而不是如干线铁路一样承担城际或省际的客货交流任务的铁路。按照城市铁路在单元内部服务范围的大小,一般把城市铁路分成2个部分:市郊铁路和城市快速铁路,如图1-2所示。

图1-2 城市铁路

3. 轻轨

指车辆的轴重一般在10 t左右,高峰小时单向运输能力在10 000～30 000人左右的中等运量轨道交通系统,如图1-3所示。

4. 独轨交通

是指车辆在一根导向轨道上运行的轨道交通系统。通常分为跨座式和悬挂式2种。跨座式是指车辆跨坐在轨道梁上行驶,悬挂式是指车辆悬挂在轨道梁下方行驶,如图1-4所示。

5. 磁浮交通

磁浮交通是一种非轮轨黏着传动，悬浮于地面的交通运输系统。一般介于常规高速铁路和航空运输之间的一种独特的运输方式。磁浮列车利用常导磁铁或超导磁体产生的吸力或斥力使车辆悬浮在运行轨道上方，用以上的复合技术产生导向力，并用直线电机产生牵引动力而行驶的列车，如图1-5所示。

（a）现代轻轨　　　　　　　　（b）有轨电车

图1-3　轻轨

（a）跨座式　　　　　　　　（b）悬挂式

图1-4　独轨交通

图1-5　磁浮交通

1.1.2 地铁系统的构成

地下铁道系统主要由供电、通信信号、环控系统和车辆及土建结构系统组成。

1. 供电系统

电能是地铁系统必需的能源，几乎所有的地铁设备都离不开电力供应，一旦供电中断，整个地铁运输系统将处于瘫痪状态，因此高度安全、可靠的供电系统是地铁正常运营的重要条件和保证。

地铁供电系统一般包括牵引供电系统、动力照明系统和高压电源系统。其中，牵引供电系统供给地铁车辆运行需要的电能，由牵引变电所和接触网组成；动力照明系统提供车站和区间各类照明、风机、水泵等动力机械设备电源和通信、信号、自动化等设备电源，由降压变电所和动力照明配置线路组成；高压电源系统可以是市电直接供给地铁各变电所，也可由城市高压线路集中供给地铁线路，然后由电源变压器再分配给地铁沿线各变电所。

2. 通信信号系统

通信信号系统为确保行车安全、指挥列车运行、提高运营效率起着至关重要的作用。地铁信号系统按其功能可分为以下几部分：自动闭塞、联锁、列车自动监视系统、列车自动防护系统、列车自动运行系统。

为了迅速、准确、可靠地传递和交换语音、图像、数据信息，地铁通信系统是个自成体系的独立完整的内部通信网：通信网由光纤数字传输系统、数字电话交换系统、闭路电视监视系统、无线调度系统和车站广播系统等组成。

3. 环控系统

地铁环境控制系统是地铁的重要组成部分，关系到乘客旅行安全和旅途心情，影响着地铁对广大市民的吸引力。早期地铁较少考虑环境问题，以致乘客乘坐地铁必须忍受高温、高湿及污浊的空气。随着经济和社会发展水平的提高，乘客对乘车环境有了更高的要求，不少城市开始在地铁系统中增设环境控制系统以满足乘客要求。环境控制系统主要包括地铁通风、空调和采暖等设备。

4. 车辆

地铁车辆作为旅客运载工具，不仅要保证运行的安全、可靠、快速，而且应考虑乘客的舒适和方便及公共交通所需的大容量。地铁车辆不管采取何种模式，都是电动车组编组，即装有牵引电机能自行行走的电动客车，称为动车。通常把无驾驶室的车辆称为中间车，没有牵引电机但有驾驶室的车辆称为控制车，牵引电机和驾驶室都没有的车辆称为拖车，如图1-6所示。在编组运行时，带驾驶室的控制车始终在列车的两端，其他车型在列车中的位置可以互换，一般编组辆数为4~8节，最多为11节。无论是动车还是拖车，地铁车辆主要由以下几部分组成：车体、转向架、牵引缓冲装置、制动装置、受流装置、车辆内部设备、车辆电气系统。

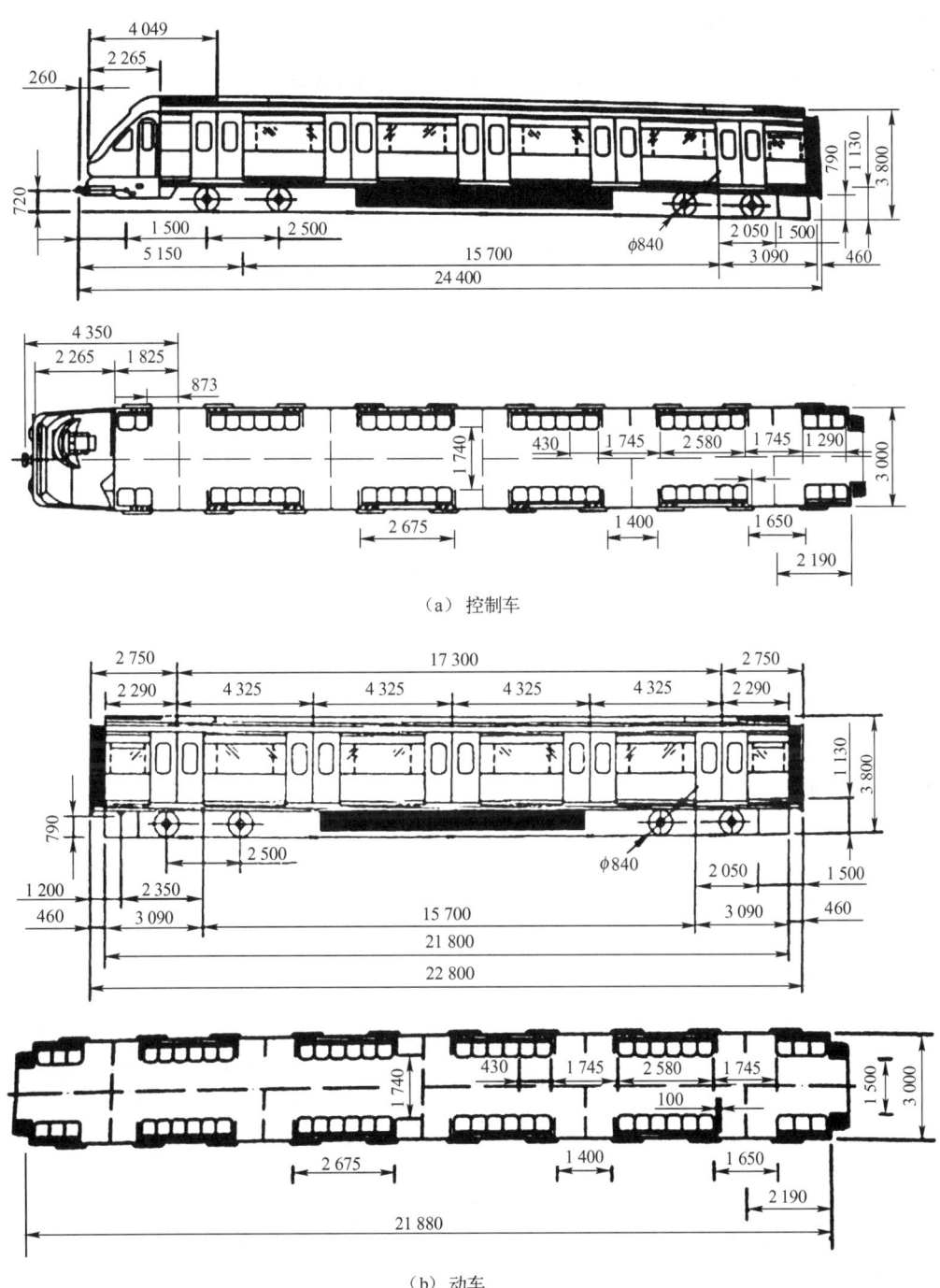

(a) 控制车

(b) 动车

图1-6 地铁车辆示意图

由于地铁车辆主要运行在地下隧道中,而且地铁线路曲线半径小、坡度大、站距短,与地面轨道车辆相比就要具备更好的技术性能。表1-3为地铁车辆的主要技术规格。地铁车辆不同于其他轨道车辆的主要特征如下。

表1-3 地铁车辆的主要技术规格

名 称			A 型车	B 型车
车辆轴数			4	4
车体基本长度/mm		无司机室车辆	22 000	19 000
		单司机室车辆	23 600	19 600
车钩连接中心点间距离/mm		无司机室车辆	22 800	19 520
		单司机室车辆	24 400	20 120
车体基本宽度/mm			3 000	2 800
车辆最大高度/mm	受流器车	有空调	3 800	3 800
		无空调	3 600	3 600
	受电弓车(落弓高度)		≤3 810	
	受电弓工作高度		3 900~5 600	
车内净高/mm			2 100~2 150	
地板面距轨面高/mm			1 130	1 100
轴重/t			≤16	≤14
车辆定距/mm			15 700	12 600
固定轴距/mm			2 200~2 500	2 000~2 300
每侧车门数/对			5	4
车门宽度/mm			1 300~1 400	1 300~1 400
车门高度/mm			≥1 800	≥1 800
载员(人)	坐席	单司机室车辆	56	36
		无司机室车辆	56	46
	定员	单司机室车辆	310	230
		无司机室车辆	310	250
	超员	单司机室车辆	432	327
		无司机室车辆	432	352
车辆最高运行速度/(km·h^{-1})			80~100	80~100
起动平均加速度/(m·s^{-2}) (0~35 km·h^{-1})			0.83~1.0	0.83~1.0
最高级别常用制动平均减速度/(m·s^{-2})			1.0	1.0
紧急制动平均减速度/(m·s^{-2})			1.2	1.2

① 地铁车辆具有较好的加减速性能、起动快、停车制动距离短、平均运行速度高。
② 地铁车辆具有较大的载客容量,车门数多,便于乘客上下车,缩短停站时间。

③ 地铁车辆车型小，适合隧道内运行，而且车辆采用难燃或阻燃材料制成，不容易发生火灾。

④ 地铁车辆技术含量较高，一般都安装列车自动控制、自动停车、自动驾驶装置等。

5. 线路、土建结构系统

1) 线路工程

轨道交通线路是一条带状的三维空间工程实体，其在空间的位置用线路中心线表示。中心线在水平面上的投影形状为平面线形，沿中心线竖直剖切再展开则是纵断面，中线上任意一点的法向切面是在该点的横断面。线路工程是城市轨道交通的重要组成部分，其内涵是保证轨道交通在安全、快速前提下，确定线路在城市三维空间中的走向。表1-4为城市轨道交通线路工程的主要技术标准。

表1-4 线路工程主要技术标准

基本车型		A	B	C
最小曲线半径/m	正线	300～350	250～300	50～100
	辅助线	250	150～200	25～80
	车场线	150	80～110	25～70
最大坡度/‰	正线	30～35	30～35	60
	辅助线	40	40	60
	车场线	1.5	1.5	1.5
竖曲线半径/m	正线	3 000～5 000	2 500～5 000	1 000
	辅助线	2 000	2 000	1 000
钢轨/(kg·m^{-1})	正线	≥60	50～60	50
	辅助线	≥50	≥50	50
道岔/[号/半径]	正线	9/200	9/200 或 7/150	7/150
	车场	7/150	6/110	(待定)

地铁线路一般在市区建筑物密集的地段设在地下，在市郊结合部和郊区，在建筑场地和环境允许的前提下，线路和车站均建在地面和高架上。

2) 土建工程

城市轨道交通的土建工程主要由车站、区间隧道、高架桥梁、车辆段、给水排水系统和结构防水组成。

(1) 区间隧道

区间隧道是指修建在地下或水下并铺设轨道供机车车辆通行的建筑物。城市轨道交通的区间隧道按其施工方法不同可以分为放坡开挖或护壁施工的明挖结构、用盾构法或矿山法施工的暗挖结构和用沉管法或顶进法等特殊方法施工的结构等三大类。

(2) 高架桥梁

轨道交通高架桥是指建在城市里为城市轨道交通（如轻轨、铁路等）服务的高架桥，属于市政设施建设工程，桥梁长度大，穿过居民区，跨过路口、管线等。高架桥梁由上部结构、下部结构和附属结构三大部分组成。上部结构即梁体，下部结构包括桥墩、桥台、基础，附属结构主要包括伸缩缝、支座、灯光照明、电信电缆、交通信号标志、桥面铺装、防水排水系统、栏杆（或防撞栏杆）、人行道等部分。城市轨道交通按高架桥按其受力构件分为拱形桥、梁形桥和刚性框架桥3种类型。

（3）车站

城市轨道交通车站是指位于轨道交通线网的线路上，为旅客乘坐轨道交通服务的基本设施。城市轨道交通车站是乘客集散和乘降的场所，是全线最重要、最复杂的部分，是城市轨道交通的重要组成部分，是连接其他交通的枢纽，是未来城市发展的核心地区。

城市轨道交通车站按其与地面的相对位置可分为地下车站（车站结构设置于地面以下的岩层或土层当中）、地面车站（车站结构设置于地面）和高架车站（车站结构设置于地面高架桥上）3类。

（4）给排水系统和结构防水

给水系统是指通过管道及辅助设备，按照建筑物和用户的生产、生活和消防的需要，有组织地输送到用水地点的网络。排水系统是指通过管道及辅助设备，按照建筑物和用户的生产、生活的需要，有组织地将城市轨道交通产生的废水排除到城市市政排水系统的网络。

结构防水是为防止修建在含水地层或透水地层的地下铁道受到地下水和地面水的有害作用或影响而采取的结构性防水措施，其主要目的保证地铁的运营和结构物的使用寿命。

（5）车辆段

车辆段是城市轨道交通系统中的一个重要组成部分，是地铁车辆进行停放、运用、检查、整备、维修保养和运用列车事故后救援的重要基地。通常，一条线路可设一个车辆段；线路长度超过20 km时可以考虑设一个车辆段和一个停车场。

1.2 国内外城市地下铁道的发展

1863年1月10日世界上第一条地下铁道在伦敦建成，开始是采用蒸汽机车牵引。1881年第一辆有轨电车在德国柏林工业博览会上展示。1888年美国弗吉尼亚州里士满市世界上第一条有轨电车系统投入运行。1908年中国第一条有轨电车在上海建成通车。旧式有轨电车行驶在道路中间，与其他车辆混合运行，又受路口红绿灯的控制，运行速度很慢，正点率低，而且噪声大，加减速性能较差。随着汽车工业的迅速发展，西方国家私人小汽车数量急骤增长，大量的汽车涌上街头，城市道路面积明显地不够用。20世纪50年代开始，世界各国大城市都纷纷拆除有轨电车线路，这阵风也波及到中国。到20世纪50年代末，我国各大城市也把有轨电车线基本拆完，仅剩下大连、长春个别线路没有拆光，并一直保留至今，继续承担着正常公共客运任务。

"二战"后经过短暂的经济恢复后，地下铁道建设随着全世界经济起飞而启动、加快。20世纪70年代和80年代是各国地下铁道建设的高峰。发达国家的主要大城市如纽约、华盛顿、芝加哥、伦敦、巴黎、柏林、东京、莫斯科等已基本完成了地铁网络的建设，但后起的中等发达国家和地区，特别是发展中国家地铁建设却方兴未艾。亚洲共有 26 个城市有地下铁道，除了东京与大阪在"二战"前就建有地下铁道外，其余城市均是在战后建成。

回顾 20 世纪城市交通的发展历程，就是一个否定之否定的过程，有轨电车从大发展到大拆除；然后汽车登上历史舞台，逐渐成了城市交通的主角；到 20 世纪末，以地铁和轻轨为代表的城市轨道交通又恢复了有轨电车的主导地位，这是个螺旋式的上升过程。

1. 纽约地铁

第一条纽约地下铁道 New York Subway（图 1-7）于 1907 年建成通车，总长为 443.2 km，设车站 504 座，居世界首位。其中地上线路 24 小时运营，有些运量较大的线路，还采用 3 条或 4 条轨道，实现了行驶。纽约地铁是世界上最庞大的地铁系统之一。目前，已经从 1904 年 10 月启用时的 28 个站点，发展为 462 个站点的庞大网络。纽约地铁每日运送的乘客大约有 490 万人。截至 2010 年 4 月，纽约市的地铁在册的地铁机车有 6 442 辆。一个典型的纽约市地铁列车由 8 至 11 节编组，短程编组可以只有 2 节，火车的长度范围可为 46 ~ 180 m。图 1-8 为纽约地铁运营线路示意图。

图 1-7　纽约地下铁道

2. 伦敦地铁

1863 年世界上第一条地铁在伦敦建成，该地铁长 4.8 km，设有 7 个停靠站。1898 年，连接城市南部与金融城的地铁：滑铁卢与城市线开通。1900 年，横贯整个伦敦的中央线完成了。"一战"和"二战"中，伦敦的地铁的修建被迫停了下来。1940 年后，伦敦地铁的隧道担当起了防空洞的作用，成为战时的军事指挥中心、战时工厂、医院和市民的避难所。1948 年计划的纵贯伦敦的地铁维多利亚线拖到 1959 年才真正开工，1962 年完成了第一段。1969 年 3 月 7 日，由女王剪彩宣布完工。但实际上，这条线路的最后一段直到 1971 年才建成。如图 1-9 和图 1-10 所示。

伦敦地铁现已建成 12 条，总长度超过 400 km 的线路网，有 160 km 以上的线路位于隧道内，其中 96 km 长的隧道采用明挖法施工。线路的最大坡度为 33‰。旧线的最小曲线半径为 100 m，新建的为 402 m。伦敦地铁的每条线路都有自己的代表色：中央线是鲜红色的，东伦敦线是金黄色的，维多利亚线是浅蓝色的，区域线则是翠绿色的。

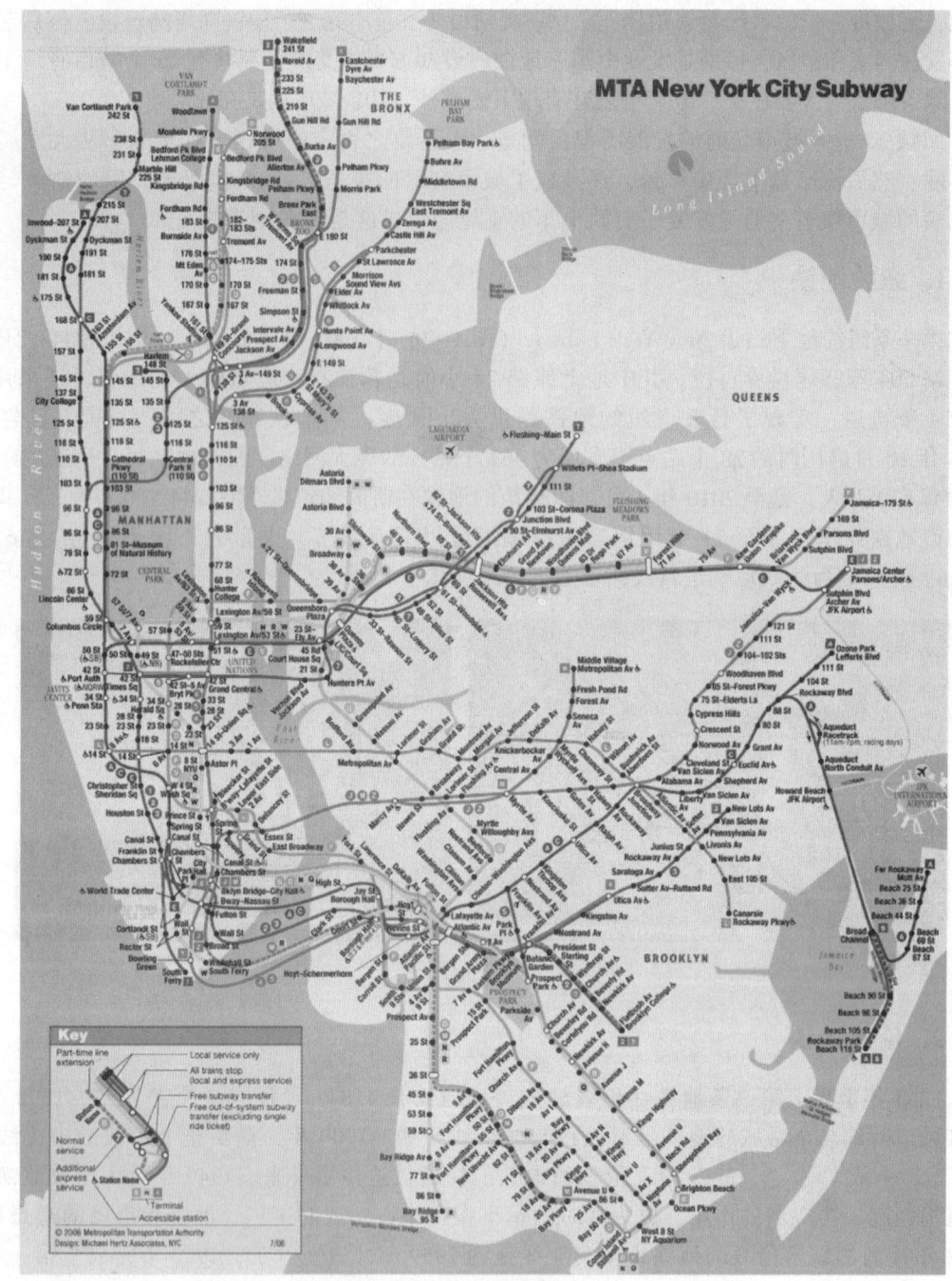

图1-8 纽约地铁线路图

伦敦地铁车站的数目已超过273个,站间距离平均为1.5km。深埋车站大多数为侧式站台,设置于一个大直径的圆形隧道中。国王十字车站是6条地铁线路的换乘站,同时在地上连接了国家铁路系统,既是地铁站,也是火车站。国王十字车站之所以著名,多半因为电影《哈利·波特》在此取景拍摄。电影中通往霍格沃兹魔法学校的火车便是从国王十字站出发，在这里甚至还能找到鼎鼎大名的 9 又 4 分之 3 站台。因此，国王十字站不仅是交通枢纽，也是广大电影迷和旅游爱好者来伦敦不能不去的景点。

图 1-9　伦敦地铁标志

图 1-10　伦敦地铁

伦敦地铁每天的客流量是 200 万人次。每年的客流量大约为 8 亿 5 千万人次。而在上班高峰的时间里，牛津街地铁站入口处一个小时的客流量是 22 500 人。而伦敦的人口其实只有 700 万多一点。图 1-11 为伦敦地铁运营线路示意图。

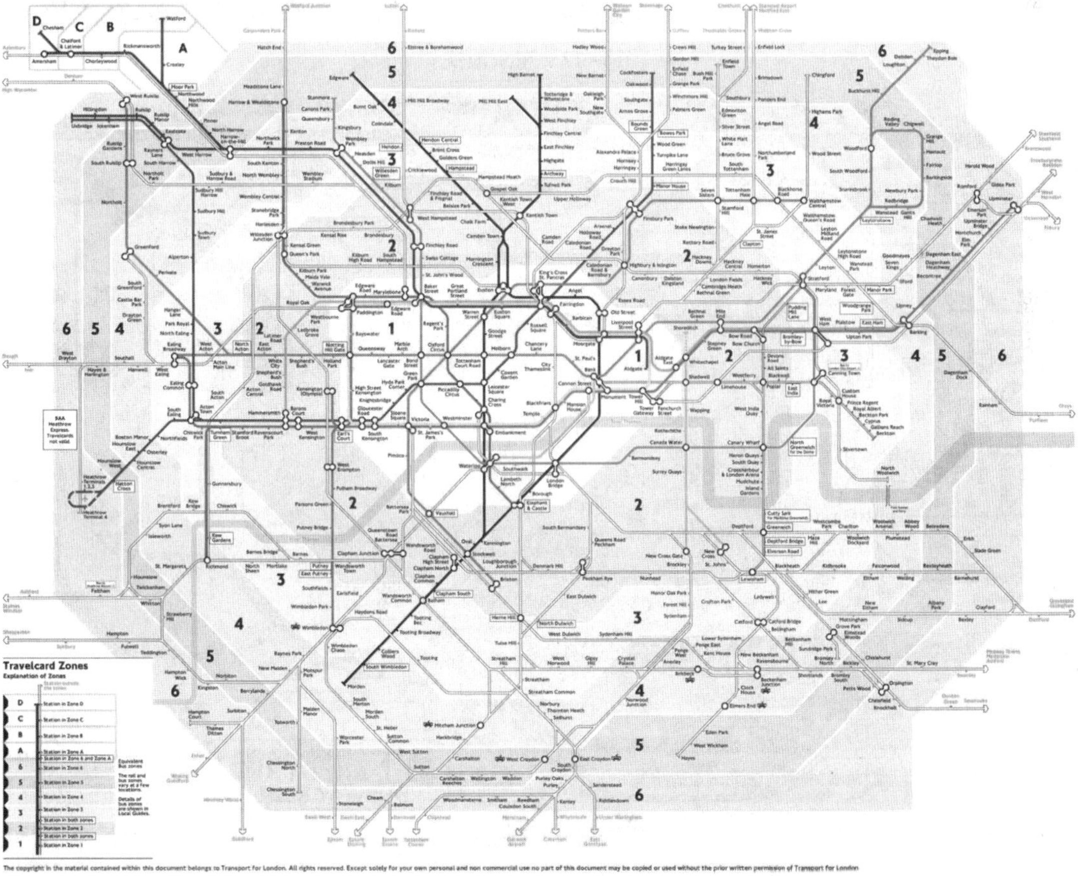

图 1-11　伦敦地铁运营线路示意图

3. 东京地铁

东京是全亚洲与日本最早有地下铁路线开通的城市（图 1-12），1927 年 12 月今东京 Metro 银座线草站段通车。目前共有 13 条线路、214 个车站，线路总长 292.2 km，每日平均运量将近 800 万人次，发达程度居世界前 5 名。每条线路都与环状运行的 JR（Japan Railway）山手线上车站交会，其中包括几个 JR、私营铁路与地下铁线路共同汇集的大型转运站（新宿与涩谷）。许多线路并与部分 JR 线及其他私营铁路线路相互直通运转，整体服务范围涵盖东京都、神奈川县、埼玉县与千叶县。图 1-13 为东京地铁运营线路示意图。

图 1-12 东京地铁

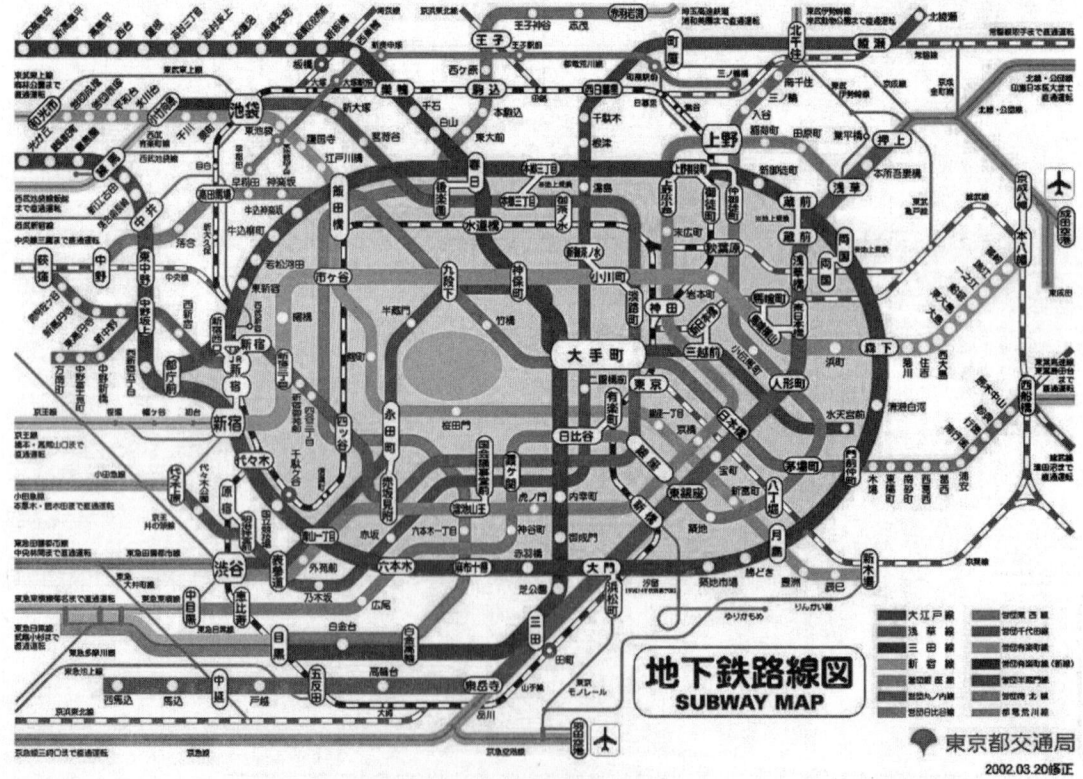

图 1-13 东京地铁运营线路示意图

4. 北京地铁

北京地铁始建于1965年7月1日，1969年10月1日第一条地铁线路建成通车，使北京成为中国第一个拥有地铁的城市。如图1-14和图1-15所示。

图1-14 北京地铁标志

图1-15 北京地铁

1971年1月15日公主坟至北京站段开始试运行，1971年8月5日延长为玉泉路至北京站，1971年11月7日延长为古城路至北京站，1973年4月23日延长为苹果园至北京站。北京地铁二期工程始于1969年，其线路沿北京内城城墙自建国门至复兴门，呈倒U字形，设12座车站及太平湖车辆段，线路长度为17.2公里。1981年9月15日，北京地铁正式对外运营。

北京地铁复八线于1992年6月24日开工建设，1999年9月28日通车试运营，2000年6月28日与一线全线贯通。北京地铁13号线于2002年9月起分段开通，将霍营、回龙观和北苑等城北住宅区和上地信息产业基地与中心城区联系起来。八通线于2003年开通，对改善通州交通环境起重要作用。

2007年10月7日，北京地铁5号线正式开通试运营，是第一条北京市南北轨道交通大动脉。5号线全长27.3km，设太平庄停车场和宋家庄车辆段，也是北京地铁第一条加装屏蔽门的线路

2008年7月19日，在北京奥运会召开前夕，北京地铁10号线一期、奥运支线和机场线三条轨道新线正式通车。2009年9月28日，地铁4号线开通。2010年12月30日，北京地铁开通亦庄线、大兴线、房山线、15号线（顺义线）和昌平线，北京地铁总长度达到336km。图1-16为北京地铁运营线路示意图。

思考题

1. 目前城市交通存在的问题及产生原因是什么?
2. 城市轨道交通是由哪些组成的?各具有什么特点?
3. 请叙述地铁系统的构成。
4. 请叙述地铁车辆的主要技术指标。
5. 请叙述地铁线路和土建结构工程的组成。
6. 请查阅文献了解莫斯科、巴黎、香港等城市轨道交通的发展。

第 2 章
城市轨道交通线路和轨道结构

本章内容简介

本章是本书的主要章节之一，主要介绍城市轨道交通的线路工程，包括4节内容。第1节介绍了城市轨道交通线路各种类型和限界的概念；第2节介绍了城市轨道交通平面线形的组成（直线、圆曲线和缓和曲线）的特点及其要素的计算，线路平面的主要技术指标及平面线性设计；第3节介绍了线路纵断面的组成（坡度、坡长和竖曲线）的概念及其设计；第4节介绍了道床、钢轨和轨道基础的基本概念。

本章学习重点

1. 城市轨道交通线路工程类型和限界的概念；
2. 直线、圆曲线和缓和曲线的特点；
3. 圆曲线和缓和曲线要素的计算；
4. 线路桩号的敷设及线路平面的主要技术指标；
5. 坡度、坡长和竖曲线设计；
6. 城市轨道交通线路平面和纵断面设计程序；
7. 道床、钢轨和轨道基础的概念。

2.1 概述

轨道交通线路是一条带状的三维空间工程实体,其在空间的位置用线路中心线(路基顶面中点连成的线)表示。中心线在水平面上的投影形状为平面线形,沿中心线竖直剖切再展开则是纵断面,中线上任意一点的法向切面是在该点的横断面(图2-1)。线路工程是城市轨道交通的重要组成部分。其内涵是保证轨道交通在安全、快速前提下,确定线路在城市三维空间中的走向。

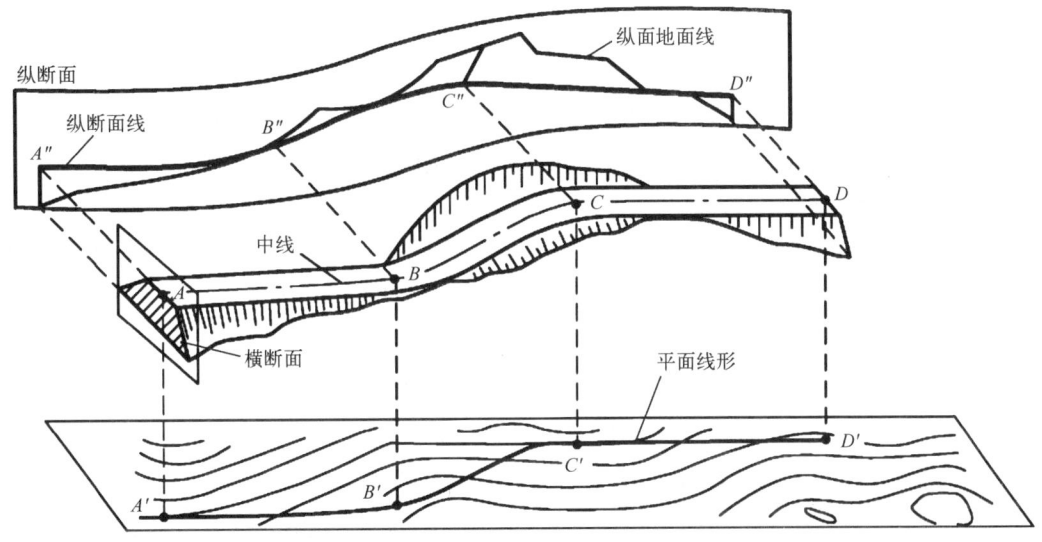

图2-1 城市轨道交通线路空间结构

2.1.1 城市轨道交通线路类型

城市轨道交通线路一般根据线路的功能及线路敷设方式进行分类。

1. 按线路的功能分类

城市轨道交通的线路按其功能分为正线、辅助线、场线及道岔。

1)正线

正线指供载客列车运行的线路,包括区间正线、支线、车站正线及站线。一般为双线,采用右侧行车制。车站是供乘客上、下车的营业场所,是站线、站台、站房等站场设备的总称。图2-2和图2-3为城市轨道交通线路正线和车站。

图 2-2 城市轨道交通线路区间正线

图 2-3 城市轨道交通车站

2）辅助线

辅助线是为空载列车提供折返、停放、检查、转线及出入段作业所需的线路，包括以下几种类型。

（1）折返线和临时折返线

地铁规范规定："线路的每个终点站和区段运行的折返站，应设置折返线或渡线，它的折返能力应与该区段的通过能力相匹配。当两折返站相距过长时，宜在沿线每隔3至5个车站的站端加设渡线或车辆停放线。"

线路两端车站设计折返设施，当线路两端客流不平衡，需中间折返时，在折返站应设置道岔渡线。渡线道岔心距站台端不小于 $a+l$。其中，a 为道岔尖端基本轨接头至岔心距离，l 为前转向架中心至车体后端距离，四轴车 $l=15.2\,\mathrm{m}$。

折返方式大致分两种，即站前折返和站后折返。折返方式的比较见表 2-1。

表 2-1　折返形式比较

折返形式	站 前 折 返	站 后 折 返
优点	站前折返时，列车空走少，折返时间较短；乘客能同时上下车，可缩短停站时间，减少费用	站后折返避免了前述进路交叉，安全性能好；列车进出站速度较高，有利于提高旅行速度；站后尽端折返线折返是最常见的方式，站后渡线方法则可为短交路提供方便，环形线折返设备可保证最大的通过能力
缺点	存在一定的进路交叉，对行车安全有一定威胁，客流量大时，可能会引起站台客流秩序的混乱	站后折返的不足是列车折返时间较长，施工量大，钢轨在曲线上的磨耗也大

① 站前折返线。站前折返方式：指列车经由站前渡线折返，如图 2-4 所示。

② 站后折返线。站后折返方式：站后折返由站后尽端折返线折返，可避免进路交叉。此外，列车还可采用经站后环线折返的方法，如图 2-5 所示。

（2）存车线

存车线是辅助线的一种，主要用于备用列车、故障列车的存放和夜间作业车辆的折返。合理设置存车线，能为运营组织创造方便、灵活的条件。具体地说存车线有三方面的作用。

① 存放备用列车。在存车线上停放备用列车，以备高峰时段或疏散大客流时投入运营，如"五一"、"十一"、"春运"、大型文体活动所形成的大客流。亦可用于夜间存放列车，

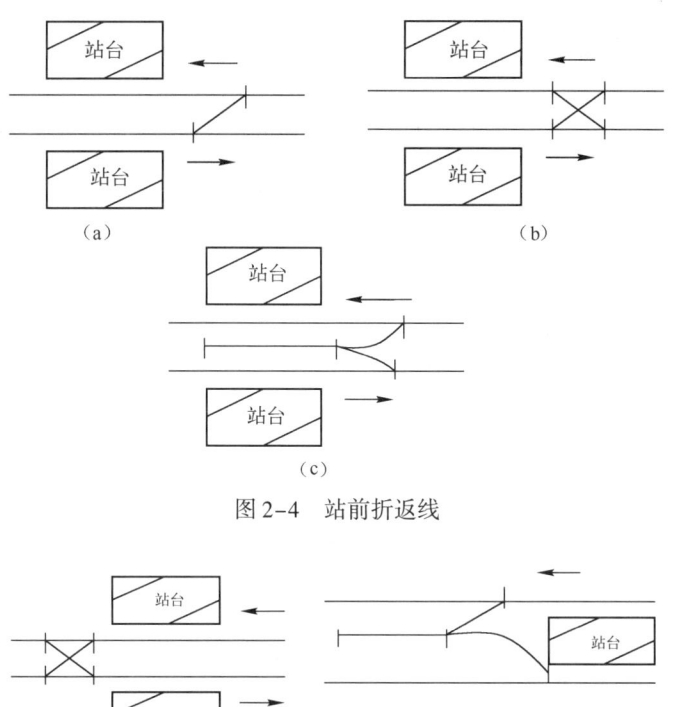

图 2-4 站前折返线

图 2-5 站后折返线

能使次日清晨发车间隔均匀。

② 临时存放故障列车。由于城市轨道交通运量大，列车运行间隔短，在线运营的列车难免发生故障。为了不影响后续列车正常运行，应使故障列车及时推出正线，临时在存车线上待避。

③ 夜间进行线路和运行设备维修时，工程车辆可运用存车线灵活调度，及时折返，避免长距离绕行。

存车线设置方式包括与折返线结合设置和单独设置两种方式，如图 2-6 和图 2-7 所示。

（3）车场出入线

为保证运行列车的停放和检修，在轨道交通沿线适当的位置应设置车辆段，车辆段与正线连接的线路为车场出入线，如图 2-8 所示。出入线可以设计为双线或者单线，与城市道路或其他方式的交叉处可采用平交或立交，具体方案要根据远期线路通过能力需要来确定。

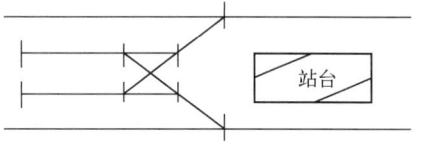

图 2-6 与折返线结合设置的存车线

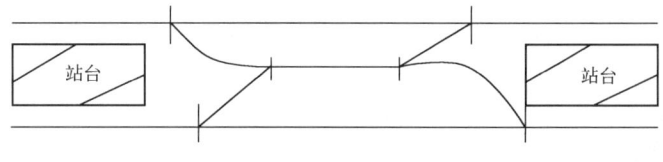

图 2-7 单独设置的存车线

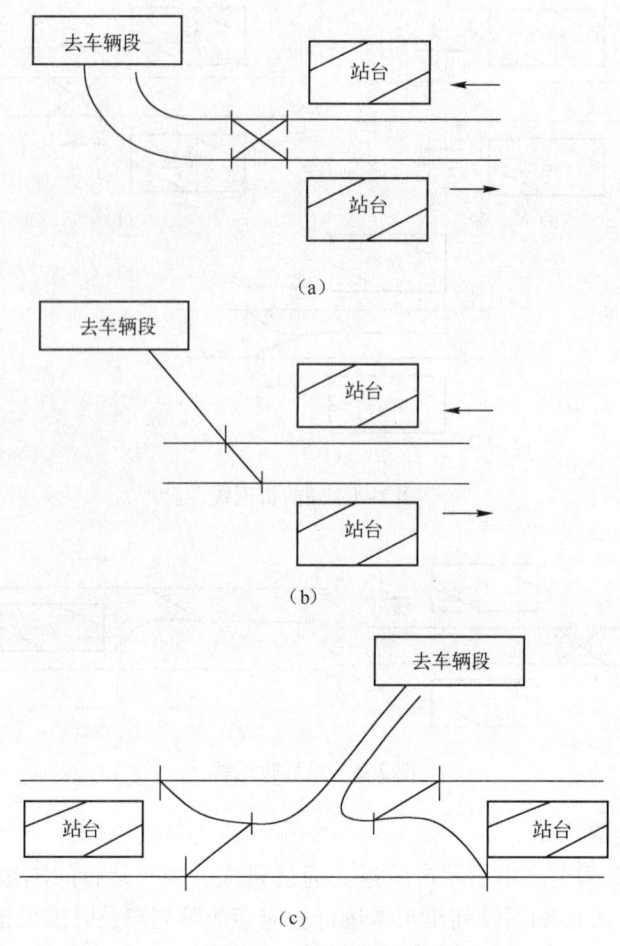

图 2-8 车场出入线

一般应尽可能靠近车站出岔,以减少对正线运营的干扰。

(4) 联络线

联络线是连接两条独立运营正线之间的线路,其技术标准介于正线与场线之间。联络线的位置应在路网规划中确定,先期修建的线路应根据规划要求,为后期线路预留联络线的位置条件。另外为方便车辆及大型设备的运输,有条件的地方应设置地面铁路专用线。

3) 场线及道岔

(1) 场线

车场线路,车底(空车)停留线,检修线及综合基地内各种作业线和试车线,简称场线。试车线是为了检修车辆作运行试验设置的,其线路标准通常与正线一致。

停车场线路按停留车列数来确定其长度,其计算公式见式(2-1)。

$$L = n \times (l + \Delta l) \tag{2-1}$$

式中:n—车列数;

L—车列长度,m;

Δl—安全距离,不小于 3.0 m。

(2) 道岔

道岔是指车辆从一股轨道转向或越过另一股轨道的设备。道岔有线路连接、线路交叉及线路连接与交叉3种形式。

常见的线路连接有普通的单开道岔，双开道岔及三开道岔。单开道岔的主线为直线，侧线由主线向左侧或右侧岔出，分为左开及右开两种形式；双开道岔由主线向两侧分为两条线路，道岔各部件均按辙叉角分线对称排列，两条连接线路的曲线半径相同，无直向或侧向之分，因此两侧线运行条件相同；三开道岔是当需要连接的线路较多，而地形又受到限制，不能在主线上连续铺设两个单开道岔时铺设的一种道岔。三开道岔是将一个道岔顺向纳入另一个道岔内构成的。如图2-9所示。

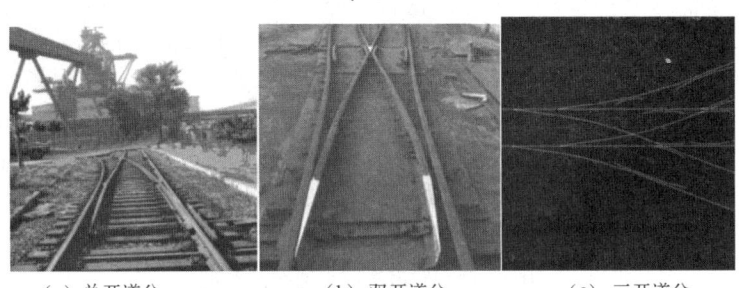

(a) 单开道岔　　(b) 双开道岔　　(c) 三开道岔

图 2-9　道岔的线路连接方式

线路交叉有直角交叉及菱形交叉。连接与交叉有交分道岔及各种交叉渡线。应用这些道岔，可以把不同位置和方向的轨道相互连接起来。如图2-10所示。

图 2-10　线路交叉

2. 按线路敷设方式分类

城市轨道交通的线路敷设形式主要有：地下线、地面线、高架线和敞开式线路。如图2-11所示。

(1) 地下线

地下线是线路在交通繁忙路段和市区内繁华地段主要采用的线路敷设形式，是对城市环境影响最小的一种线路敷设方式。其线路设计的一般原则是线位尽可能沿城市道路敷设，尽

(a) 地下线　　　　　　　(b) 地面线
(c) 敞开式线路　　　　　(d) 高架线

图 2-11　城市轨道交通线路类型

量不侵入两侧的规划红线，在偏离道路或穿越街坊时，主要考虑躲避沿线的构筑物桩基础和地下各种市政管线，以确保安全和减少拆迁；埋置深度应根据地质情况和地下构筑物情况确定。在城市中，一般以浅埋为好。在工程方案制订时，要由浅入深进行选择比较，由此确定最佳方案。

(2) 地面线

地面线是指在较空旷的地带，道路和建筑稀少，采用类似普通铁路的路基作为轨道基础的线路形式，是造价最低的一种轨道交通线路敷设方式。

地面线的路基高度一般要高出通过地段的最高地下水位和当地 50 年一遇的暴雨积水水位，以免路基出现淹没、翻浆冒泥而影响运营。地面线的优点是土建工程造价最低；其缺点是隔断线路两侧的交通，使线路两侧难以沟通，不利两侧土地的商业开发利用，同时运营时噪声较大。城市轨道交通中的市域线在偏远市郊路段多采用此种形式。

(3) 高架线

高架线是介于地面和地下之间的一种线路，既保持了专用道的形式，占地较少，而且对城市交通干扰较小。其突出缺点是运营噪声大，对城市景观影响也较大，市区一般不采用，一般在市区外建筑稀少及空间开阔的地段采用。

高架线线位一般沿道路的一侧或路中布置，具体设在路侧还是路中要根据规划和设站情况来决定，并结合具体情况做深入研究和经济比较。桥梁的净空一般由沿线所跨越的道路通车高度及河流的通航高度要求来确定。桥梁跨度非特殊地段按最经济跨距布置，一般为 20 ~ 30m，具体根据桥梁结构形式计算决定。高架桥梁的选型，首先要满足列车安全行驶的要求，其次要考虑结构合理、经济适用，并结合城市规划、周围环境、施工方法等一系列因素来确定，既要达到美观协调的效果，又要容易施工。

(4) 敞开式线路

敞开式线路是由地下线过渡为地面线或高架线时（或相反时）的一种过渡形式，一般包括"U"形槽段和填土路基段。

敞开式线路设计时应注意，过渡段位置的确定要慎重考虑。敞开沟堑形式对线位两侧环境影响较严重，不但产生噪声和振动，且隔断线路两侧的沟通，对城市景观也不利。其次，敞开式线路设计时要注意排水。

总之，上述几种敷设方式的选择主要取决于线路在城市中所处的地理位置和铺设条件。应结合城市总体规划及线网沿线土地利用规划和开发计划，按照城市景观需求，根据城市现状及工程地质、环境保护等条件，从空间布置、整体连续性、生态、建筑、经济（工程造价和运营费用）、工程实施等方面来综合考虑，并重点研究其线型、坡度、车站与区间的衔接、与周围建筑环境和建筑空间配合等。

在建筑密集、道路狭窄、交通拥挤、环境和地面景观要求严格保护的城市中心区，以及沿线土地利用规划和开发计划严格控制的地段，轨道交通均应考虑采用地下线方案。地下线路埋设深度，应考虑工程地质和水文地质条件，以及隧道形式和施工方法；隧道顶部覆土厚度既要满足地面绿化要求，又要考虑地下管线布设合理综合利用地下空间资源。

在市郊结合部和郊区，地面建筑稀少、路面宽阔，应结合沿线土地利用规划和开发计划，考虑以高架线和地面线为主；城市间、城市与卫星城之间的快速客运轨道交通应以地面线为主。高架线路应注重结构造型，控制规模体量，注意高度、跨度、宽度的和谐比例，同时应维护地面道路的交通功能，并应注意环境保护和景观效果；采用地面线的地段必须按全封闭设计，且需处理好与城市道路红线及其道路断面的关系。

2.1.2 限界

为了确保机车车辆在轨道交通线路上运行的安全，防止机车车辆撞击邻近线路的建筑物和设备，而对机车车辆和接近线路的建筑物、设备所规定的不允许超越的轮廓尺寸线，称为限界。限界是保障列车安全运行、限制机车车辆断面尺寸、限制沿线设备安装尺寸、确定建筑结构有效尺寸图形。

根据不同的功能要求，城市轨道交通的限界分为车辆限界、设备限界、建筑限界。其坐标系为正交于轨道中心线的平面内的直角坐标，通过两钢轨轨顶中心连线的中点引出的水平坐标轴称水平轴，以 x 表示；通过该中点垂直于水平轴的坐标轴称垂直轴，以 y 表示，如图 2-12 所示。

1. 车辆限界

车辆限界是车辆在直线上正常运行状态下所形成的最大动态包络线，用以限制车辆设计和制造，以及制定站台和屏蔽门（安全门）限界。按隧道内外，分为隧道内车辆限界和隧道外车辆限界；按列车运行区域，分为区间车辆限界、计算长度内站台车辆限界和车辆基地内车辆限界。

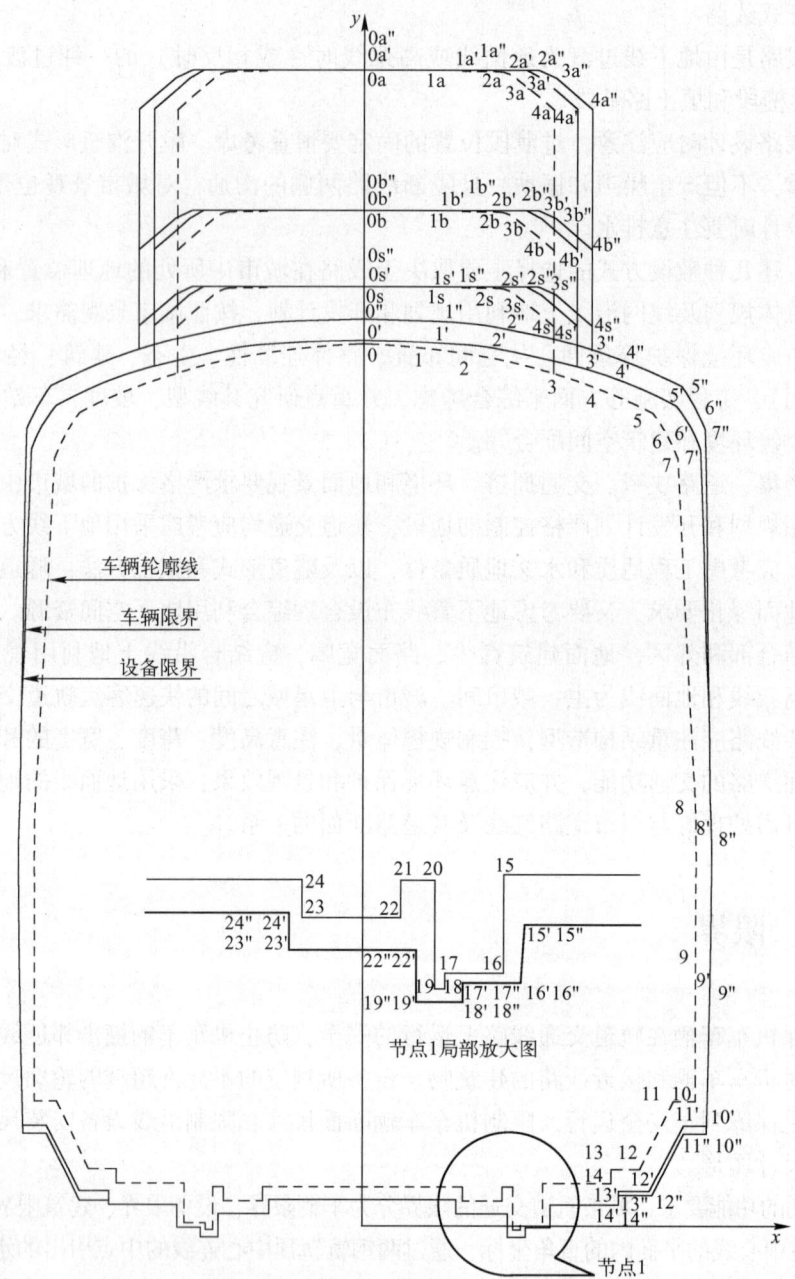

图 2-12 A 型车区间（过站）直线地段车辆轮廓线、车辆限界、设备限界图

2. 设备限界

设备限界是车辆在运行途中一系悬挂或二系悬挂发生故障状态时的动态包络线，用以限制安装设备不得侵入的一条控制线。图 2-12 为 A 型车区间（过站）直线地段车辆轮廓线、车辆限界、设备限界图，图 2-13 为 A 型车车站直线停站车辆轮廓线、车辆限界、设备限界图。表 2-2 为隧道内直线地段车辆限界坐标值，表 2-3 为隧道内直线地段设备限界坐标值。

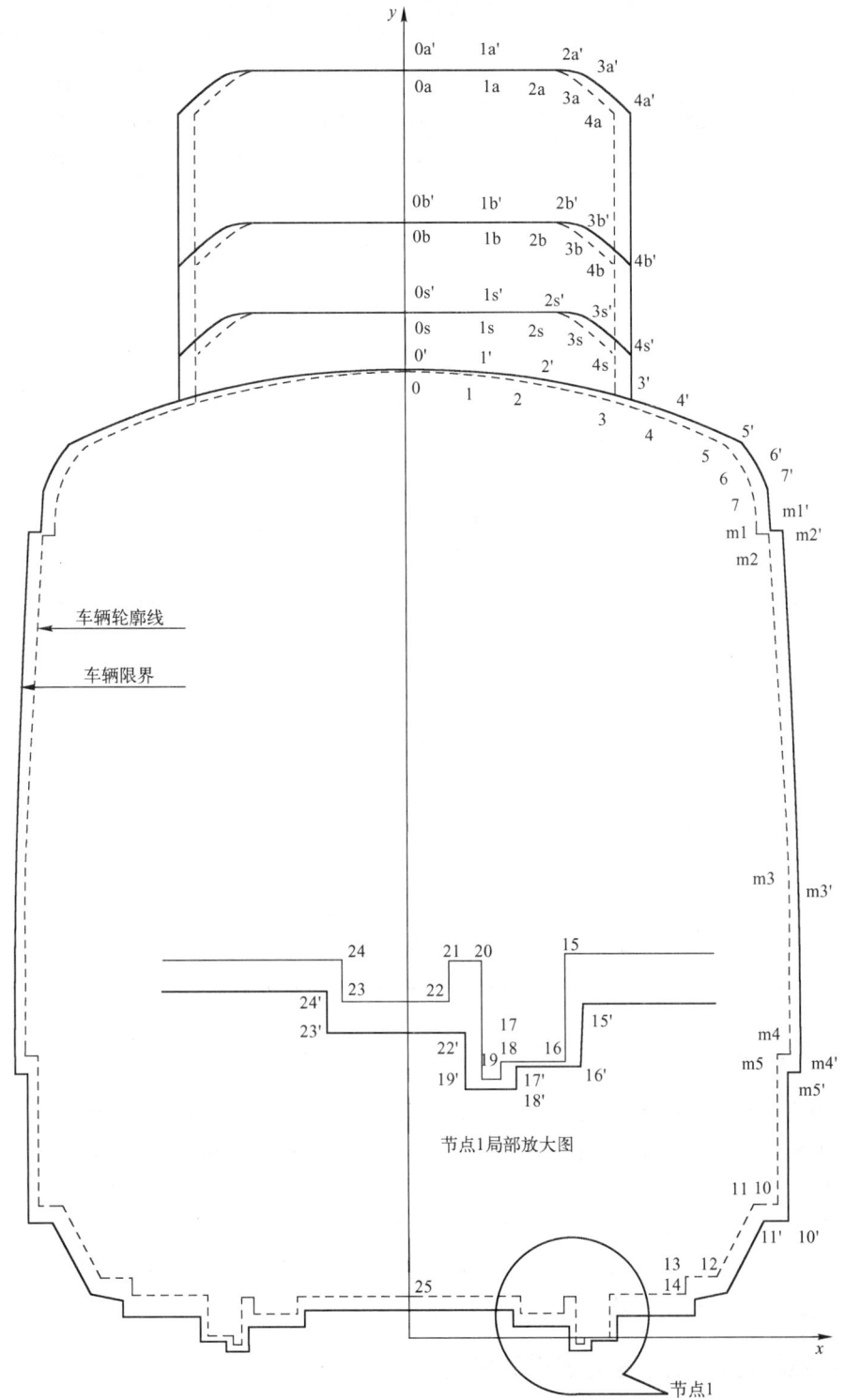

图 2-13　A 型车车站直线停站车辆轮廓线、车辆限界、设备限界图

表2-2 车辆限界坐标值（隧道内直线地段） mm

点号	0′	1′	2′	3′	4′	5′	6′	7′	8′	9′
x	0	330	580	929	1110	1377	1441	1487	1558	1551
y	3818	3809	3779	3699	3646	3528	3441	3338	1710	1040
点号	10′	11′	12′	13′	14′	15′	16′	17′	18′	19′
x	1546	1446	1293	1153	1154	849	840	737	737	648
y	430	432	147	144	80	82	-16	-16	-56	-56
点号	22′	23′	24′	—	—	—	—	—	—	—
x	654	422	422	—	—	—	—	—	—	—
y	39	39	104	—	—	—	—	—	—	—
点号	0s′	1s′	2s′	3s′	4s′	—	—	—	—	—
x	0	416	706	778	939	—	—	—	—	—
y	4040	4040	4022	3992	3856	—	—	—	—	—

表2-3 设备限界坐标值（隧道内直线地段） mm

点号	0″	1″	2″	3″	4″	5″	6″	7″	8″	9″
x	0	373	622	970	1150	1416	1479	1523	1565	1555
y	3911	3902	3871	3791	3737	3619	3531	3429	1659	989
点号	10″	11″	12″	13″	14″	15″	16″	17″	18″	19″
x	1545	1445	1291	1153	1545	1445	840	737	737	648
y	379	379	94	95	379	379	-16	-16	-56	-56
点号	20″	23″	24″	—	—	—	—	—	—	—
x	654	422	422	—	—	—	—	—	—	—
y	39	39	104	—	—	—	—	—	—	—
点号	0s″	1s″	2s″	3s″	4s″	—	—	—	—	—
x	0	462	751	823	982	—	—	—	—	—
y	4040	4040	4022	3992	3856	—	—	—	—	—

3. 建筑限界

建筑限界是在设备限界基础上，满足设备和管线安装尺寸后的最小有效断面。建筑限界规定了保证机车车辆安全通行所必需的横断面的最小尺寸。凡靠近铁线路路的建筑物及设备，其任何部分（和机车车辆相互作用的设备除外）都不得侵入限界之内。建筑限界中不包括测量误差、施工误差、结构沉降和位移变形等因素。

建筑限界分为隧道建筑限界、高架建筑限界、地面建筑限界。隧道建筑限界按工法分为矩形隧道建筑限界、马蹄形隧道建筑限界和圆形隧道建筑限界。

4. 直线段矩形隧道建筑限界的制定

直线地段矩形隧道建筑限界（图2-14），应在直线设备限界基础上，按以下公式计算确定。

（1）建筑限界宽度 B_S

$$B_S = B_L + B_R \tag{2-2}$$

行车方向左侧墙至线路中心线净空距离 B_L

$$B_L = X_{Smax} + b_L + c \tag{2-3}$$

行车方向右侧墙至线路中心线净空距离 B_R

$$B_R = X_{Smax} + b_R + c \tag{2-4}$$

（2）自结构底板至隧道顶板建筑限界高度 H

$$A \text{ 型车和 } B_2 \text{ 型车}: H < h_1 + h_2 + h_3 \tag{2-5}$$

$$B_1 \text{ 型车}: H = h_1 + h_2 + h_3 \tag{2-6}$$

式中：X_{Smax}——直线地段设备限界最大宽度值，mm；

b_L，b_R——左右侧的设备、支架或应急疏散平台等最大安装宽度值，mm；

c——安全间隙，mm，取值 50；

h_1——受电弓工作高度，mm；

h_2——接触网系统高度，mm；

h_3——轨道结构高度，mm；

h_1^1——设备限界高度，mm；

h_2^1——设备限界至建筑限界安全间隙，mm，取值 200。

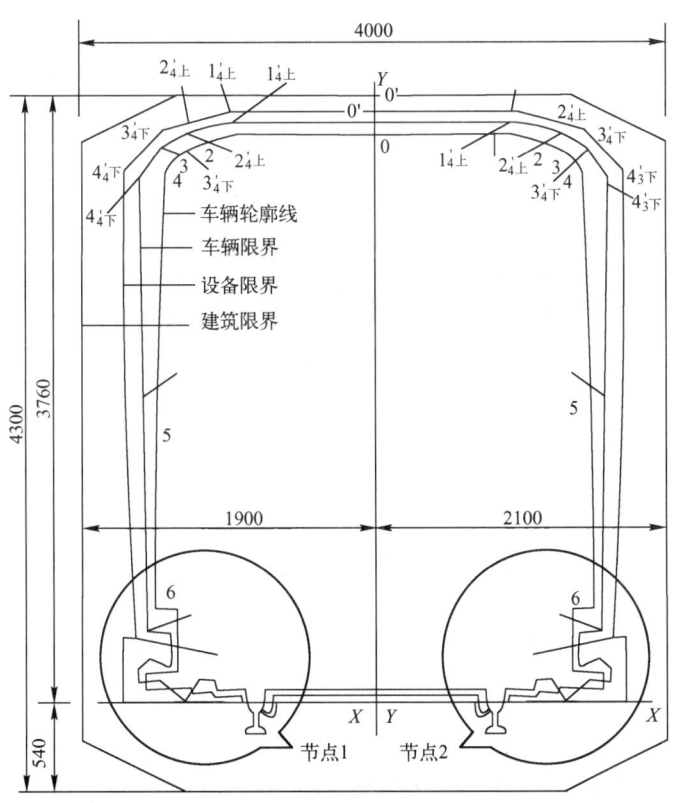

图 2-14　区间隧道直线段建筑限界（尺寸单位：mm）

2.2 线路平面

2.2.1 线路的平面位置

1) 正线位置

根据轨道交通线路敷设方式的不同,轨道交通正线的平面位置如图 2-15、图 2-16、图 2-17 和表 2-4 所示。

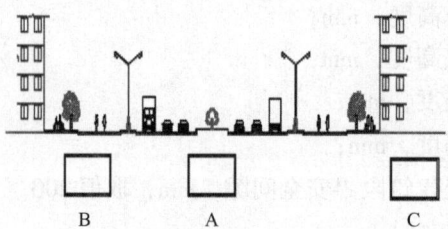

图 2-15　城市轨道交通地下线正线位置

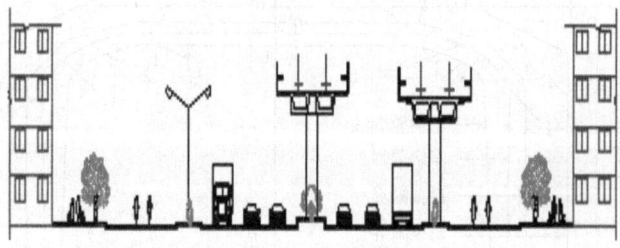

图 2-16　城市轨道交通高架线正线位置

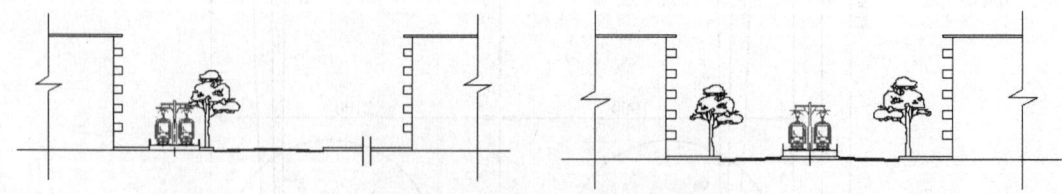

图 2-17　城市轨道交通地面线正线位置

2) 车站位置

(1) 跨路口站位

跨路口站位(见图 2-18 (a))便于各个方向的乘客进入车站,减少了路口人流与车流的交叉干扰,而且与地面公交线路有良好衔接。在有条件时应优先选用。

表 2-4　城市轨道交通地下线正线、高架线正线和地面线正线

正线形式	线位
地下线	A 位：位于道路中心，对周围建筑物干扰较小，施工相对容易，是较为普遍的一种线路位置，但若采用明挖法，对道路交通干扰较大 B 位：位于规划的慢车道和人行道下方，施工时能减少对城市交通的干扰和对机动车路面的破坏，但由于地下线靠建筑物较近，市政管线较多且线路不易顺直，需结合站位设置统一考虑 C 位：位于道路规划红线以外，是在特殊情况下采用的一种线路位置，如线路上方建筑物较多，施工时需采用特殊的处理方法或带来较大的拆迁量
高架线	高架线在城市中穿越时一般沿道路设置，一般应结合规划道路的横断面考虑，设于车行道分隔带上 高架时有两种方案：线路位于道路中心的方案对道路景观较为有利，环境干扰也相对较小，是采用较多的一种线路形式，线路位于快慢车分隔带上，对一侧建筑物干扰小，但对另一侧干扰大，适用于道路两侧环境要求不一样的地区
地面线	地面线通常用在沿铁路、河流或城市绿地带的线路上；城市道路上设地面线一般有位于道路中心、位于规划的慢车道和人行道旁

（2）偏路口站位

偏路口站位（见图 2-18（b））偏路口一侧设置，施工时可减少对城市地面交通及对地下管线的影响，高架时，较容易与城市景观相协调。不过，其缺点是路口客流较大时，容易使车站两端客流不均衡，影响车站的使用功能。一般在高架线或路口施工难度较大时采用。

（3）位于道路红线以外站位

位于道路红线以外站位典型的有：设于火车站站前广场或站房下，以利客流换乘；与城市其他建筑同步实施，和新开发建筑物相结合；结合城市交通规划，建设城市综合交通枢纽等。

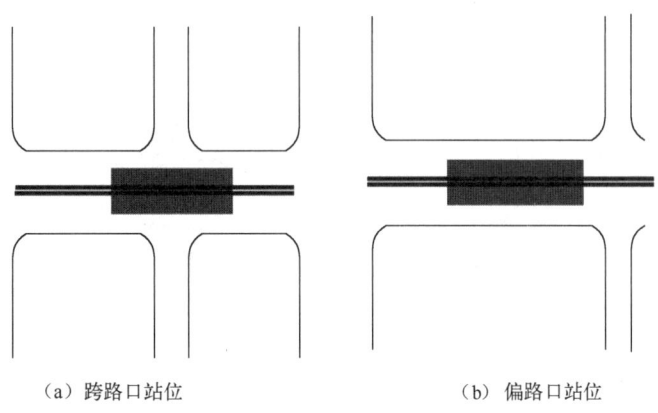

（a）跨路口站位　　　　　　　　（b）偏路口站位

图 2-18　城市轨道交通车站位置

2.2.2 线路的平面线形

轨道线路的平面线形，当受地形和地面建筑物的影响而发生转折时，在转折处就要设置曲线或组合曲线。曲线一般采用圆曲线，为保证行车的舒适与安全，在直线与圆曲线之间或不同半径的两圆曲线之间，要插入缓和曲线。因此，直线、圆曲线和缓和曲线是平面线形的三要素。

① 直线——曲率为零的线形；
② 圆曲线——曲率为常数的线形；
③ 缓和曲线——曲率为变数的线形。

轨道线路平面线形是由上述三种线形——直线、圆曲线和缓和曲线构成的，称为"平面线形三要素"。当平面线形受地形、地物的影响，线路方向发生改变时，在线路方向改变处需要设置曲线或组合曲线。但并不是所有的线路都由这三种线形构成，如低速线路上，为简化设计，可只使用直线和圆曲线两种要素。

1) 直线

直线在轨道线路中使用最为广泛，直线具有以下优点。

① 直线能够以最短的距离连接两个控制点，因此直线可以缩短里程。
② 由于两点就可以确定一条直线，因而直线线形简单，容易测设。
③ 直线给人以短捷、直达的良好印象，在美学上直线也有自身的优点。
④ 列车在直线行驶时受力简单，方向明确，驾驶操作简易。

但是直线也有许多不足，如直线虽然能满足两个控制点的要求，但难以与地形及周围环境相协调，尤其是在建筑物密集地段，采用长直线会增加房屋拆迁量、严重增加施工工程量及建设成本。

考虑到线形的连续和驾驶的方便，相邻的两曲线间应该有一定长度的直线连接，该长度是指前一曲线的终点到后一曲线起点之间的长度，这个直线长度不宜过短，主要包括同向曲线、反向曲线间直线最小长度 2 种情况（图 2-19 和图 2-20）。

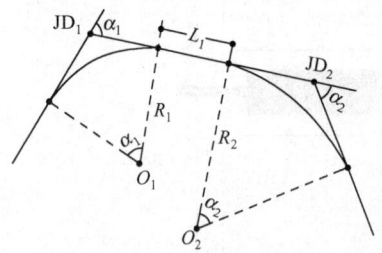

图 2-19 同向曲线间所夹直线最小长度

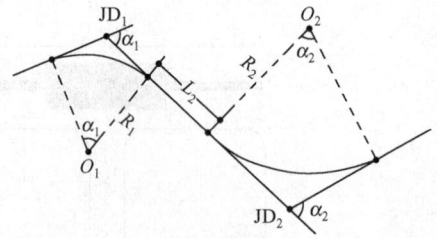

图 2-20 反向曲线间所夹直线最小长度

2) 圆曲线

在平面线形中，圆曲线是最基本的平面线形要素之一。在线路遇到障碍或需要改变方向时设置圆曲线。轨道交通线路,不论转角大小均应设置圆曲线。圆曲线是平曲线中的主要组成部分,主要有以下特点。

① 任一点曲率半径为常数,故测设简单;
② 能较好地适应地形的变化,适用范围较广且灵活;
③ 较大半径的圆曲线线形美观、顺适、行车舒适;
④ 圆曲线上每一点都在不断改变方向,列车受到离心力的作用,比直线段多占用宽度。

(1) 圆曲线的超高设计

① 超高的定义及其作用。车辆在曲线轨道上运行时产生离心力,为平衡离心力,在曲线轨道上设超高(图2-21)。超高的作用是,借助车辆重心的水平分力以抵消离心力,达到内外两股钢轨受力均匀,垂直磨耗相等,减小离心加速度,增加乘客旅行舒适感,以及提高线路稳定性和行车安全。

合理设置超高,可以全部或部分抵消离心力,提高列车行驶在曲线上的稳定性和舒适性。当列车等速行驶时,圆曲线上所产生的离心力是常数,而在回旋线上行驶则因回旋线曲率是变化的,其离心力也是变化的。因此,超高横坡在圆曲线上应该是与圆曲线半径相适应的全超高,在缓和曲线上应是逐渐变化的超高。这段由直线上无超高渐变到圆曲线上的单向超高横坡的路段,称为超高缓和段。《地铁设计规范》规定:曲线超高值应在缓和曲线内递减,不设缓和曲线时,曲线超高应在圆曲线外的直线段内完成递变。超高顺坡率不宜大于2‰,困难地段不应大于3‰。

② 超高值的计算。平曲线半径为 R 时对应超高值按式 (2-7) 确定。

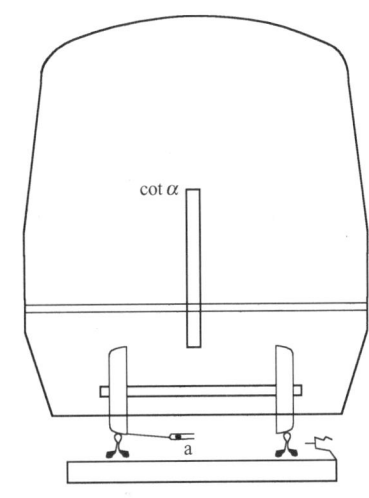

图 2-21 曲线超高示意图

$$h = \frac{11.8V_c^2}{R} \quad (2-7)$$

式中:h——超高值,mm;
V_c——列车通过速度,km/h;
R——曲线半径,m。

③ 最大超高和最小超高。圆曲线半径很小时,为了保持行车的稳定性,其超高率是很大的。但是,过大的超高会使慢行的车辆产生向曲线内侧滑移的可能性。

《地铁设计规范》对轨道曲线最大超高的规定为:曲线的最大超高宜为120mm,当设置的超高值不足时,一般可允许有不大于61mm的欠超高。

④ 超高的抬高方式。根据轨道交通线路敷设方式的不同,曲线超高的抬高设置方式各有不同。隧道内及隧道外U形结构的整体道床地段,轨道曲线超高宜采用外轨抬高超高值的一半、内轨降低超高值的一半的办法设置;高架线、地面线的轨道曲线超高,宜采用外轨抬高超高值的办法设置。

(2) 圆曲线要素计算

圆曲线要素包括转角 α、半径 R、切线长 T、曲线长 L 和外距 J（见图 2-22）。在一般情况下，半径是根据具体情况选定的，转角是测得的，其他要素的计算见式（2-8）~式（2-11）。

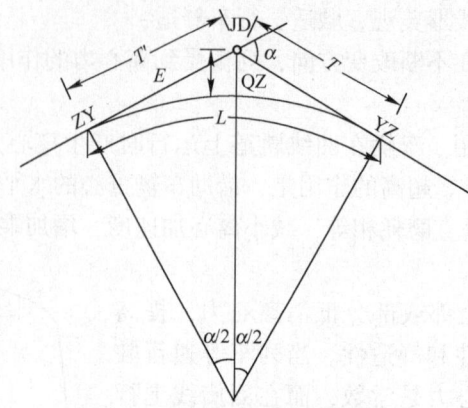

图 2-22 圆曲线里程桩号计算

$$T = R\tan\frac{\alpha}{2} \tag{2-8}$$

$$L = R\alpha\frac{\pi}{180} \tag{2-9}$$

$$E = R(\sec\frac{\alpha}{2} - 1) \tag{2-10}$$

$$J = 2T - L \tag{2-11}$$

根据单曲线的几何要素，可以计算主点里程桩号，如图 2-22 所示。从交点 JD 起，沿着切线方向量取切线长 T，得曲线起点 ZY。从曲线起点沿线路方向量取 L 的长度得到曲线终点 YZ，沿曲线返回 $\frac{1}{2}L$，得到曲线终点 QZ。计算公式见式（2-12）—式（2-14）。

$$ZY 桩号 = JD 桩号 - T \tag{2-12}$$

$$YZ 桩号 = ZY 桩号 + L \tag{2-13}$$

$$QZ 桩号 = YZ 桩号 - L/2 \tag{2-14}$$

校验按式（2-15）计算。

$$JD 桩号 = QZ 桩号 + (2T - L)/2 \tag{2-15}$$

3）缓和曲线

列车行驶在直线上时，行驶半径为无限大，在进入圆曲线后行驶半径为 R，为保证车辆由直线进入圆曲线平稳运行，应设置一段缓和曲线，使其曲率半径由无限大渐变到与圆曲线相同的曲率半径，外轨超高也由零递增到与圆曲线相同的超高量，从而使车辆产生的离心力和向心力逐渐增加，从而提高行车舒适性。

(1) 缓和曲线的作用

① 满足列车行驶轨迹的需要，曲率连续变化，便于车辆遵循。列车在转弯行驶过程中，存在一条曲率连续变化的轨迹线，无论车速高低这条轨迹线都是客观存在的。缓和曲线的形

式与长度和列车构造、列车行驶速度等因素有关。在高速行驶或曲率急变时，列车有可能驶出自己的轨道，这种情况是绝对不允许的。因此，从安全的角度出发，有必要设置一条列车易于遵循的线路，这便是缓和曲线。同时，缓和曲线的设置不仅使线路顺畅，而且构成美观与视觉协调的最佳线形。

② 使离心加速度逐渐变化，适应旅客舒适度的需要。列车在直线上行驶时，无离心力作用。在曲线上行驶时，要产生离心力，其大小与曲率半径成正比。列车由直线驶入圆曲线或由圆曲线驶入直线时，由于曲率的突变而带来离心力的突变，对旅客产生侧向冲击力，使旅客有不舒适的感觉。如果行驶于弯道中的列车，产生的离心加速度是逐渐变化的，会使旅客感到舒适。因此在曲率不同的两条曲线间设置一条过渡性曲线，即缓和曲线，可以缓和离心加速度的突变。

③ 超高加宽逐渐变化，行车更加平稳。圆曲线半径等于或小于200 m时，直线过渡到圆曲线轨距须进行加宽，由直线上的正常宽度过渡到圆曲线上的加宽宽度，一般情况下是在缓和曲线内完成的。为了避免车辆在这一过渡行驶中的左摇右摆，并保证路容美观，设置缓和曲线也是必要的选择。

④ 与圆曲线配合得当，增加线形美观。曲线与直线径向链接，在连接处曲率突变，使视觉上有不平顺的感觉。设置缓和曲线后，可以改变直线和圆曲线直接相连的视觉上不平顺的感觉，使线形连续圆滑，增加线形美观，同时从外观上看也感到安全。

(2) 缓和曲线的设置条件

正线和联络线上，曲线半径小于1 500 m时，直线与曲线间设缓和曲线。场线上由于运行速度低，可不设缓和曲线和超高；但当曲线半径小于150 m时，按3‰变更率设过渡段，其长度不短于表2-5所列数据。道岔附带曲线可不设缓和曲线和超高，但其曲线半径不得小于道岔导曲线半径。

表2-5 过渡段的长度　　　　　　　　　　　　　　　　　　　　　m

R	30	40	50	60	80	100
过渡段	5	4	3	2	1	1

(3) 缓和曲线要素计算

轨道线路平面线形三要素的基本组成是直线—回旋线—圆曲线—回旋线—直线，如图2-23所示。

图2-23中：JD——交点；

ZH——第一缓和曲线的起点（直缓）；

HY——第一缓和曲线的终点（缓圆）；

QZ——圆曲线中点（曲中）；

YH——第二缓和曲线起点（圆缓）；

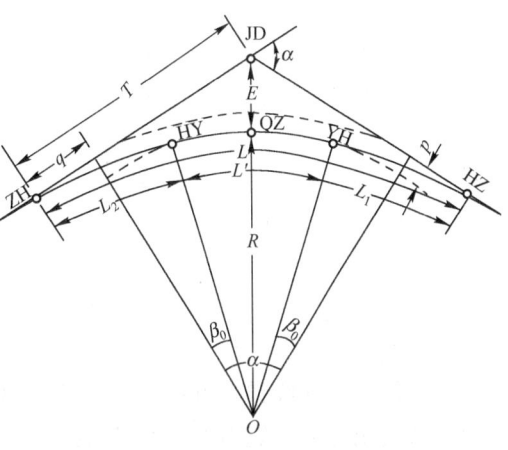

图2-23 缓和曲线要素计算图

HZ——第二缓和曲线终点（缓直）。

① 单切线增长值

$$q = \frac{L_S}{2} - \frac{L_S^3}{240R^2} \quad (2-16)$$

② 内移值

$$p = \frac{L_S^2}{24R} - \frac{L_S^4}{2384R^3} \quad (2-17)$$

③ 缓和曲线夹角

$$\beta_0 = 28.6479 \frac{L_S}{R} \ (°) \quad (2-18)$$

④ 总切线长

$$T = (R + p)\tan\frac{\alpha}{2} + q \quad (2-19)$$

⑤ 曲线总长

$$L = (\alpha - 2\beta_0)\frac{\pi}{180}R + 2L_S \ (\text{m}) \quad (2-20)$$

⑥ 外矢距（外距）

$$E = (R + p)\sec\frac{\alpha}{2} - R \ (\text{m}) \quad (2-21)$$

⑦ 超距（校正值）

$$D = 2T - L \ (\text{m}) \quad (2-22)$$

2.2.3 线路平面主要技术指标

线路平面设计的主要要素有最小圆曲线半径、夹直线最小长度、最小圆曲线长度，以及缓和曲线线形和长度。

1) 圆曲线半径

线路平面圆曲线半径应根据车辆类型、地形条件、运行速度、环境要求等综合因素比选确定。最小曲线半径不应小于表2-6规定。

表2-6 圆曲线最小曲线半径　　　　　　　　　　　　　　　　　m

车型	A 型车		B 型车	
线路	一般地段	困难地段	一般地段	困难地段
正线	350	300	300	250
出入线、联络线	250	150	200	150

小半径的曲线线路缺点很多。车辆受到离心力的作用影响到列车行驶的平稳性，使外侧车轮轮缘紧压外轨内侧面而加剧其磨损。因此，在不受限制的地段，曲线半径的选择宁大勿小，以减小磨耗，降低噪声。另一方面，曲线半径也不宜太大，太大的半径对节省工程量作

用不大，但增加了线路测设、施工和养护的困难。

2) 圆曲线最小长度

在正线、联络线及车辆基地出入线上，A 型车圆曲线最小长度不宜小于 25 m，B 型车不宜小于 20 m，在困难情况下不得小于一节车辆的全轴距；车场线不应小于 3 m；

3) 夹直线最小长度

夹直线（intermediate straight line）是两相邻曲线间的直线段。两曲线之间的夹直线保证一定长度，对行车及线路养护均有利，设计时应力争使夹直线长度长一些。但为适应地形节省工程，需要设置较短的夹直线时，其最小长度受下列条件控制。

① 线路养护要求。夹直线太短，特别是反向曲线路段，列车通过时，因频繁转换方向，车轮对钢轨的横向推力加大，夹直线的正确位置不易保持。

② 行车平稳要求。旅客列车从前一曲线通过夹直线进入后一曲式线的运行过程中，因外轨超高和曲线半径不同，未被平衡的横向加速度频繁变化，引起车辆左右摇摆，反向曲线地段更为严重。客车通过夹直线时，要跨过夹直线前后的缓直点和直缓点，车轮与钢轨冲击引起转向架弹簧的振动。为保证缓直点和直缓点产生的振动不叠加，以保证旅客舒适，夹直线应有足够长度，使客车通过夹直线的时间不小于弹簧振动消失的时间。根据这一条件可知，夹直线长度与行车速度成正比，即行车速度愈高，所需的夹直线长度愈长。

正线、联络线及车辆基地出入线上，两相邻曲线间，无超高的夹直线长度，不宜小于 $0.5V(\text{m})$（见表 2-7），并应满足在困难情况下的最小长度 λ。

表 2-7 夹直线最小长度

正线、出入线、联络线	一般情况	$\lambda \geq 0.5V$ (m)	
		A 型车	B 型车
	困难时最小长度 λ	25 m	20 m

注：式中 V 为列车通过夹直线的运行速度，km/h。

不载客列车走行的道岔缩短渡线，其曲线间夹直线可缩短为 10 m。

4) 缓和曲线的形式和长度

缓和曲线线型有螺旋线、三次抛物线、五次抛物线、一波正弦曲线等。线路平面圆曲线与直线之间应设置三次抛物线形的缓和曲线。缓和曲线长度应根据曲线半径、列车通过速度及曲线超高设置等因素，按表 2-8 的规定选用。

表 2-8 线路曲线超高 - 缓和曲线长度

R	V	100	95	90	85	80	75	70	65	60	55	50	45	40	35
3000	L	30	25	20	20										
	H	40	35	30	30	25	20	20	15	15	10	10	10	5	5
2500	L	35	30	25	20	20									
	H	50	45	40	35	30	25	25	20	15	15	10	10	10	5
2000	L	45	40	35	30	25	20								
	H	60	55	50	45	40	35	30	25	20	20	15	10	10	5

续表

R	V	100	95	90	85	80	75	70	65	60	55	50	45	40	35
1500	L	55	50	45	35	30	25	20	20						
	H	80	70	65	60	50	45	40	35	30	25	20	15	15	10
1200	L	70	60	50	40	40	30	25	20	20					
	H	100	90	80	70	65	55	50	40	35	30	25	20	15	10
1000	L	85	70	60	50	45	35	30	25	20	20				
	H	120	105	95	85	75	65	60	50	45	35	30	25	20	15
800	L	85	80	75	65	55	45	35	30	25	20	20			
	H	120	120	120	105	95	85	70	60	55	45	35	30	25	20
700	L	85	80	75	75	65	50	45	35	25	20	20	20		
	H	120	120	120	120	110	95	85	70	60	50	40	35	25	20
600	L		80	75	75	70	60	50	40	30	25	20	20		
	H		120	120	120	120	110	95	85	70	60	50	40	30	25
550	L			75	75	70	65	55	40	35	25	20	20	20	
	H			120	120	120	120	105	90	75	65	55	45	35	25
500	L				75	70	65	60	45	35	30	25	20	20	
	H				120	120	120	115	100	85	70	60	50	40	30
450	L					70	65	60	50	40	30	25	20	20	
	H					120	120	120	110	95	80	65	55	40	30
400	L						65	60	55	45	35	30	20	20	20
	H						120	120	120	105	90	75	60	50	35
350	L							60	55	50	40	30	25	20	20
	H							120	120	120	100	85	70	55	40
300	L								55	50	50	35	30	25	20
	H								120	120	120	100	80	65	50
250	L									50	50	45	35	25	20
	H									120	120	120	95	75	60
200	L										50	45	40	35	25
	H										120	120	120	95	70

2.2.4 线路平面设计

线路平面设计按以下 5 个步骤计算。

1)计算的基础

以城市道路红线或建筑物坐标为控制点,首先确定线路任意点的坐标和沿线路走向的直线方位角,以此作为计算基础。

2)交点坐标的计算

从起点开始,先用已知直线相交公式及点间距离公式求出起始边长,然后用坐标公式计算交点坐标。用交点坐标及第二直线方位角作为新起始边直线,继续采用上述方法计算第二个交点坐标,这样交替计算边长和坐标,直至全线交点坐标计算完成。

3)曲线要素计算

根据线路的设计标准,选用合理的曲线半径和缓和曲线长度,计算各曲线要素。

4)里程计算

里程计算一般从起点开始,以公里标 K0 + 000 表示,依此推算各点里程。

里程计算一般包括起终点、直缓、缓圆、圆缓、缓直、车站中心、道岔中心及特殊点的里程等。需要时,左右线的里程分别进行计算,先右线后左线,一般在车站中心里程相同,当左右线路长度不同时,左线设断链进行调整。

5)关键点坐标及距离计算

主要是采用点线间垂距计算方法,对一些工程控制点距线路的距离及线路左右线的线间距作计算,以验算和确定工程设计的条件。

2.3 线路纵断面

线路纵断面是线路中心线在铅垂面上的投影。由于自然因素的影响和经济性要求,线路纵断面总是一条有起伏的空间线。纵断面设计的主要任务就是根据列车的动力特性、线路条件、当地的自然地理条件及工程经济性等,研究起伏空间线几何构成的大小及长度,以便达到行车安全迅速、运输经济合理及乘客感觉舒适的目的。

轨道线路纵断面线形是由直线和竖曲线组成的,线路纵断面设计的主要要素有坡度的最大值、坡段的最小长度、相邻坡度的代数差、竖曲线线型及半径等因素。设置纵向坡度的作用是适应地形起伏而减少工程量,有时在路堑地段可以改善排水功能。

2.3.1 坡度和坡长

1)纵坡坡度设计

(1)最大纵坡

最大纵坡是指在纵坡设计时轨道交通线路允许采用的最大坡度值。最大纵坡是线路纵断面设计的重要控制指标。在地形起伏较大地区,直接影响线路的长短、使用质量、运输成本及造价。

正线的最大坡度宜采用30‰,困难地段可采用35‰。在山地城市的特殊地形地区,经技术经济比较，有充分依据时，最大坡度可采用40‰（均不考虑各种坡度折减值）；联络线、出入线的最大坡度一般情况下采用40‰（均不考虑各种坡度折减值）；道岔宜设在不大于5‰的坡道上，在困难地段应采用整体道床，尖轨为固定接头的道岔，可设在不大于10‰的坡道上。

(2) 最小纵坡

从行车快速、安全、通畅的角度出发，希望道路的纵坡较小为好。但是在隧道地段、长路堑地段及一些横向排水不良地段，为了保证纵向排水要求，防止积水渗入路基而影响其稳定性，应该限制最小纵坡。区间隧道的线路最小坡度宜采用3‰；困难条件下可采用2‰；当地面和高架桥区间正线处在凸形断面时，在具有有效排水措施时，可采用平坡。

2) 纵坡坡长设计

两个坡段的连接点，即坡度变化点称为变坡点。坡长是指两个变坡点之间的水平距离。如果坡段长度小于列车长度，那么列车就会在跨越2个或2个以上的变坡点，各个变坡点所产生的附加应力和局部加速度会因叠加而加剧，影响列车的平稳运行和旅客的舒适度。

按每节车厢19.11m计算，当列车编组为8节车厢时，约为150m；当列车编组为6节车厢时，约为115m；当列车编组为4节车厢时，约为75m。因此车长度，同时保证两竖曲线间夹直线不小于50m。

2.3.2 竖曲线

线路纵断面是由许多不同坡度的坡段连接成的，坡度变化点称为变坡点。在变坡点处，相邻两坡度的代数差称为变坡点的坡度代数差 ω。ω 对列车的运行有很大的影响。为了缓和坡度在变坡点的急剧变化，是列车能平稳通过，坡度差 ω 不应超过规定限值，若超过限值，则坡段间应以曲线连接，这种在道路纵坡的变换处竖向设置的曲线叫做竖曲线。

变坡点相邻两侧纵坡坡度分别为 i_1 和 i_2，ω 表示坡度差，即 $\omega = i_2 - i_1$，当 $\omega > 0$ 时，竖曲线为凹形竖曲线；$\omega < 0$ 时，竖曲线为凸形竖曲线，如图2-24所示。

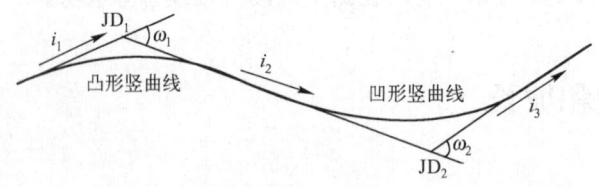

图2-24 变坡点转折示意图

竖曲线有抛物线形和圆曲线形两种。抛物线形的曲率是渐变的，更适宜于列车运行，但铺设和养护较困难，当要求速度不大时，基本上不采用。圆曲线形竖曲线具有便于铺设和养护的优点，当圆曲线的半径 R 较大时，近似于抛物线形，所以城市轨道交通线路一般采用圆曲线形竖曲线。竖曲线半径的计算见式 (2-23)。

$$R = V_{\max}^2 / (1296a_h) \text{ (m)} \tag{2-23}$$

式中： $V_{\max}$ ——最高行车速度，km/h

a_h ——竖向离心加速度，m/s² 取值范围 0.3~1.0m/s²。

竖曲线的半径不应小于表 2-9 的规定。

表 2-9 竖曲线半径　　　　　　　　　　　　　　　　　　　　　　m

线路类型		一般情况	困难情况
正线	区间	5000	2500
	车站端部	3000	2000
出入线、联络线、车场线		2000	

2.3.3 线路纵断面设计

轨道交通线路按地面高程差异分为地面线、高架线、地下线。地面线的坡度应与城市道路相当，以减少工程。高架线应充分注意城市景观，考虑机车牵引能力，坡度尽量延长。地下线的埋深受所在地区工程地质、水文地质条件限制，还与隧道施工方法、地面建筑物和地下建筑物的情况等因素有关。

线路纵断面设计可采用以下步骤进行。

1）敷设方式和过渡段的确定

在纵断面设计中，主要是确定洞口和过渡段的位置和形式。轨道交通线路由地下过渡到地上有以下几种方式。

① 在道路中间开口：在道路中间设置过渡段，分为双线同时出洞和单线先后出洞两种形式。

② 在道路红线以外开口。

③ 结合地形等环境条件开口。

2）纵断面设计中控制点的确定

控制点包括以下几种类型。

① 隧道结构顶板覆土厚度。当地下线位于城市道路下方时，要考虑路面铺装和管线要求，一般地，隧道结构顶板距地面为 2~3m；当地下线位于城市公园或绿地时，要考虑植被的最小厚度，一般草坪为 0.2~0.5m，灌木为 0.5~1.0m，乔木为 1.5~2.5m；当地下线位于经常水面下方时，要考虑隔水层厚度要求，一般为 1m 左右；在寒冷地带应考虑保温层最小厚度要求。

② 地质条件。当地下线路遇到不良地质条件时，主要是淤泥质黏土及流沙地层，应尽量考虑躲避，若躲避有困难时，应采取工程措施。

③ 施工方法。地下线采用明挖法时，为减少土方开挖量，线路埋深应尽可能地浅；当采用暗挖法时，应选择较好地层，一般埋设深度较深。

④ 地下管线及构筑物。在明挖车站遇地下管线时，应尽可能考虑改移，以减少覆土厚

度，方便乘客出入。地下隧道结构以明挖法通过地下管线或地下构筑物时，隧道与管道（构筑物）可不留土层，甚至两者共用结构。地下隧道以暗挖法通过地下构筑物、楼房基础时，两结构之间应保持必要的土层厚度，最小厚度应根据结构要求而定。

⑤ 排水站位置。地下线排水站一般设于线路纵断面的最低点。因此纵断面设计要考虑排水站的位置。

⑥ 桥下净高。线路为高架线时，桥下净高须满足桥下通行的车船高度要求，应按相关铁路、道路、航运等有关规范执行。

⑦ 防洪水位。地面线路基、地下线的各种地面出口部，应按100年一遇的洪水位设计。

3）线路纵断面方案设计要点

① 坡段应尽可能长，以保证行车平稳性及提高乘客的舒适度。

② 地下线纵断面尽量设计成符合列车运行规律的节能坡道，以便于列车运行时节省能源。车站一般位于纵坡面的高处，区间位于纵坡面的低处。车站主体结构采用明挖法施工，区间隧道采用盾构法或其他暗挖法施工，方便设计成节能坡。上海、广州和深圳地铁，就是此类节能型纵坡。北京地铁一期，车站和区间隧道均为明挖法施工，如按节能型纵坡设计，势必加大明挖区间隧道的埋深，增加投资，在这种情况下，纵断面一般不设计成节能型纵坡。因此，节能型纵坡要根据施工方法等因素综合考虑。

③ 调查和收集工程范围及其周围的管线分布情况，包括管线的平面分布、数量（或大小）、埋深、现状（管线材质）等，根据已收集的管线分布情况和埋深确定站位和区间线路埋深。地下管线一般以改移较为适宜，在不能改移的情况下，地铁的埋深要比管线深，从高程上与地下管线错开。

④ 左右线坡道的设计应根据区间结构形式确定，当两线位于同一隧道时，左右线坡度应一致，在曲线地段，左线坡度进行调整，使曲线范围内同一法线断面上的左右线高程相同；当左右线分设单线隧道内，应使车站范围内左右线坡度及高程一致。

⑤ 竖曲线不宜与平面缓和曲线重叠。曲线超高是由缓和曲线外轨逐渐完成的，若在缓和曲线范围设竖曲线，则外轨难以制成圆弧状，故竖曲线不宜与平面缓和曲线重叠。

⑥ 道岔范围不宜设竖曲线。道岔的辙叉和尖轨是线路中的薄弱环节，宜保持在一面坡上，以减轻车辆的冲击和摇摆。困难时可设在竖曲线上，但竖曲线半径不小于5 000 m。

⑦ 相邻坡段坡度代数差不受限制。

⑧ 车站宜布置在纵断面的凸型部位上，车站两端为下坡，成为节能纵坡。列车从车站启动后，借助下坡势能增加列车的加速度，缩短列车牵引时间，从而达到节能目的。在列车进站时，可借助上坡阻力，降低列车的速度，缩短制动时间，减少制动发热，节约环境控制能量的消耗。

4）坡度计算及制图

① 坡度计算包括竖曲线要素计算和轨顶高程计算。

② 竖曲线要素计算应包括竖切线长度计算和竖曲线高程改正值计算。

③ 线路轨顶高程的计算包括百米及公里标、控制加标、车站中心、道岔中心、线路最低点及结构变形缝等处的高程计算。

2.4 轨道结构

轨道是由钢轨、轨枕、连接零件、道床、道岔和其他附属设备等不同力学性质的材料组成的构筑物（图2-25）。现代的轨道通常用两根专门轧制的工字形截面的钢轨固定在轨枕上而形成。轨枕一般横向铺设，用木材、钢筋混凝土或钢材制成，通过道床将荷载传递到路基上去。

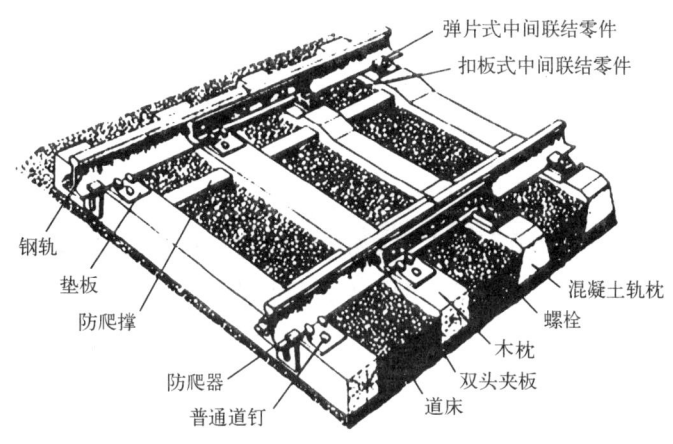

图2-25 轨道的基本组成

城市轨道交通由于行车密度大，要求运营安全平稳、舒适度好和少维修或免维修。因此对轨道结构具有以下基本要求。

① 轨道结构整体强度与本线轴重、速度匹配，各部件受力要合理，结构要具有牢固、耐久性好、使用寿命长、绝缘性能好等特性，以确保行车安全、平稳和乘客的舒适性。

② 轨道结构的振动质量、刚度和阻尼应根据轨道结构动力学原理进行合理选择，以适应减振降噪的要求，使结构体有最大的减振降噪效果，并能减缓轮轨之间的冲击荷载，减轻钢轨的磨耗。

③ 根据环保的要求，轨道结构应分段采用相应的形式和减振降噪措施，采用综合性措施使振动和噪声控制在国家标准的允许范围内。由于运营中轨道结构的永久稳定性或几乎不可更改性，减振降噪措施既要尽量满足沿线建筑物现状对噪声的要求，更要照顾沿线建筑物发展对噪声的要求，即轨道结构的减振降噪措施应有一定的超前性。高架线上的轨道结构应同时具有阻隔轮轨振动垂直传播和抑制钢轨振动噪声的能力，地下隧道内的轨道结构应能有效地减缓轮轨振动的垂直传播。

④ 受原有街道和建筑物所限，城市轨道交通曲线区段占很大比重，曲线半径一般比常规铁路小得多。曲线最小半径一般在100 m左右，有的为50 m甚至更小。因此，在小

半径曲线地段，应采用耐磨钢轨。钢轨铺设前应进行预弯，运营时钢轨应进行涂油以减少磨损。

⑤ 轨道交通行车密度大，运营时间长，留给轨道维修作业是时间很短，因而一般采用较强的轨道部件。新建轨道交通系统时，对浅埋隧道和高架结构，一般采用无碴道床等少维修轨道结构。

⑥ 扣件的结构形式应力求简单，维修量小，造价低，其功能具备良好的调整轨距、水平和高度的能力，以适应结构不均匀沉降对轨道的影响，且具有良好的弹性和绝缘性。

⑦ 轨道交通车辆一般采用电力牵引，以走行轨作为供电回路。为减小因漏泄电流（或称迷流）而造成周围金属设施的腐蚀，要求钢轨与轨下基础有较高的绝缘性能。

⑧ 采用成熟的新技术、新工艺、新材料，满足绝缘、减振、降噪和减轻轨道结构自重的需要，符合城市景观的要求。设计和选用的结构形式性能优越，造价便宜，结构部件易制造，现场便于快速施工。

2.4.1 道床

道床铺设在轨枕之下，路基面之上，是轨道的基础。机车车辆的荷载通过钢轨、轨枕并经过道床的扩散作用散布于路基面上，起着保护路基的作用。同时，道床提供一定的弹性和阻尼，起到缓冲和减振的作用。道床截面如图 2-26 所示。

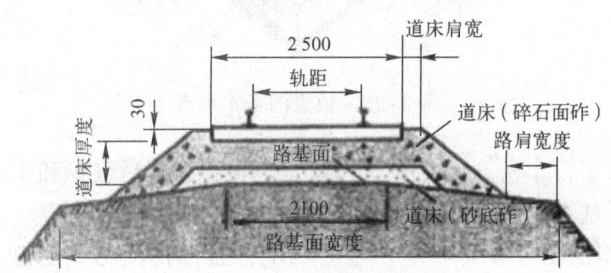

图 2-26 道床截面（尺寸单位：mm）

1) 道床分类

根据有无道碴，道床分为两大类：有碴（碎石）道床和无碴（整体）道床。

(1) 有碴（碎石）道床

道碴是直径 20~70 mm 的小块状花岗岩，块与块之间存在着空隙和摩擦力，使得轨道具有一定的弹性，这种弹性不仅能吸收机车车辆的冲击和振动，使列车运行比较平稳，而且大大改善了机车车辆和钢轨、轨枕等部件的工作条件，延长了使用寿命。此外，道碴依靠本身和轨枕间的摩擦，起到固定轨枕的位置，阻止轨枕纵向或横向的移动。这在无缝线路区段显得更为重要，因为这种区段如果线路的纵向或横向阻力减少到一定程度，很容易发生胀轨跑道事故，严重危及行车安全。

为满足减振降噪要求，有碴（碎石）道床中有以下类型的减振道床。

① 弹性轨枕碎石道床（见图2-27）：在普通钢筋混凝土枕下加设橡胶套以达到减振目的。

② 道碴垫道床：在普通碎石道碴下加设一层弹性材料，如纤维玻璃、橡胶垫、矿石纤维和旧汽车轮胎等，其原理与弹性轨枕碎石道床一致（只是加设弹性材料的位置不同）。

③ 乳化沥青补充道床：将乳化沥青填到碎石道床中，胶结为整体，成为乳化沥青碎石道床。不仅提高了道床弹性，而且提高了道床的稳定性，大大降低了养护维修的工作量。通常用于整体道床与碎石道床的过渡段或地面车站地段。

图2-27 碎石道床

（2）无碴（整体）道床

无碴（整体）道床（图2-28）的优点是整体性好，坚固、稳定、耐久；轨道建筑高度小，减少隧道净空，节省投资；轨道维修量少，适应地铁和轻轨交通运营时间短的要求。整体式道床有以下几种类型。

图2-28 无碴（整体）道床

① 无枕式整体道床：也称整体灌注式道床，其轨道建筑高度小，一般为自下而上施工：先使用专用施工机具把连接扣件的玻璃钢套管按设计位置预埋在道床内，上面做成承轨台，然后再安装钢轨和扣件。

② 轨枕式整体道床：分为短枕式和长枕式两种（图2-29和图2-30）。短枕式整体道床又称为支承块式整体道床，这种道床轨道建筑高度低，一般设中心排水沟，也有设中心暗沟，或者设侧向排水沟。这种道床稳定、耐久，结构比较简单、造价较低，施工容易。长枕式整体道床设侧向排水沟。一般长轨枕预留圆孔，道床用纵向筋穿过圆孔，加强了长轨枕与道床的连接，使道床更坚固、稳定和整洁美观。这种道床适用于软土地基隧道，可使用轨排法施工，进度快，施工精度亦容易得到保证。

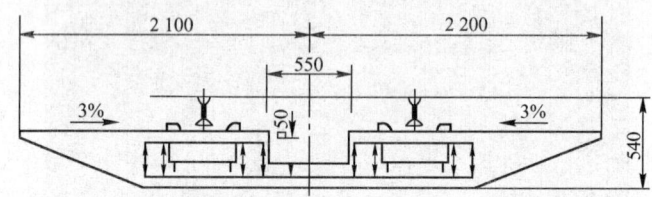

图2-29 短枕式整体道床（尺寸单位：mm）

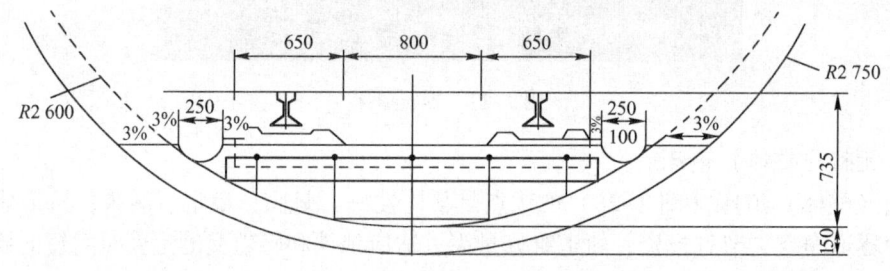

图2-30 长枕式整体道床（尺寸单位：mm）

③ 减振道床：分为包套式短轨枕整体道床和弹性长轨枕整体道床。包套式短轨枕整体道床的特点是在短轨枕和混凝土之间垫以弹性材料如橡胶垫、尼龙支承垫等这种道床结构具有良好的隔振性能，震动加速度可降低30%以上。弹性长轨枕整体道床，其特点是在长轨枕端部与混凝土槽接触的三个侧面和底面间垫以橡胶套，与包套式短轨枕整体道床一样具有较强的隔振性能，应用于地铁减振要求较高的地段。

④ 浮置板道床由钢筋混凝土大板和支承它的弹性支座组成，其减振降噪性能最好，与碎石道床相比，可降低振动与噪声12～30 dB。浮置板道床是地铁施工新工艺，具有工序复杂、施工难度大、施工精度要求高的显著特征，适用于有特殊减振要求的地段。

2) 道床结构形式的选取

针对轨道交通的三种敷设方式：地下线、地上线、高架线，其道床结构形式的选取各有不同。

(1) 隧道内道床

隧道内的轨道结构可分有砟（有碎石道床）和无砟（无碎石道床）两种。

有砟道床同土路基上道床一样，施工简单，防噪声性能好，但需要增加隧道的开挖量，排水设施复杂，而且维修工作量较大，一般城市轨道交通中不采用。

无砟道床最为普遍的是混凝土整体式道床，这种结构利用扣件把钢轨和混凝土基础直接连接在一起。整体道床常为现浇钢筋混凝土结构，常用于不易变形的隧道内或桥梁上。整体道床应设置道床伸缩缝，伸缩缝间距隧道内不宜大于12.5 m；U形结构地段、隧道洞口内50 m范围、高架桥上和库内线不宜大于6 m。特殊地段应结合工程特殊设计。

(2) 高架桥上道床

高架桥上的道床与隧道内相似，也分为碎石道床和混凝土整体道床。

高架混凝土桥面上的轻轨线也不采用碎石轨枕道床，而采用新型的道床形式，以减轻桥面荷载，减少维修工作量，同时还可避免列车运行时的偶然石子飞落桥面伤害行人等事故的发生。桥上整体道床结构也称无砟无枕梁结构，是通过扣件直接把钢轨和混凝土桥面联结起来。应用较广泛的是在混凝土梁上二次浇筑混凝土纵向承轨台。图2-31为高架混凝土桥无砟轨道结构。纵向承轨台高150 mm分段隔开，以利排水。两纵向支承台间设置防脱轨矮墙以代替通常使用的护轨。

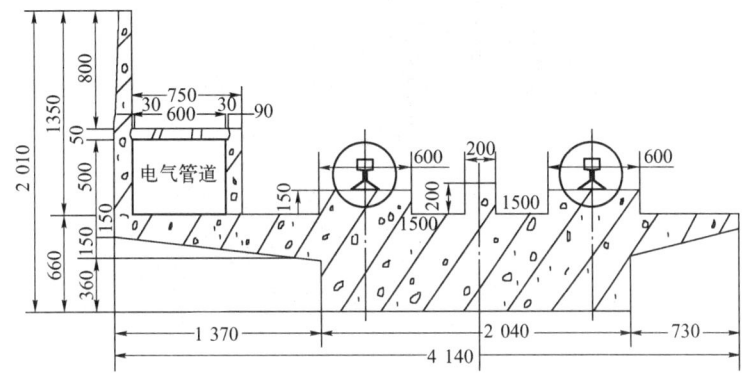

图2-31 高架混凝土桥无砟轨道结构

(3) 地面线道床

地面线及车场线道岔通常采用木枕或钢筋混凝土木枕的碎石道床。地面线的直线段碎石道床顶面宽度为3 000 mm，车场线为2 900 mm，半径等于或小于400 m的曲线地段外侧应加宽100 mm。在铺设无缝线路地段及安装接触轨一侧也应适当加宽。为增加轨道横向稳定性，道床的肩宽不应小于300 mm；在半径小于600 mm的曲线段，曲线外侧道床肩部加宽100 mm；碎石道床的最小厚度，在直线段轨枕下应为300 mm，车场线轨枕下应为250 mm。为了尽量减少用地，路肩宽可选为400 mm。由于双线路基宽度较大，为方便排水，路基中部应设置路拱。

综上所述，道床结构形式应符合以下规定。

① 地下线、高架线宜采用整体道床。

② 地面车站宜采用整体道床。

③ 地面线、出入线、试车线宜采用碎石道床。

④ 正线及其辅助线上同一曲线地段宜采用一种道床结构形式。
⑤ 车场库内线应根据检修工艺要求采用检查坑整体道床或立柱式道床结构。
⑥ 车场平过道宜采用整体道床、混凝土道口板、橡胶道口板。轮缘槽宽度应在70～100mm之间，深度为45mm。

2.4.2 钢轨

钢轨（图2-32）的类型习惯上以每米大致质量数来表示，目前我国铁路的钢轨可分为43kg/m、50kg/m、60kg/m和70kg/m四种类型。质量越大，表示断面强度等性能指标越高。

图2-32 钢轨

1）钢轨的功能
钢轨是轨道结构的重要组成部分，是轨道的基本承重结构。
① 钢轨用来引导轻轨车辆的行驶，也为车轮滚动提供最小阻力的接触面。对于车辆，要求钢轨有一个光滑的滚动表面，以获得较小的滚动阻力；对于动车，要求钢轨轨面粗糙，使车轮与钢轨之间产生足够的摩擦力来牵引列车前进。为解决这一矛盾，在维持钢轨表面光滑的同时，必要时可用向轨面撒沙的方法提高动车动轮与钢轨之间的黏着力。
② 钢轨除直接承受来自车轮的垂直、横向水平和纵向水平等力，还要受到温度变化及其他因素的影响，因而使钢轨产生了拉、压、弯曲应力，接触应力和局部应力等，并产生相应的压缩、伸长、弯曲、扭转、磨耗等的变形。因此，钢轨要有足够的强度和韧性来承受弯曲和接触等应力，要有足够的刚度来抵抗弯曲和扭转等变形，要有足够的硬度来抵抗磨损。
③ 钢轨还兼供轨道电路之用。

2) 钢轨断面

钢轨断面形状应符合力学的要求，并适应车轮轮踏面形状，以改善轮轨的接触条件，还要考虑安装接头夹板和减少断面形状发生突变的局部应力等要求。

作用于钢轨上的力主要为垂直力，其结果是使钢轨挠曲，而抵抗挠曲的最佳断面为工字形，所以钢轨断面基本形状就是工字形，由轨头、轨腰和轨底 3 部分组成。

3) 钢轨接头

连续的轨线是由定长钢轨通过夹板连接而成的，这种夹板称为钢轨接头。在城市轨道交通的轨道结构中，已大量采用无缝线路结构，钢轨接头大大减少，但是在无缝线路的缓冲区、轨道电路的绝缘区、有道岔的线路区段中，钢轨接头还是必不可少的。钢轨接头的联结零件包括夹板、螺栓、螺母、弹簧垫圈等。

夹板、螺栓、螺母的作用均是夹紧钢轨。夹板以双头对称式最为常见。螺栓需要有一定的直径，螺栓直径越大紧固力越强，但加大螺栓直径势必加大钢轨及夹板上的螺栓孔直径，这将削弱轨端与夹板的强度。因此，亦用高强度的碳素钢制成，并加以热处理，以提高螺栓的紧固力和耐磨、耐腐蚀的性能。

在普通的有缝线路上，为防止螺栓松动，要加弹簧垫圈（单圈），有圆形和矩形两种。在无缝线路伸缩区的钢轨接头加设高强度垫圈。

钢轨接头有以下几种类型。

① 按接头联结形式相对于轨枕的位置，可分为悬空式和承垫式两种；线路上采用的大部分是悬空式接头，承垫式只是在绝缘接头处使用。

② 按两股钢轨接头相互位置分为相对式和相错式两种。我国广泛采用的是相对式接头。相错式接头的缺点是车轮轮流冲击两股钢轨，不仅增加了对钢轨的冲击次数，还会使轨道交通车辆左右摇摆，行车不稳，也不利于机械化铺设。

③ 按接头联结的用途及工作性能来分，有普通接头、异型接头、传电接头、绝缘接头、尖轨接头、冻结接头、焊接接头等。

普通接头是线路上用得最多的接头。

异型接头用于联结两种不同断面的钢轨。

传电接头用于自动闭塞区段及电力牵引地段，供传导轨道电路电流或作为牵引电流的回路之用。轨间传导联结装置用左右两根 5 mm 的镀锌铁丝组成。

绝缘接头用于自动闭塞区段闭塞分区两端的钢轨接头上，以割断电流，防止漏电。绝缘的方法是在夹板与钢轨、螺栓之间、螺孔四周及轨端之间用绝缘材料加以隔离构成。绝缘材料采用高强度尼龙绝缘层，可承受 900 N·m 的螺栓拧矩，轨缝几乎没有变化。

冻结接头是采用高强度的胶黏剂将夹板与钢轨胶结，再用高强度螺栓拧紧，其剪切荷载可达 1800 kN，起到了冻结钢轨的作用。冻结接头用于无碴桥上有温度调节器的钢梁温度跨度范围内，钢梁横梁顶上及道口处。近来也用于道岔的接头上。

焊接接头是用焊接的方法把钢轨连接起来，广泛用于无缝线路上。

钢轨接头是轨道结构的薄弱环节。接头虽能保证必要的几何形位，但却在一定程度上破坏了轨道的连续性，主要表现在轨缝、台阶、折角 3 个方面。

4) 钢轨的损毁

在使用过程中，钢轨常常会因裂纹、折断和磨耗等伤损。轨道的损毁是轨道交通线路上的一个突出问题，严重影响行车的安全。

① 轨腰螺栓孔裂纹。轨腰钻孔以后，其强度被削弱，螺栓孔周围发生较高的局部应力，在列车冲击荷载的作用下，螺孔裂纹开始形成和发展。

② 轨头核伤。轨头核份是最危险的钢轨损毁，起源于轨头内部小的横向裂纹。在列车荷载的重复作用下，细小的横向裂纹扩展而成核伤，直至核伤的四周钢材不足以抵抗荷载，使钢轨在毫无预兆的情况下猝然折断。

③ 轨头剥离。轨头剥离常发生在轨头与轮缘的内圆角接触处的圆角上，是一种破裂掉块的缺陷。防止剥离则必须改善轮轨的接触条件，改进钢的材质，提高接触疲劳强度，并加强轨道的养护维修，提高线路质量。

④ 钢轨磨耗。主要有垂直磨耗、侧面磨耗和波形磨耗等。

垂直磨耗存在于直线或曲线的所有路段。垂直磨耗与作用在钢轨上的垂直压力、轮轨之间的滑动和摩擦有关，并随着通过质量的增加而增大。

侧面磨耗发生在曲线的外股钢轨上，属于塑性变形磨损、黏着磨损和疲劳磨损的综合磨损。伴随着曲线外轨侧磨的同时，在曲线内轨上出现轨头压溃、轨头压扁、宽度增加等现象。钢轨侧磨来自轨道交通车辆方面的原因是轮对因受转向架的束缚不能自由的居于径向位置，通过曲线时对外股钢轨产生了较大的轮缘力（或称导向力）和冲角；来自轨道方面的原因是外轨超高、轨距、曲线的圆顺度及轨底坡等轨道的几何形状。减少侧磨的措施有：采用径向转向架；采用耐磨轨（高硅轨、淬火轨等）；合理设置超高、轨距和轨底坡；加强曲线的养护维修，保持良好的圆顺度和方向；曲线润滑等。

钢轨波形磨耗是指钢轨顶面或侧面上呈波浪形的不均匀磨损或塑性变形。波形磨耗依据其波长可分为两大类：波长在 30~80mm、波深 0.1~0.5mm、光亮的波峰和黑暗的波谷规则的排列在轨面上的波形磨耗称短波磨耗，又称波纹磨耗；波长 150~600mm 及以上、波深 0.5~5mm、波浪界线分明但不规则、不均匀、波峰和波谷有均匀的光泽的波形磨耗为长波磨耗。车辆在有波形磨耗的钢轨上行驶，不但对轨道结构产生很大的附加动力荷载，而且会产生尖啸声。

波形磨耗形成的原因大致有两类：第一类称为非动力成因理论，主要是从钢材性能、残余应力、不均匀磨损腐蚀、不均匀塑流、接触疲劳及轮轨几何形状匹配等方面去研究成因；第二类称为动力类成因理论，主要是从轮轨接触共振、轮轨垂向振动、轮对横向振动、扭振及弯曲振动等理论去研究成因，最近几年来的研究表明，轮轨系统振动理论比较能够解释波形磨耗的发生和发展。

防止和减缓波形磨耗的措施有以下几方面：提高轨道的弹性和阻尼，减少轨道交通车辆垂向振动对轨道的影响，这对延缓波形磨耗的发展速率是有利的；控制牵引的摩擦系数，有利于减缓波形磨耗的发展；提高钢轨材质强度及耐磨性能；钢轨打磨，国外经过几十年的实践，打磨已发展成为多功能的现代化养护维修的技术，钢轨打磨后的使用寿命可延长 50%~100%。

5) 钢轨的选取

我国对城市轨道交通的钢轨没有选择标准，均参照正线铁路钢轨选型标准，现正线铁路采用的有 50 kg/m 和 60 kg/m 钢轨。

选用钢轨原则上应以轨道承受荷载的轻重来确定，虽然城市轨道交通车辆的轴重较轻，如我国城市轨道交通样车的轴重只有 100 kN，但为了保证客运车辆的运行质量，使钢轨有较长的使用寿命，以及适应铺设无缝线路的需要，在正线上宜采用 60 kg/m 的钢轨，在车场可采用 50 kg/m 的钢轨。60 kg/m 钢轨与 50 kg/m 钢轨相比，前者较后者重17%，抗弯强度增加 34%，弯曲应力减少 28%，使用增加 1.5～3.0 倍，由于疲劳破坏造成的变换率减少 84%。采用 60 kg/m 钢轨有利于增加轨道的横向稳定性，减少动态轨距扩大和扩大无缝线路的铺设范围。50 kg/m 钢轨断面形式如图 2-33 所示。

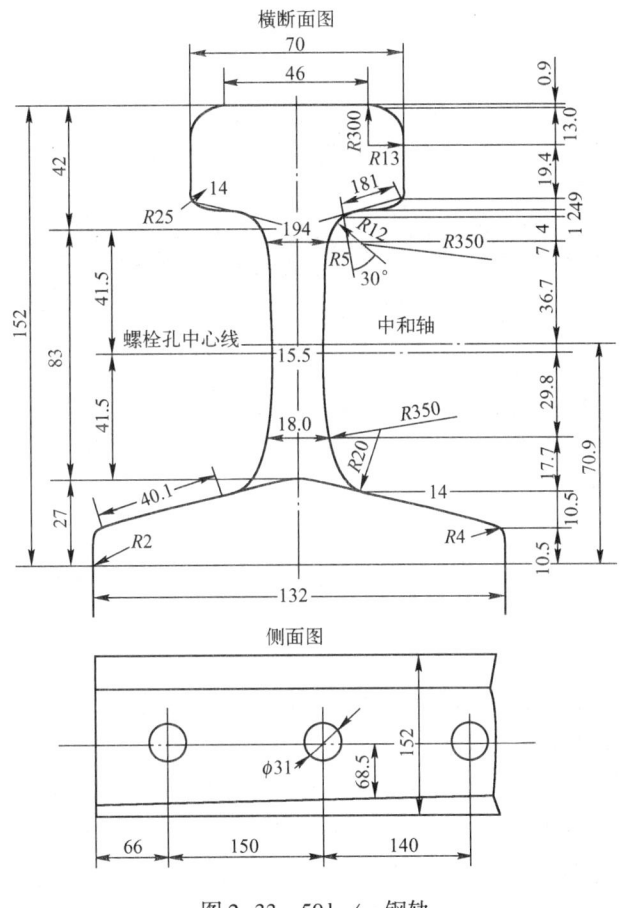

图 2-33　50 kg/m 钢轨

钢轨类型的选择还应着重考虑城市轨道交通使用环境特点。

① 地铁隧道空气潮湿，钢轨及零配件易发生锈蚀，故应采用耐腐蚀钢轨或较重一级的钢轨。

② 地铁线路小曲线半径较多，曲线钢轨的磨耗较为严重，因此应考虑钢轨的耐磨寿命，选用耐磨钢轨。

③ 钢轨是地铁电力牵引系统的负回流电路，应具备较大的断面，以减小阻抗，减小迷流，降低能耗和运营成本。

2.4.3 道岔、轨机和扣件

1）道岔

在设有渡线和折返线的车站，必须设置道岔（图 2-34）来实现车辆的转线；在车场内，股道则通过道岔逐级与走行线连接。由于车辆的运行条件规定，其最小通行半径为 25m，考虑运行速度及节约用地要求，应在不同场合选用不同的辙叉号数和道岔结构。

图 2-34 道岔

道岔各有其代号即辙叉号，代表了辙叉角 α 的余切值：$N = \cos \alpha$。辙叉号的确定要根据以下两点原则。

① 动车最大运行速度为 60 km/h 时，道岔直股结构应满足 60 km/h 通过的要求，如留有安全储备，道岔的直股设计速度为 80 km/h。如用于车场道岔，由于无较高的速度要求，采用 40 km/h 作为道岔的直股设计速度。

② 道岔侧股的允许通过速度，主要取决于动车通过道岔侧股的运行速度要求。在折返站，动车在出发前由邻线转入，以改变运行方向，属于调车性质，最高运行速度定为 25 km/h。用于车场的道岔，动车通过道岔侧股均为调车，考虑节约用地，最高运行速度定为 15 km/h。

正线道岔据上述侧向最高运行速度 25 km/h，最大欠超高 90 mm，可按式（2-24）求出导曲线半径 R。

$$R = 11.8 V^2 / h = 11.8 \times 25^2 / 90 = 81.94 \text{ (m)} \tag{2-24}$$

直线型辙叉号数 N 为 6，则

$$T \sin \alpha = s - n \sin \alpha \tag{2-25}$$

$$T = R\tan \alpha/2 \qquad (2-26)$$
$$\alpha = \arctan (1/n) \qquad (2-27)$$

式中：T——切线长；

α——辙叉角；

n——辙叉趾端长，根据辙叉号数及结构要求而定；

s——轨距，1 435 mm。

正线上铺设的道岔不低于 6 号，多为折返使用；由于其线间距只有 3.2 m，故渡线需要个别设计。场线上铺设道岔不低于 4 号。采用 9 号道岔的交叉渡线，线间距不应小于 4.6 m，并宜采用 5.0 m 线间距交叉渡线。列车折返用单渡线线间距宜为 4.2 m。7 号道岔宜采用 4.5 m 或 5 m 及以上线间距的交叉渡线。当适用内燃机车时，应在其运行通道上，按内燃机车调车要求铺设道岔。

正线道岔钢轨类型应与相邻区间钢轨类型一致，并不得低于相邻区间钢轨的强度等级及材质要求；地下线、高架线应采用混凝土岔枕整体道床，车场线库外线宜采用混凝土岔枕。

道岔与半径小于 80 m 的曲线连接时，由于曲线轨距加宽需安设过渡段。道岔与道岔连接方面，正线上两顺向道岔应插入不小于 4.5 m 直线段，两对向连接时应插入不小于 6.25 m 直线段。具体情况如表 2-10 所示。场线上的道岔连接可以不插入直线段。标准轨距直线段有 4.5 m、6.25 m、8.0 m 三种，铺短轨宜按标准轨距选用。

表 2-10　道岔间插入短钢轨最小长度

道岔连接形式		线别	插入短钢轨最小长度 L/m	
			一般	困难
对向单开道岔		正线及辅助线	12.5	6.25
		车场线	6.25	4.5
顺向单开道岔		正线及辅助线	6.25	4.5
		车场线	4.5	3
反向单开道岔		正线及辅助线	6.25	4.5
		车场线	4.5	3

2）轨枕

轨枕是支承钢轨，保持轨距和方向，并将钢轨的各向压力传递到道床上的轨下基础的部件之一。因此，轨枕必须具有坚固性、弹性和耐久性。

依据其构造及铺设方法，轨枕可分为横向轨枕、纵向轨枕、短轨枕和宽轨枕等。横向轨枕与钢轨垂直间隔铺设；纵向轨枕沿钢轨方向铺设；短轨枕是在左右两股钢轨下分开铺设的轨枕，常用于混凝土整体道床；宽轨枕底面积比横向轨枕大，减小了对道床的压力和道床的永久变形。

按其材料，轨枕可分为木枕、混凝土枕及钢枕等（图2-35和图2-36）。钢枕在我国很少采用。

（1）木枕

木枕又称枕木，是铁路上最早采用而且到目前为止依然被采用的一种轨枕。木枕弹性好，易加工、运输、铺设、养护维修方便，绝缘性好。但是易于腐朽和机械磨损，使用寿命短，且木材资源缺乏，价格比较昂贵，所以木枕已渐渐被混凝土枕所代替。

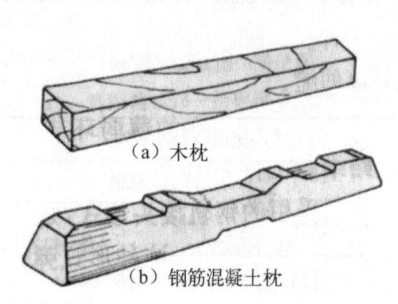

图2-35 轨枕

图2-36 混凝土枕

（2）预应力混凝土枕

预应力混凝土枕，简称PC（Prestressed Concrete）轨枕，已在世界各国广泛使用。按照其制造方法的不同，PC轨枕可分为先张法和后张法PC轨枕。配筋材料可以采用高强度钢丝或者钢筋。PC轨枕使用寿命长，稳定性高，养护工作量小，损伤率和报废率比木枕要低得多。在无缝线路上，钢筋混凝土轨枕比木枕的稳定性平均提高15%～20%，因此，尤其适用于高速客运线。

① 混凝土枕类型。按结构形式，混凝土枕可分为整体式与组合式两种。整体式轨枕整体性强，稳定性好，制作简便，目前被广泛使用；组合式轨枕由两个钢筋混凝土块使用一根钢杆连接而成，其整体性较差，但钢杆承受正负弯矩的能力较强。

② 混凝土枕结构。在我国，普通轨枕长度为2.5 m，道岔用的岔枕和钢桥上用的桥枕，长度有2.6～4.85 m多种。

截面形状为梯形，上窄下宽。梯形截面可以节省混凝土用量，减少自重，也便于脱模。

轨枕顶面宽度应考虑轨下衬垫宽度，轨枕承压面积，中间扣件尺寸及截面边坡等因素加以确定。

轨枕支承钢轨的部位称承轨台。我国生产的 PC 轨枕承轨台采用有挡肩并带轨底坡的形式。

轨枕底面在其纵向呈两端为梯形，中间为矩形的形状，底面上一般还做成各种花纹和凹槽，以增加轨枕与道床间的摩擦阻力，提高轨枕在道床上的横向阻力。

（3）轨枕间距

轨枕的间距应根据运量、行车速度及道床类型等条件决定。间距较小时，路基、道床、钢轨和轨枕本身所受作用力均小，但间距过小则增加工程费用，且影响道床的捣固作业。轨枕间距一般为 52~62 cm。中国铁路一般以每公里铺设轨枕的根数间接显示轨枕间距。

3）扣件

扣件是钢轨与轨下基础之间的重要联结零件，在保持钢轨的正确位置，防止钢轨纵横向位移，提供一定的轨道弹性，并将钢轨所受的力传递给轨下基础等方面起到重要作用。扣件由钢轨扣压件和轨下垫层两部分组成。

扣件的主要性能如下。

① 有足够的强度和耐久性。城市轨道交通运营时间长、行车密度高、维修条件差，要求钢轨扣件必须具有足够的强度和耐久性，以确保行车安全。

② 有良好的绝缘性能。城市轨道交通一般均利用走行轨作为回流轨，这就要求扣件必须具备良好的绝缘性能，防止电流通过扣件泄漏，造成结构钢筋和市政管线的电腐蚀。

③ 有一定的轨距和水平调整性能。城市轨道交通多采用整体道床结构，线路曲线半径小，钢轨存在磨耗。这就要求扣件应具有一定的轨距、水平调整性能，以解决曲线钢轨磨耗和结构的不均匀沉降及施工误差所造成的轨距、钢轨水平超限。

④ 有良好的减振弹性。城市轨道交通穿行于居民区内，对减振降噪的环保要求很高，钢轨扣件必须具有良好的减振性能，衰减轨道振动，降低噪声传播。

⑤ 有一定的通用互换性。扣件结构应力求简单，零部件少，具有一定的通用互换性，造价低，施工和维修方便。

扣件的主要设计原则如下。

① 扣件应有足够的强度，以抵抗钢轨的纵向力和横向力，其承受横向力$\leqslant 40\,kN$，抗拔力$\leqslant 60\,kN$，每组扣件防爬力$\leqslant 8\,kN$。在高架桥铺设无缝线路时，为了减少温度变化或桥梁承受列车荷载产生挠曲，梁面变形引起桥梁结构与焊接长钢轨的相互作用力，因此要求扣件阻力应控制在一定范围内。

② 整体道床刚度大，轨道弹性主要依靠扣件及垫层提供，因此扣件应具有较好的弹性，以减少列车荷载的冲击，使钢轨承受的荷载能均匀地传递到道床上，扣件节点垂直静刚度一般在 $50\,kN/mm$ 以下。

③ 扣件应具有良好的扣压力，每组扣件的扣压力 $>12\,kN$。同时还应有满足实际需要的轨距和高低调整量。在高架桥整体道床上的扣件需要较大的高低调整量以适应预应力梁的徐变和桥墩的不均匀沉陷。

④ 扣件应具有良好的绝缘性能，以减少杂散电流。

⑤ 扣件应尽量标准化，结构简单易铺设及维修。
⑥ 扣件金属部件应做防腐处理。

扣件的种类很多，应根据轨道交通高架线和地下线的不同性质分别选择不同种类的扣件。

思考题

1. 请叙述车辆限界、设备限界和建筑限界的概念，并说明其相互关系。
2. 城市轨道交通线路按其功能是如何分类的？站前折返线和站后折返线的优缺点是什么？
3. 城市轨道交通线路按其敷设方式不同是如何分类的？
4. 建筑限界的制定原则是什么？
5. 正线平面位置的设置原则是什么？
6. 城市轨道交通线路的平面线性的组成要素是什么？各具有什么特点？
7. 为什么要设置曲线外轨超高？超高与哪些因素有关？为什么要限制欠超高和最大外轨超高？
8. 通常说轨道结构有三大薄弱环节，请问是哪几个部分？并结合提速分别提出改善措施。
9. 为什么要在圆曲线与直线之间插入一段缓和曲线？
10. 城市轨道交通的轨道由哪几个部分组成？各组成部分的作用是什么？
11. 什么叫坡度、坡长和竖曲线。竖曲线的一般形式是什么？
12. 简述限制坡度大小对工程和运营的影响。分方向选择限制坡度的条件及要求。
13. 线路平面的主要技术指标有哪些？如何确定？
14. 简述城市轨道交通线路设计需要掌握的技术资料及线路设计的原则和技术标准。
15. 简述城市轨道交通线路平面设计的过程。

第 3 章 区间隧道工程

本章概述

本章是书中的重要章节,主要介绍城市轨道交通区间隧道工程的结构形式和施工方法,共3节。第1节介绍区间隧道分类、隧道围岩、所受荷载、几何尺寸等基本概念;第2节介绍明挖法、暗挖法和沉管法等区间隧道施工方法,并对各种施工方法的优缺点进行了比较;第3节介绍各种施工方法建成的区间隧道的结构和构造形式,以及隧道衬砌的设计方法。

本章学习重点

1. 区间隧道的分类、隧道围岩、所受荷载;
2. 明挖法、暗挖法的施工流程及其特点;
3. 矿山法和盾构法施工的区间隧道的结构和构造形式;
4. 隧道衬砌设计。

3.1 概述

隧道是修建在地下或水下并铺设轨道供机车车辆通行的建筑物。隧道按其专业门类可分为铁路隧道、道路隧道和城市轨道交通隧道等；根据其所在位置可分为山岭隧道、水下隧道和城市隧道三大类。城市轨道交通的区间隧道属于城市隧道类，是指连接地下铁道车站之间的建筑物，其结构类型和施工方法受到工程地质、水文地质条件、周围环境条件等的影响。

3.1.1 区间隧道分类

1. 按用途分类

区间隧道按照用途划分，其结构可以包括行车隧道、渡线、折返线、地下存车线、联络线和其他附属建筑物。

1）渡线隧道、折返线隧道

为满足运营需要，进行列车折返调度、换线、停车等作业，区间隧道内需设置单渡线、交叉渡线，其结构见图3-1和图3-2。隧道断面需适应岔线线间距的渐变，并对结构物要进行特殊设计。

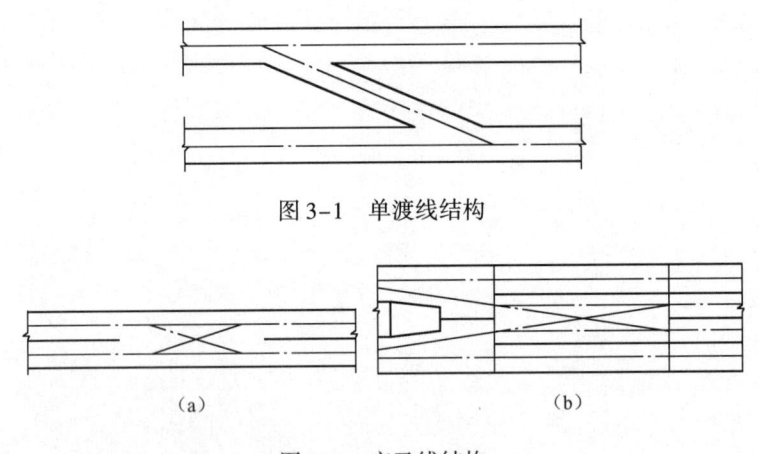

图 3-1 单渡线结构

(a)　　(b)

图 3-2 交叉线结构

2）联络通道及其他区间附属结构物

根据国内外地下铁道运营中的灾害事故分析发现，列车有可能在区间隧道内发生火灾而又不能牵引到车站时，乘客必须在区间隧道下车。为了保证乘客的安全疏散，两条单线区间隧道之间应设置联络通道，如图3-3和图3-4所示。这样可使乘客通过联络通道从另一条隧道疏散到安全出口。这种通道也可供消防人员和维修养护人员使用，敷设管线路等。

为了排除区间隧道的渗漏水、维修养护用水等，在线路的最低点需设置排水站。根据通风、环控系统的设计，有时还需设置区间风道等附属结构物，如图 3-5 所示。

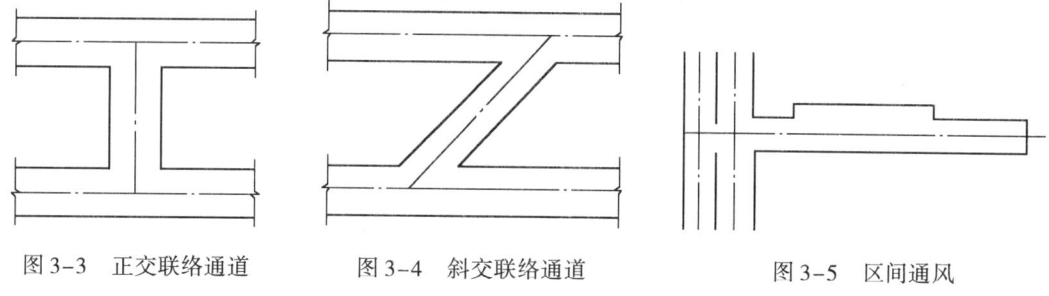

图 3-3　正交联络通道　　　图 3-4　斜交联络通道　　　图 3-5　区间通风

2. 按施工方法分类

区间隧道的结构根据不同的施工方法可以分为放坡开挖或护壁施工的明挖结构、用盾构法或矿山法施工的暗挖结构和用沉管法或顶进法等特殊方法施工的结构等三大类。

3. 按截面形式分类

区间隧道按照截面形式可以分为矩形式、圆形式、马蹄形等隧道形式。其中明挖施工多采用矩形式隧道、盾构法施工多采用圆形式隧道、矿山法施工多采用马蹄形隧道。

3.1.2　区间隧道截面的几何尺寸

区间隧道界面几何尺寸包括内部净空尺寸和结构断面厚度两部分。区间隧道截面几何尺寸是根据结构使用要求、限界尺寸、施工方法及工程地质水文地质条件而确定的。

1. 内部净空尺寸的确定

区间隧道内部净空尺寸根据建筑接近限界、曲线半径、超高、道床、线间安全距离、施工误差、结构变形等影响因素确定，隧道内任何设施及附属建筑都必须设置在建筑接近限界以外。

2. 隧道结构断面厚度尺寸的拟定

计算箱形框架内力时，一般是根据设计经验或用类比法，先假定框架截面尺寸，然后进行计算。如果发现强度不足或配筋过大时，应重新进行断面尺寸拟定和计算。影响断面厚度的主要因素有混凝土和钢筋的设计强度，荷载状况，建筑物的高、宽尺寸及钢筋的配置方式等。

断面尺寸的假定,大致可按以下步骤进行。

① 假定顶板的截面厚度(大约为跨度的 1/8~1/10),再概略计算出顶板荷载和在该荷载作用下,产生的最大正、负弯矩。

② 根据弯矩和配筋量进行必要的调整。

③ 底板的厚度根据地层有无地下水,其厚度为顶板厚度加减 5 cm。

④ 侧墙厚度根据施工、防水及结构的匀称要求,通常不宜小于 40 cm。

⑤ 最后按整体框架进行精确计算,由于区间隧道很长,其标准断面要进行多方案比较,以达到施工方便、造价最省的要求。

3.1.3 隧道围岩

隧道围岩是指隧道周围一定范围内,对洞身的稳定有影响的岩(土)体。隧道围岩分类就是评定围岩性质,判断隧道围岩稳定性,作为选择隧道位置、支护(临时的和永久的)类型的依据和指导安全施工。按照现行《铁路隧道设计规划》,围岩可分为 5 类,如表 3-1 所示。

表3-1 铁路隧道围岩分级

围岩级别	围岩主要工程地质特征		围岩开挖后的稳定状态(单线)
	主要工程地质特征	结构特征和完整状态	
I	极硬岩(单轴饱和抗压强度 $R_c > 60$ MPa):受地质构造影响轻微,节理不发育,无软弱面(或夹层);层状岩层为巨厚层或厚层,层间结合良好,岩体完整	呈居块状整体结构	围岩稳定,无坍塌,可能产生岩爆
II	硬质岩($R_c > 30$ MPa):受地质构造影响较重,节理较发育,有少量软弱面(或夹层)和贯通微张节理,但其产状及组合关系不致产生滑动;层状岩层为中厚层或厚层,层间结合一般,很少有分离现象,或为硬质岩石偶夹软质岩石	呈巨块或大块状结构	暴露时间长,可能会出现局部小坍塌;侧壁稳定;层间结合差的平缓岩层,顶板易塌落
III	硬质岩($R_c > 30$ MPa):受地质构造影响严重,节理发育,有层状软弱面(或夹层),但其产状及组合关系尚不致产生滑动;层状岩层为薄层或中层,层间结合差,多有分离现象;硬、软质岩石互层	呈块(石)碎(石)状镶嵌结构	拱部无支护时可产生小坍塌,侧壁基本稳定,爆破震动过大易塌
	较软岩($R_c = 15~30$ MPa):受地质构造影响较重,节理较发育;层状岩层为薄层、中厚层或厚层,层间结合一般	呈大块状结构	

续表

围岩级别	围岩主要工程地质特征		围岩开挖后的稳定状态（单线）
	主要工程地质特征	结构特征和完整状态	
IV	硬质岩（$R_c > 30\,MPa$）：受地质构造影响极严重，节理很发育，层状软弱面（或夹层）已基本破坏 较软岩（$R_c = 15 \sim 30\,MPa$）：受地质构造影响严重，节理发育	呈碎石状压碎结构 呈块（石）碎（石）状镶嵌结构	拱部无支护时，可产生较大的坍塌，侧壁有时失去稳定
	土体：① 具压密或成岩的黏性土、粉土及砂类土 ② 黄土（Q_1、Q_2） ③ 一般钙质、铁质胶结的碎石土、卵石土、大块石土	1和2呈大块状压密结构，3呈居块状整体结构	
V	岩体：软岩，岩体破碎至极破碎；全部极软岩及全部极破碎岩（包括受构造影响严重的破碎带）	呈角砾碎石状松散结构	围岩易坍塌，处理不当会出现大坍塌，侧壁经常小坍塌；浅埋时易出现地表下沉（陷）
	土体：一般第四系坚硬、硬塑黏性土，稍密及以上、稍湿或潮湿的碎石土、卵石土、圆砾土、角砾土、粉土及黄土（Q_3、Q_4）	非黏性土呈松散结构，黏性土及黄土呈松软结构	
VI	岩体：受构造影响严重呈碎石、角砾及粉末、泥土状的断层带	黏性土呈易蠕动的松软结构，砂性土呈潮湿松散结构	围岩极易坍塌变形，有水时土砂常与水一齐涌出
	土体：软塑状黏性土、饱和的粉土、砂类土		

注：1. "围岩级别"和"围岩主要工程地质条件"栏，不包括膨胀性围岩、多年冻土等特殊岩体。
2. 层状岩层的层厚划分。巨厚层：厚度大于 1.0 m；厚层：厚度大于 0.5 m，且小于等于 1.0 m；中厚层：厚度大于 0.1 m，且小于等于 0.5 m；薄层：厚度小于等于 0.1 m。

3.1.4 区间隧道所受荷载及工程材料

1. 荷载

我国现行的《地铁设计规范》（GB 50157—2003）根据结构类型将区间隧道所受荷载分为永久荷载、可变荷载和偶然荷载三大类，如表 3-2 所示。永久荷载即长期作用的恒载，在其作用期内虽有变化但也是微小的。可变荷载又可分为基本可变荷载和其他可变荷载 2 类。基本可变荷载，即长期且经常作用的变化荷载。其他可变荷载，即非经常作用的变化荷载。偶然荷载即偶然的、非经常作用的荷载，如地震力、爆炸力等。

结构的计算荷载应根据上述 3 类荷载同时存在的可能性进行最不利组合，一般来说，对于浅埋地下铁道结构以基本组合（仅考虑永久荷载和可变荷载）最有工程实际意义。只有在特殊情况下，以对结构整体或构件可能出现的最不利荷载组合进行计算。

表3-2 区间隧道所受荷载分类

荷载分类		荷载名称
永久荷载		结构自重
		地层压力
		结构上部和破坏棱体范围的设施及建筑物压力
		水压力及浮力
		混凝土收缩及徐变影响
		预加应力
		设备重量
		地基下沉影响
可变荷载	基本可变荷载	地面车辆荷载及其动力作用
		地面车辆荷载引起的侧向土压力
		地铁车辆荷载及其动力作用
		人群荷载
	其他可变荷载	温度变化影响
		施工荷载
偶然荷载		地震影响
		沉船、抛锚或河道疏浚产生的撞击力等灾害性荷载
		人防荷载

注：1. 设计中要求考虑的其他荷载，可根据其性质分别列入上述三类荷载中。
2. 表中所列荷载本节未加说明者，可按国家有关规范或根据实际情况确定。

2. 工程材料

区间隧道的工程材料应根据结构类型、受力条件、使用要求和所处环境等选用，并考虑可靠性、耐久性和经济性，主要受力结构可采用钢筋混凝土结构。混凝土的原材料和配比、最低强度等级、最大水胶比和单立方米混凝土的胶凝材料最小用量等应符合耐久性要求，满足抗裂、抗渗、抗冻和抗侵蚀的需要。一般环境条件下的混凝土设计强度等级不得低于表3-3的规定。

表3-3 地铁建筑结构混凝土的最低设计强度等级

明挖法	整体式钢筋混凝土结构	C30
	装配式钢筋混凝土结构	C30
	地下连续墙	C30
盾构法	装配式钢筋混凝土管片	C50
	整体式钢筋混凝土衬砌	C30
	挤压混凝土衬砌	C30
矿山法	喷射混凝土衬砌	C20
	现浇混凝土或钢筋混凝土衬砌	C30
顶进法	钢筋混凝土结构	C30

3.2 区间隧道施工方法

区间隧道的施工方法主要分为三类,包括明挖法、暗挖法和特殊施工方法,如图3-6所示。

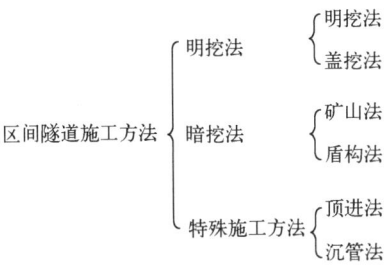

图3-6 区间隧道施工方法

本节将主要解释明挖法、矿山法、盾构法和沉管法等几种区间隧道施工的常用方法。

3.2.1 明挖法

1. 明挖法施工的概念

明挖法是从地表面向下开挖基坑到设计高程位置,然后在基坑内的预定位置由下而上地修筑衬砌、建筑主体结构及防水设施,最后回填土并恢复地表路面。明挖法具有施工作业面多、技术简单、速度快、容易保证工程质量、工程造价低等优点,因此在地面和环境条件允许的地方多被采用。

2. 明挖法施工流程

明挖法施工的基本流程是:围护结构施工→路面开挖→埋设支撑防护并开挖内部土方→地下结构施工→管线恢复及覆土→拆除防护恢复路面,如图3-7所示。

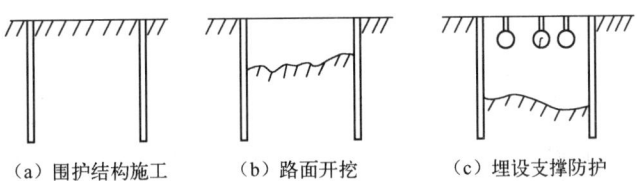

图3-7 明挖法施工流程

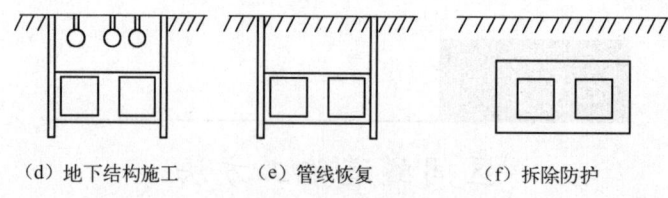

图 3-7 明挖法施工流程（续）

3. 围护结构

明挖法施工中的围护结构一般有三类，分别是排桩围护结构、地下连续墙围护结构和土钉墙围护结构。

1）排桩围护结构

排桩围护结构是地铁基坑开挖施工中较为常用的形式。按照构成排桩的基本单位分类，围护结构又分为钢板桩、挖孔桩、钻孔桩、混凝土搅拌桩。

钢板桩围护结构 断面形式多为 U 形或 Z 形，是一种施工简单、投资较少的支护方式，一般适用于硬土地层或开挖深度小于 7m 的软土地层，如图 3-8 所示。

挖孔桩围护结构 依靠多个桩形成桩墙实现围护功能，桩孔的挖掘一般采用人工挖掘，桩身为灌注混凝土，如图 3-9 所示。

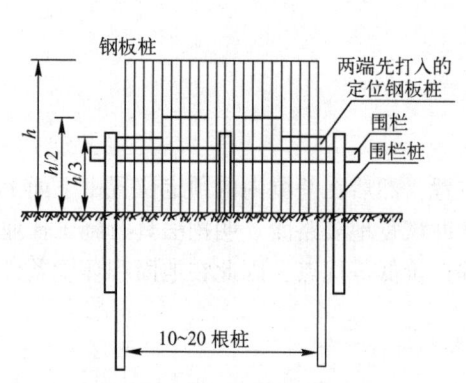

图 3-8 钢板桩围护结构示意图

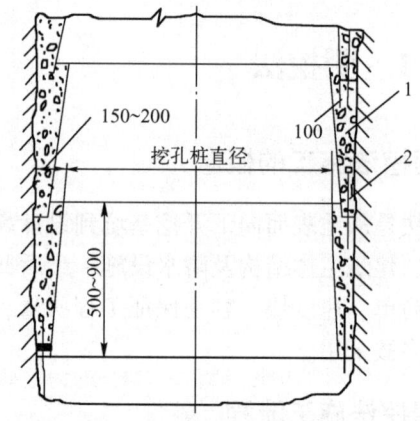

图 3-9 挖孔桩就地灌注混凝土护壁
1—混凝土护圈；2—连接的直钢筋 $\phi 8 \sim 12$（尺寸单位：mm）

钻孔桩围护结构 根据土质条件的和地下水位的高低，成孔的施工方法分为两类，一是干作业施工，一是湿作业施工。前者一般采用螺旋钻机进行施工；后者采用的施工机械可以有冲击钻机、冲抓钻机和正反旋转钻机等，如图 3-10 和图 3-11 所示。

水泥土搅拌桩围护结构 该类桩是利用水泥、石灰等材料作为固化剂，通过深层搅拌机械，将软土和固化剂强制搅拌，利用固化剂和软土之间所产生的一系列"物理-化学"作用，使软土硬结成具有整体性、水稳定性和一定强度的桩体。此方法适用于饱和软黏土，包括淤泥、淤泥土质、黏土和粉质黏土等。深层搅拌桩的施工工艺流程如图 3-12 所示。

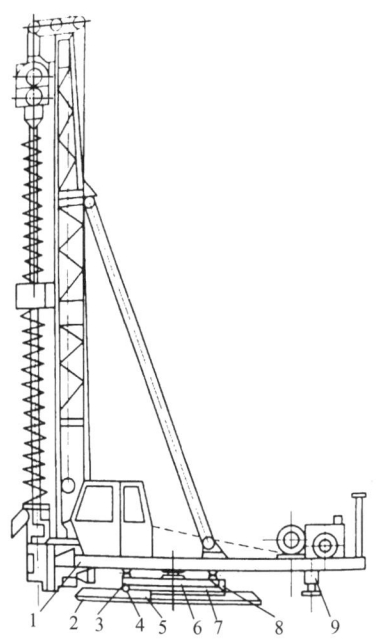

图 3-10 步履式长螺旋钻机

1—上盘；2—下盘；3—回转滚轮；4—行车滚轮；5—钢滑轮；6—回转中心；7—行车油缸；8—中盘；9—支盘

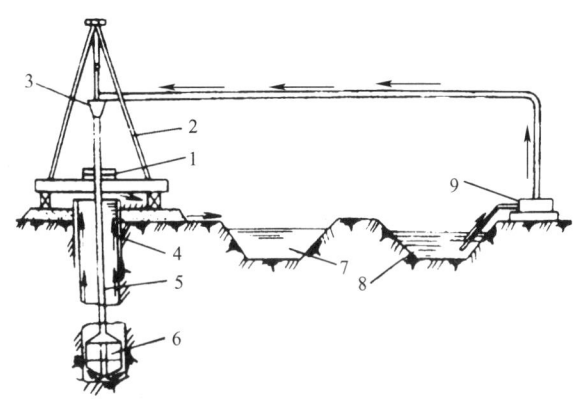

图 3-11 正循环旋转成孔示意图

1—钻机；2—钻架；3—泥浆龙头；4—护筒；5—钻杆；6—钻头；7—沉淀池；8—泥浆池；9—泥浆泵

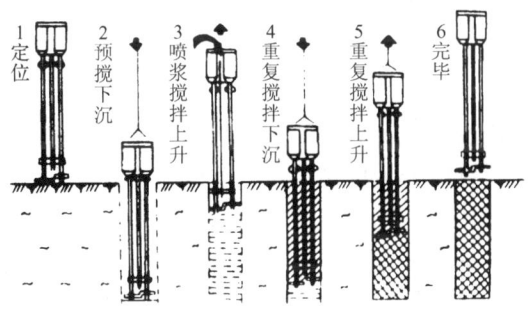

图 3-12 深层搅拌桩施工工艺示意图

四类围护结构的材料、适用条件及优缺点比较如表 3-4 所示。

表 3-4 四类围护结构特性比较

围护结构	材料	适应条件	优 点	缺 点
钢板桩围护结构	钢板	用于地铁开挖的深基坑支护，特别是在地下水位较高的基坑中采用较多	施工简单、投资经济	柔性大，一般认为不适用开挖深度超过7m的软土地层

续表

围护结构	材料	适应条件	优点	缺点
挖孔桩围护结构	钢筋、混凝土	适用于无水或地下水较少的土层	开挖机具简单，不受设备和工作面限制，可在若干个孔同时开工；无振动、无噪声、无泥浆，对周围环境不会产生污染；成桩质量好，桩底干净，持力层清楚；对邻近结构和地下设施的影响小，场地干净	对流动性淤泥、流沙和地下水的地区不宜采用
钻孔桩围护结构	干作业	混凝土	适用于地下水位低于桩底的一般黏性土、砂土及人工填土地基	使用螺旋钻孔机成孔效率高、质量好、无振动、无噪声	
	湿作业		适用于一般黏性土、淤泥和淤泥质土、砂性土和碎石类土，尤其适用于地下水位较高的土层	成孔机械种类较多，可应用在不同的土层中	
水泥土搅拌桩围护结构	水泥、石灰	最适宜与饱和软黏土，包括淤泥、淤泥质土、黏土和粉质黏土	支挡结构不透水，可不设支撑，经济效益好	抗拉强度低

2）地下连续墙围护结构

地下连续墙就是利用专用的挖槽设备，沿深基础或地下结构的周边，采用泥浆护壁的方法，在土中开挖一条一定宽度、长度和深度的深槽，然后安放钢筋笼，浇筑水下混凝土，形成一个单元的墙段。地下连续墙具有防水抗渗性能好、墙体刚度大、对地基条件要求低、对环境和周边建筑影响小的优点，在我国地铁的深基坑工程中应用广泛。

地下连续墙的施工大致可以分为构筑导墙、挖槽、吊放接头管、吊放钢筋笼、浇筑水下混凝土及拔出接头管成墙等环节，如图3-13所示。

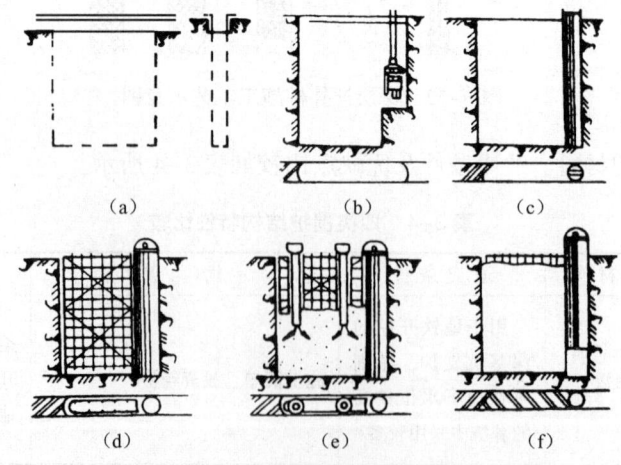

图3-13 地下连续墙单元成墙过程图

(1) 导墙构筑

导墙一般为现浇混凝土结构，具有足够的强度、刚度和精度，同时能够满足挖槽机械的施工。

导墙的作用有以下几个方面。

① 挡土作用：在挖掘地下连续墙沟槽时，地表土松软容易坍塌，因此在单元槽段挖完之前导墙起挡土墙作用。

② 测量基准作用：导墙规定了沟槽位置，划分单元槽段的地段，作为测量挖槽高程、垂直度和精度的基准。

③ 承重作用：导墙既是挖槽机械轨道的支承，又是钢筋笼接头管等搁置的支点，有时还承受其他施工设备的荷载。

④ 存蓄泥浆作用：导墙可存蓄泥浆，稳定槽内泥浆液面。泥浆液面始终保持在导墙面以下20cm，并高出地下水位1m，以稳定槽壁。

⑤ 其他作用：导墙还可防止泥浆漏失，阻止雨水等地面水流入槽内；地下连续墙距现有建（构）筑物很近时，在施工时还起到一定的补强作用。

导墙的形式有很多，在选择时应该根据以下因素进行确定：地表层土的特性；荷载情况；地下连续墙施工时对邻近建（构）筑物可能产生的影响；地下水状况；当施工作业面在地面以下时（如在路面以下施工），对先施工的临时支护结构的影响。各种导墙形式如图3-14所示。其中图3-14（a）、图3-14（b）断面最简单，这些断面适用于表层土质良好和导墙上荷载较小的情况；图3-14（c）、图3-14（d）为应用较多的两种，适用于表层土为杂填土、软黏土等承载能力较弱的土层，因而将导墙做成倒"L"形或"]["形；图3-14（e）适用于作用在导墙上荷载很大的情况，可根据荷载，计算其伸出部分的长度；图3-14（f）适用于相邻建（构）筑物一侧的一肢加强的情况，以保护建（构）筑物；图3-14（g）适用于地下水位高的土层，须将导墙提高，以保持泥浆面距水位1m，导墙提高后两边要填土找平。

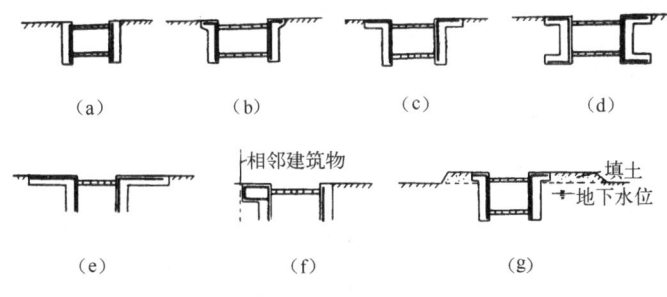

图3-14 导墙形式（尺寸单位：mm）

(2) 泥浆护壁

在地下连续墙施工中，泥浆的作用包括护壁、携碴、冷却机具和切土润滑等。泥浆的正确使用时保证挖槽成槽的关键。

(3) 挖槽

挖槽是地下连续墙的主要工序，提高挖槽施工效率是缩短工期的关键。挖槽的精度又是保证地下连续墙的质量关键之一。

挖槽一般分为三道工序，即单元槽段划分、槽段开挖和清槽。

① 槽段的划分就是确定单元槽段的长度，既是进行一次挖掘的长度，也是一次浇筑混凝土的长度。单元槽段越长，接头越少，可提高墙体的整体性和截水、防渗功能并提高工作效率。但槽段越长对施工的要求也就越高，因此需综合考虑确定槽段的长度。

② 根据地质条件、开挖断面和相关技术要求选择合适的挖槽机械对成槽的速度和质量具有重要影响，施工中常用的槽段开挖方式有钻抓式挖槽机开挖和回转式多头钻成槽机开挖。两者的工艺布置图分别如图 3-15 和图 3-16 所示。

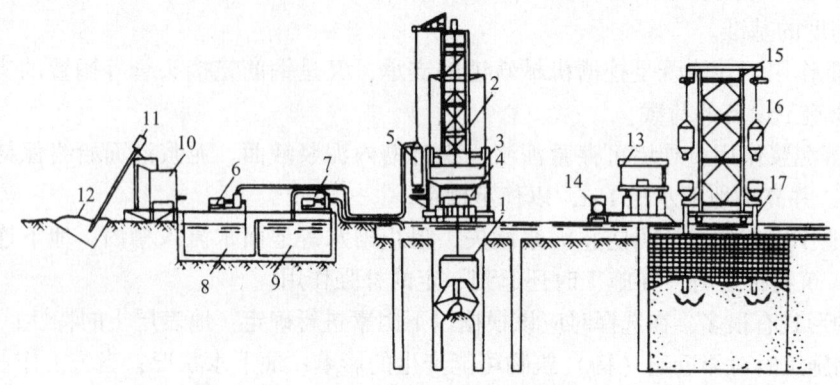

图 3-15　地下连续墙用钻抓式挖槽机施工时的工艺布置

1—导板抓斗；2—机架；3—出土滑槽；4—翻斗车；5—潜水电站；6，7—吸泥泵；8—泥浆池；9—泥浆沉淀池；10—泥浆搅拌机；11—螺旋输送机；12—膨润土；13—接头管顶升架；14—油泵车；15—混凝土灌注机；16—混凝土吊斗；17—混凝土导管

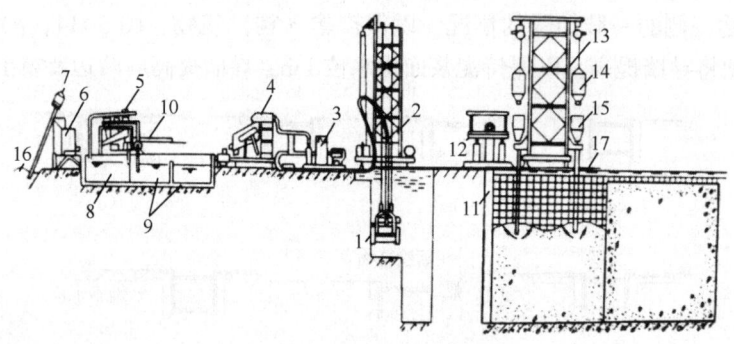

图 3-16　地下连续墙用多头钻施工时的工艺布置

1—多头钻；2—机架；3—吸泥泵；4—振动筛；5—水力旋流器；6—泥浆搅拌机；7—螺旋输送机；8—泥浆池；9—泥浆沉淀池；10—补浆用输浆管；11—接头管；12—接头管顶升架；13—混凝土灌注机；14—混凝土吊斗；15—混凝土导管上的料斗；16—膨润土；17—轨道

③ 清槽是为了给下道工序（如安装接头管、钢筋笼、浇筑混凝土）提供良好条件，确保墙体质量而进行的清楚残留在槽底的土碴、杂物的工作。

(4) 槽段接头施工

因为地下连续墙的施工要划分单元槽段,因此每单元之间需要有槽段接头进行连接,以保证墙体的完整性和防渗水,接头的施工方法有两类,一是接头管接头,一是接头箱接头。

3) 土钉墙围护结构

土钉墙支护是在基坑开挖过程中,将土钉置入原状土体中,并在支护面上喷射钢筋网混凝土面层,通过土钉、土体和喷射的混凝土面层的共同作用,形成土钉墙支护结构。该类支护方法能够与基坑开挖施工同步,边开挖边支护,不占独立工期,同时对设备简单,施工场地需求小,是一种快速、经济的支护方式。

土钉墙支护适应于地下水位以上或经过人工降水后的黏性土、粉土、杂填土及非松散砂土和卵石土等。对于淤泥质土及饱和软土应采用复合型土钉墙支护。

常用的土钉是钻孔注浆型土钉,其构造如图 3-17 所示。这种土钉的施工是先在土中成孔,然后向孔中置入变形钢筋或钢管,再向孔中注浆填实。也有打入或射入形式的土钉。

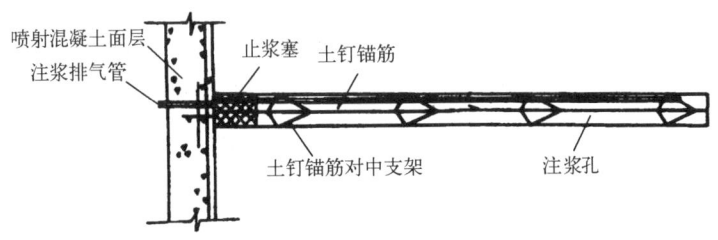

图 3-17 钻孔注浆型土钉

施工流程一般是:开挖一定深度的基坑→在开挖面上设置数排土钉(各排之间错位成梅花形布置)→注浆、喷射混凝土面层→继续向下开挖基坑,并重复上述步骤直至完成整个基坑的开挖。有时根据需要,会在完成开挖后喷射第二层混凝土面层。施工过程如图 3-18 所示。

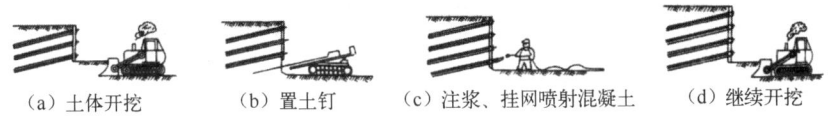

(a) 土体开挖　　(b) 置土钉　　(c) 注浆、挂网喷射混凝土　　(d) 继续开挖

图 3-18 土钉墙围护结构施工过程

土钉墙支护参数如下。

① 土钉长度:沿支护高度,土钉内力相差较大,一般为中部大,上部和底部小。中部土钉起的作用大。但顶部土钉对限制支护结构最大水平位移甚为重要,而底部土钉对抵抗基底滑动,倾覆或失稳有重要作用。另外当支护结构临近极限状态时,底部土钉的作用会明显加强。因此将上下土钉取成等长,或顶部土钉稍长,底部土钉稍短是合适的。

一般对非饱和土,土钉长度 L 与开挖深度 H 之比 $L/H = 0.6 \sim 1.2$,密实砂土及干硬性黏土取小值。为减少变形,顶部土钉长度宜适当增加。非饱和土底部土钉长度可适当减少,但不宜小于 $0.5H$。

对于饱和软土,由于土体抗剪能力很低,土钉内力因水压作用而增加,设计时取 $L/H >$

1为宜。

② 土钉间距：土钉间距的大小影响土体的整体作用效果，目前尚不能给出足够理论依据的定量指标。土钉的水平间距和垂直间距一般宜为1.2～2.0m。垂直间距依土层及计算确定，且与开挖深度相对应。上下插筋交错排列时，与局部软弱土层的情况下间距可小于1.0m。

③ 土钉直径：当采用钢筋时，一般为φ18～φ32mm的Ⅱ级以上螺纹钢筋。当采用角钢时一般为L50×50×5角钢，一般为φ50mm钢管。

④ 土钉倾斜：土钉水平倾角一般为0～20°，倾角大小取决于注浆钻孔工艺与土体分层特点等多种因素。研究表明，倾角越小，支护的变形越小，但注浆质量较难控制。倾角越大，支护的变形越大，但倾角大有利于土钉插入下层较好的土层内。

⑤ 注浆材料：注浆材料一般用水泥砂浆或水泥素浆。水泥采用不低于425号的普通硅酸盐水泥，水灰比为1:0.4～1:0.5。

⑥ 支护面层：临时性土钉支护的面层通常用50～150mm厚的钢筋网喷射混凝土，混凝土强度等级不低于C20。钢筋网常用φ6～φ8的Ⅰ级钢筋焊成15～30cm方格的钢筋网。永久性土钉支护面层一般厚度为150～250mm，设两层钢筋网，分两次喷成。

4. 基坑施工

明挖法施工中的基坑可分为敞口放坡基坑和有围护结构的基坑，在这两类基坑施工中可以通过多种不同的技术措施和围护结构来维护基坑边坡稳定，如图3-19所示。施工中在选择基坑类型时，应根据隧道所处位置、隧道埋深、工程地质和水文地质条件，因地制宜地确定。

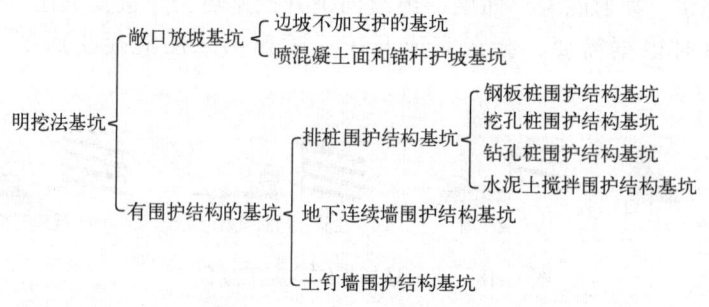

图3-19 挖法基坑围护结构方式

1）敞口放坡基坑

区间隧道采用明挖法施工时，为了确保施工安全防止塌方，在基坑或基槽开挖深度超过一定限度时，可通过将基坑的土壁做成具有一定斜率的边坡，来保证土体边坡的稳定，这种基坑称为敞口放坡基坑。

施工中若基坑所处位置地面空旷、周围无建筑物或建筑物间距较大，地面有足够空地能满足施工需要，又不影响周围环境，则可采用敞口放坡基坑施工法，这种施工方法操作简单、速度快、噪声小而且施工成本低。

采用敞口放坡基坑法修筑区间隧道时保证基坑边坡稳定是非常重要的。施工中由于基坑边坡坡度不足或者施工不当等原因会造成边坡失稳坍塌,因此施工中必须采取一定的措施来保持基坑边坡的稳定,主要有以下措施。

① 根据土层的物理力学性质确定基坑边坡坡度,并于不同土层处做成折线形或留置台阶。

② 必须做好基坑降排水和防洪工作,保持基底和边坡的干燥。

③ 基坑放坡坡度受到一定限制而采用围护结构又不大经济时,可采用坡面土钉、挂金属网喷混凝土或抹水泥砂浆护面。

④ 基坑边坡坡顶 1~2 m 范围内严禁堆放材料、土方和其他重物及较大的机械等荷载。

⑤ 基坑开挖过程中,随挖随刷边坡,不得挖反坡。

⑥ 暴露时间在 1 年以上的基坑,一般应采取护坡措施。

2) 有围护结构的基坑

在不能采用敞口放坡法开挖基坑的区间隧道,在开挖基坑时必须设置围护结构。

5. 支撑体系

明挖法的支撑体系可采用锚杆、钢围檩和钢支撑等多种形式。当基坑侧压力小挖深较浅时可以不设支撑。基坑土方开挖在时间上要控制好定量土方开挖和支撑架设的作业时间,在量上要控制一次开挖的土方量和支撑架设量。

3.2.2 暗挖法

1. 新矿山法

早期的隧道暗挖施工采用传统的矿山法,即以人力开挖、小型机械化开挖、钻爆开挖等方式,根据围岩稳定情况,在横断面上采用分部开挖,在纵断面上采用正台阶或反台阶开挖;在支护手段上,采用圆木、型钢、钢轨等形式支架,对开挖面形成强力支撑。

新矿山法是以采用锚喷支护的新奥法理念来改进传统的矿山法使之能够更好地完成地铁隧道的施工。

新奥法即新奥地利隧道施工方法的简称,简写为 NATM。新奥法与法国的收敛约束法或有些国家的动态观测设计施工法的基本原则是一致的。

新奥法概念是奥地利学者拉布西维兹(L. V. Rabcewicz)教授于 20 世纪 50 年代提出的。新奥法是以既有隧道工程经验和岩体力学的理论为基础,将锚杆和喷射混凝土组合在一起作为主要支护手段的一种施工方法,经过奥地利、瑞典、意大利等国的许多实践和理论研究,于 20 世纪 60 年代取得专利并正式命名。之后这个方法在西欧、北欧、美国和日本等许多地下工程中获得极为迅速的发展,已成为现代隧道工程新技术的标志之一。我国近 20 年来,通过科研、设计、施工三结合,在 20 余座铁路隧道修建中,根据自己的特点,成功地应用新奥法,取得较多的经验,积累了大量的数据,现已进入逐步推广使用的阶段。目前新奥法几乎成为在软弱破碎围岩地段修建隧道的一种基本方法,技术经济效益是明显的。

新奥法与过去隧道修建方法相比，其基本要点可归纳如下。

① 开挖作业多采用光面爆破和预裂爆破，并尽量采用大断面或较大的断面开挖，以减少对围岩的扰动。

② 隧道开挖后，尽量利用围岩的自承能力，充分发挥围岩自身的支护作用。

③ 根据围岩特征采用不同的支护类型和参数，及时施作密贴于围岩的柔性喷射混凝土和锚杆初期支护，以控制围岩的变形和松弛。

④ 在软弱破碎围岩地段，使断面及早闭合，以有效地发挥支护体系的作用，保证隧道的稳定。

⑤ 二次衬砌原则上是在围岩与初期支护变形基本稳定的条件下修筑的，围岩和支护结构形成一个整体，因而提高了支护体系的安全度，并不增加衬砌厚度。

⑥ 尽量使隧道断面周边轮廓圆顺，避免棱角突变处应力集中。

⑦ 通过施工中对围岩和支护的动态观察、量测，合理安排施工程序、进行设计变更及日常的施工管理。

上述原则清楚地表明，新奥法是一个具体应用岩体动态性质的完整的力学概念，科学性比过去的隧道修建方法高，因而不能单纯地将其看作是一个施工方法或支护方法，也不应片面理解，将仅用锚喷支护或应用新奥法部分原理施工的隧道，就认为是采用新奥法修建的，事实上锚喷支护并不能完全表达新奥法的含义，新奥法的内容及范围时相当广泛、深入的。

采用新奥法施工的隧道，视其规模、地质条件及安全、合理施工的要求，应充分利用现场监控量测信息指导施工，严格施工程序，不得任何省略，其主要的施工程序如图 3-20 所示。

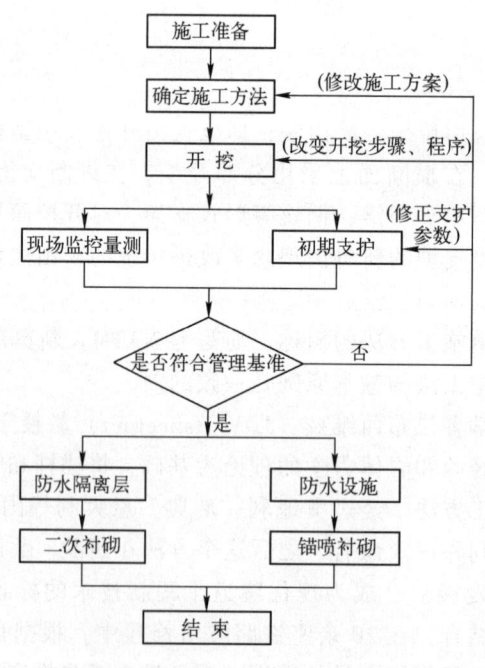

图 3-20 新奥法施工流程

新奥法的施工要点大致可以概括为:"少扰动、早喷锚、勤量测、紧封闭"。具体地说,无论用钻爆或单臂掘进机开挖,必须严格控制,达到成型好、对地层扰动最小的要求,对开挖暴露面及时进行地质描述和喷锚加固,施工全过程应对周边位移的监控下进行,并及时反馈、修正设计和施工方法,在软弱围岩地段应使断面及早闭合。

1) 施工方法分类

施工方法根据断面分块情况和开挖顺序分类,一般可以分为全断面法、台阶法和分部开挖法三大类,如图3-21所示。施工中应根据施工条件、围岩类别、埋置深度、断面大小及环境条件等条件,并考虑安全、经济、工期等要求的情况下选择。

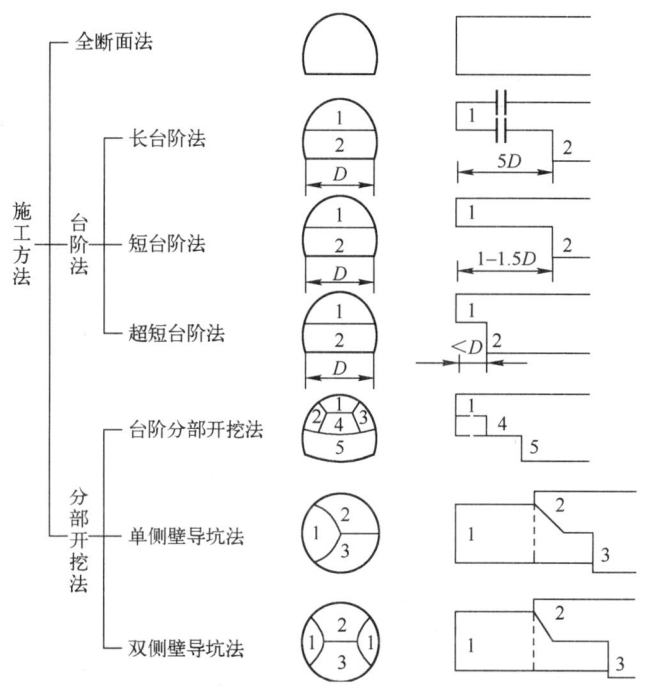

图3-21 施工方法示意图

(1) 全断面法

该类方法常用在Ⅳ~Ⅵ类硬岩中,利于组织大型机械化作业,提高施工速度。该法可采用深孔爆破。

(2) 台阶法

多用于Ⅱ、Ⅲ类较软而节理发育的围岩中,可分为以下三种变化方案。

① 长台阶法:上下台阶距离较远,一般上台阶超前50m以上或大于5倍洞跨,施工中国上下部可配属同类较大型机械进行平行作业,当机械不足时也可交替作业。采用此方案当遇短隧道或Ⅳ~Ⅵ类硬岩长隧道各区段需尽早贯通时,亦可改用半断面法,即将上半断面全部挖通后,再挖下半断面。该方法施工干扰少,机械配套、施工通风和测量工作均较简单,可进行单工序作业。

② 短台阶法:上台阶长度小于5倍但大于1~1.5倍洞跨,适用于Ⅱ、Ⅲ类围岩,可缩短仰供围岩封闭时间,改善初期支护受力条件,但是,上台阶施工干扰较大,当上台阶石

碴运输采用悬吊式长皮带输送机时，石碴跨过仰拱施工区段，可减少施工干扰。

③ 超短台阶法：上台阶仅超前 3～5m，断面闭合较快。此法多用于机械化程度不高的各类围岩地段，当遇软弱围岩时需慎重考虑，必要时应采用辅助施工措施稳定开挖工作面，以保证施工安全。

（3）分部开挖法

① 台阶分布开挖法：又称环形开挖留核心土法，适用于一般土质或易坍塌的软弱围岩地段。上部留核心土支挡开挖工作面，利于及时施作拱部初期支护增强开挖工作面稳定，核心土及下部开挖在拱部初期支护保护下进行，施工安全性好。一般环形开挖进尺为 0.5～1m 左右，不宜过长，上下台阶可用单臂掘进机开挖。台阶分布开挖法的主要优点是：与超短台阶法相比，台阶可以加长，一般双线隧道为 1 倍洞跨，单线隧道为 2 倍洞跨；而较侧壁导坑法机械化程度高，施工速度可加快。此法在北京地铁复兴门折返线工程采用，取得良好的效果。

② 单侧壁导坑法：围岩较差，跨度大，地表沉陷难于控制时采用。此法单侧壁导坑超前，中部和另一侧的断面用正台阶法施工，故兼有正台阶法和双侧壁导坑法的优点，且洞跨可随机械设备等施工条件决定。此法已在北京复兴门地铁折返线，埋深与跨洞之比为 0.67、宽 15m 的渡线断面中应用并获得成功。

③ 双侧壁导坑法：适用于浅埋大跨度隧道，地表下沉量要求严格，围岩条件特别差时。此法安全可靠，但速度慢，造价高。

2）岩石地层的新奥法施工

岩石地层施工一般采用钻爆法进行隧道开挖，钻爆法应采用光面爆破、预裂爆破技术，以尽量减少欠挖、超挖。

所谓预裂爆破，就是首先起爆布置在设计轮廓线上的预裂爆破孔药包，形成一条沿设计轮廓线贯穿的裂缝，再在该人工裂缝的屏蔽下进行主体开挖部位的爆破，保证保留岩体免遭破坏；光面爆破是通过正确选择爆破参数和合理的施工方法，达到爆后壁面平整规则、轮廓线符合设计要求的一种控制爆破技术，该类爆破方法先爆除主体开挖部位的岩体，然后再起爆布置在设计轮廓线上的周边孔药包，将光爆层炸除，从而形成一个平整的开挖面。

在围岩开挖后应立即进行必要的支护，并使支护与围岩尽量密贴，以稳定围岩。围岩条件好时可简单支护或不支护。

3）松散地层的新奥法施工（浅埋暗挖法）

浅埋暗挖法的工艺流程和技术要求主要针对埋置深度较浅、松散不稳定的土层和软弱破碎岩层施工而提出来的。

浅埋暗挖法整个工艺流程应从地质调查开始，包括设计、施工、监测反馈等过程，与新奥法的总原则相似，不过浅埋暗挖法更强调地层的预支护和预加固。因为地下铁道在城区施工，对地表沉降的控制要求比较严格。与一般深埋隧道新奥法施工不同之处是浅埋暗挖法支护衬砌的结构刚度比较大，初期支护允许变形量比较小。这样对保护周围地层的自承作用和减少对地层的扰动是必须的。

我国在施工中总结了一套浅埋暗挖法的工艺技术要求，即"管超前、严注浆、短开挖、强支护、快封闭、勤量测"的总原则。

(1) 地层预加固和预支护

在城市地下铁道浅埋暗挖法施工中,经常遇到砾砂土、砂性土、黏性土或强风化基岩等不稳定地层。这类地层在隧道开挖过程中自稳时间短,往往在初期支护尚未来得及施作,或喷射混凝土尚未获得足够强度时,拱墙的局部地层已开始坍塌。为此需要采用地层与加固和预支护的方法,以提高周围地层的稳定性,可以采用的方法有:环形开挖留核心土、喷射混凝土封闭开挖工作面、超前锚杆或超前小钢管、管棚、小导管超前注浆、临时仰拱封底、开挖工作面及围岩预注浆等方法。在实际施工中,应根据地质条件、涌水状况、施工方法等的不同选择合适的方法,一般宜采用同时几种措施进行综合治理。下面对超前锚杆或超前小钢管、管棚、小导管超前注浆三类方法进行的介绍。

① 超前锚杆或超前小钢管。超前锚杆是沿开挖轮廓线,将锚杆以一定的外插角斜向插入前方即将开挖的轮廓外周,形成对前方围岩的预锚固,使得开挖工作面的开挖作业在提前形成的围岩锚固圈的保护下进行。

超前锚杆、超前小钢管预支护的柔性较大,整体刚度较小。这些设施都可以与系统锚杆焊接以增强其整体性,但在围岩应力较大时,其后期支护刚度仍有些不够大。因此,这种超前支护主要适用于围岩应力较小、地下水较少、岩体软弱破碎,开挖工作面有可能坍塌的隧道施工中,适合用中小型机械施工。

超前锚杆、超前小钢管的设置应充分考虑岩体结构面特性,一般可以仅在拱部设置,必要时也可以在边墙局部设置。超前锚杆、超前小钢管纵向两排的水平投影,应有不小于1.0m的搭接长度,如图3-22所示。

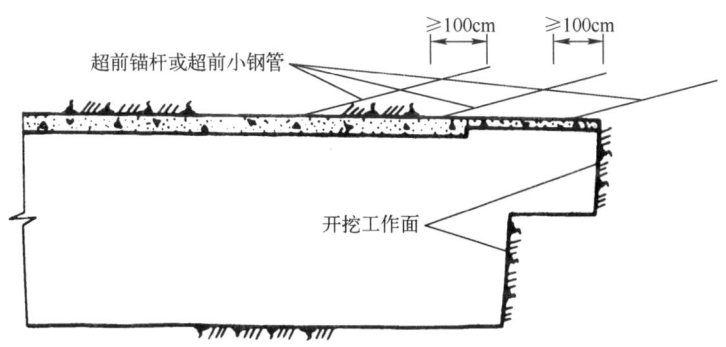

图3-22 超前锚杆、超前小钢管支护布置示意图

② 管棚超前支护。管棚法,又称为伞拱法,就是将一系列直径为 $\phi 60 \sim \phi 180$ mm 的钢管,沿隧道外轮廓线或部分外轮廓线,顺隧道轴线方向依次打入开挖面前方的地层内,以支撑来自外侧的围岩压力。

管棚排列的形状主要有门字形、正方形、一字形、圆形及拱形,如图3-23所示。具体可依据工程需要几断面形状确定。而管棚设置的范围、间距、管径则应根据工程地质和水文地质条件及隧道的埋深等因素确定。

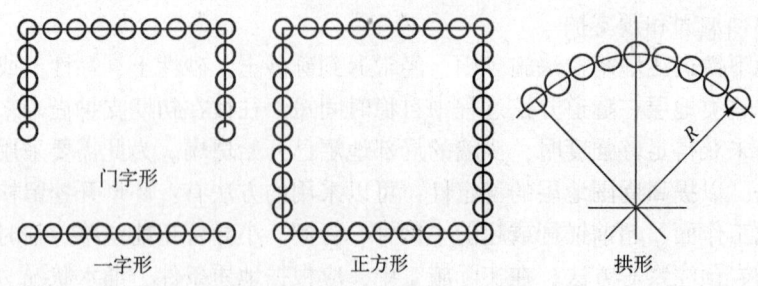

图 3-23 管棚超前支护布管形式示意图

③ 小导管超前预注浆。这是开挖单线区间隧道所常用的方法。注浆小导管采用 $\phi 38\,mm \sim \phi 50\,mm$ 的焊接钢管制成,导管沿上半断面周围轮廓线布置,间距 $0.2 \sim 0.3\,mm$,仰角控制在 $10° \sim 15°$(图 3-24)。

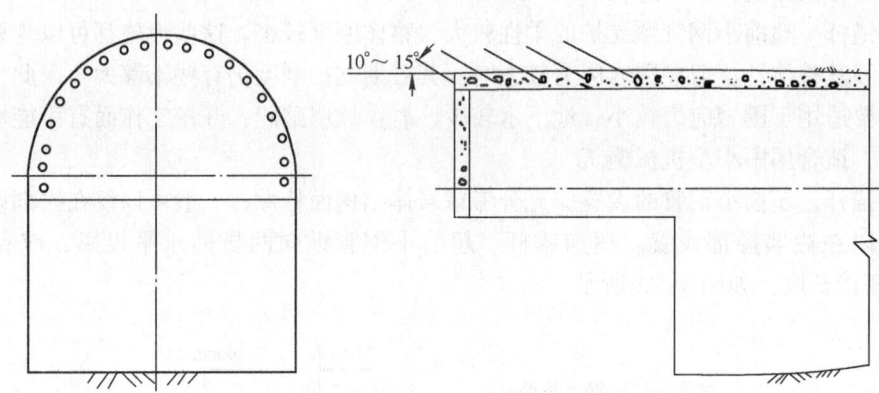

图 3-24 小导管注浆施工示意图

(2)土方开挖

在松散地层中开挖应保证最大限度地减少对地层的扰动,提高周围地层自承作用和减少地表沉降。其开挖总原则是预支护、预加固一段,开挖一段;开挖一段,支护一段;支护一段,封闭成环一段。

(3)初期支护

在软弱破碎及松散、不稳定的地层中采用浅埋暗挖法施工时,除需对地层进行预加固和预支护外,隧道初期支护施作的及时性及支护的强度和刚度,对保证开挖后隧道的稳定性、减少地层扰动和地表沉降,都具有决定性的影响。在诸多支护形式中,钢拱锚喷混凝土支护是满足上述要求的最佳支护形式。所以国内外在不稳定地层中采用浅埋暗挖法时的初期支护,均采用有钢拱或无钢拱支撑的锚喷混凝土。这类支护的特点如下:

① 开挖后能及时施作,并且施作后能尽快承受荷载。
② 施工简单,不需要大型施工场地及大型施工机具。
③ 支护与周围地层之间密贴不需要空隙,减少地层扰动。
④ 适用于不同断面形式和断面尺寸。
⑤ 支护的强度和刚度便于调整,便于后期补强。

⑥ 工程造价相对比较便宜。

（4）二次衬砌

在浅埋暗挖法中，初期支护的变形达到基本稳定后，可以进行二次混凝土衬砌灌注工序。通过监控量测，掌握隧道动态，提供信息，把握二次衬砌施作时机，这是浅埋暗挖法中二次衬砌施工与一般隧道衬砌施工的主要区别。其他灌注工艺和机械设备与一般隧道衬砌施工基本相同。

二次衬砌施工前应做好以下几点。

① 核对中线、水平、断面尺寸，所有检测数据均应符合设计要求。

② 为确保衬砌不侵入限界，允许放样时，将设计衬砌轮廓尺寸扩大 $3 \sim 5\,cm$，作为施工误差及模板拱架的预留沉落量。

③ 隧道断面变化和地质变化交界处，应设沉降缝；洞口附近及根据设计要求的部位应设伸缩缝。对以上各种缝及施工缝，均应进行防水处理。

（5）监控测量

利用监控量测信息指导设计与施工是浅埋暗挖施工工序的重要组成部分。在设计文件中应提出具体要求和内容，监控量测的费用应纳入工程成本。在实施过程中施工单位要有专机构执行与管理，并由技术总管统一掌握、统一领导。

现场监控量测计划应根据隧道的地质地形条件。支护类型和参数、施工方法和其他有关条件制定。该计划内容应包括：量测项目及方法、量测仪器的选定、测点布置、数据处理及量测人员组织等。

监控量测的任务和目的一是掌握围岩和支护的动态，进行隧道日常的施工管理；二是经量测数据的分析处理与必要的计算和判断后，进行预测和反馈，以保证施工安全和隧道稳定；三是已有工程的量测结果可以应用到其他类似工程中，作为设计和施工的依据。

2. 盾构法

盾构法是利用盾构机在地面以下暗挖隧道的一种施工方法。盾构机是一种集开挖、支护、推进、衬砌等多种作业功能于一体的大型暗挖隧道施工机械，多为圆筒形断面，也有少数为矩形、马蹄形和多圆形断面。

盾构法最早的应用可以追溯到 18 世纪初，由法国人布鲁诺首创，并在英国伦敦的泰晤士河的水底隧道工程中得到成功应用。1874 年，在英国伦敦地下铁路南线的黏土和含水沙砾地层中建造内径为 3.12 m 的隧道时，综合了以往所有盾构施工和气压法的技术特点，较完整地提出气压盾构法的施工工艺，并首创在盾尾后面的衬砌外围环形空隙中压浆的施工方法，为盾构法发展起了重大的推动作用。20 世纪初，盾构施工法已在美、英、德、苏、法等国开始推广。前苏联 20 世纪 40 年代初开始使用直径为 $6.0 \sim 9.5\,m$ 的盾构机，先后在莫斯科、圣彼得堡等市修建地下铁道的区间隧道及车站。从 20 世纪 60 年代起，盾构法在日本得到迅速发展，日本也是第一个欧美国家以外引进盾构施工技术的国家。近年来，日本把机械式盾构作了改进，研制出了用加压泥浆稳定开挖面的泥水加压盾构和利用开挖出的土体作平衡开挖面的土压平衡盾构。

1989 年我国上海地下铁路隧道 1 号线工正式采用盾构法修建区间隧道，并已于 1994 年投入运营。但应指出，早在1963年上海就已开始直径为4.16m的盾构隧道施工实验，北京1968年也开始直径为7.0m的盾构隧道施工实验，并在钢筋混凝土管片制造、防水技术、挤压混凝土施工等方面取得成功。

盾构法施工具有以下优点。

① 地面作业很少（除竖井外），隐蔽性好，因噪声、振动引起的环境影响小。

② 隧道施工的费用和技术难度基本不受覆土深度的影响，适宜于建造深埋隧道。

③ 穿越河底或海底时，不影响通航，也不受气候的影响。

④ 穿越地面建造群和地下管线密集的区域时，对周围环境影响较小；自动化程度高、劳动强度低、施工速度较快。

盾构法施工具有以下缺点。

① 施工设备费用较高。

② 覆土较浅时，地表沉降较难控制。

③ 施工小曲率半径隧道时，掘进较困难。

1) 盾构机的基本构成及分类

盾构机通用的、标准的外形是圆筒形，盾构机的壳体由切口环、支承环和盾尾三部分组成，借外壳钢板连成整体。

切口环是盾构的前导部分，在其内部和前方可以设置各种类型的开挖和支撑地层的装置；支承环是盾构的主要承载结构，沿其内周边均匀地装有推动盾构前进的千斤顶，以及开挖机械的驱动装置和排土装置；盾尾主要是进行衬砌作业的场所，其内部设置衬砌拼装机，尾部有盾尾密封刷、同步压浆管和盾尾密封刷油膏注入管等。切口环和支承环都是用厚钢板焊成的或铸钢的肋形结构，而盾尾则是用厚钢板焊成的光壁筒形结构。

盾构机的类型很多，按开挖方式不同可将盾构机分为手掘式盾构机、半机械式盾构机和机械式盾构机。而按照对开挖面土体支承保持稳定方法，有敞胸式盾构机和闭胸式盾构机两类，如图3-25。从盾构技术的发展进程上看，自动化程度高的机械式盾构机将取代手掘式和半机械式盾构机。

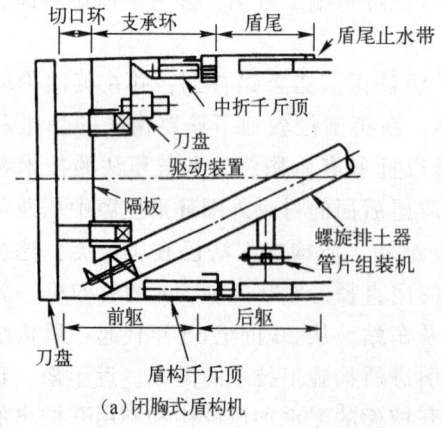 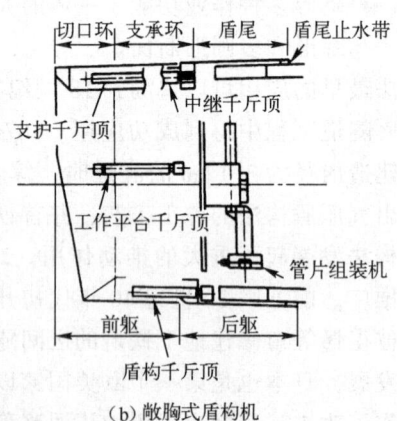

(a) 闭胸式盾构机　　　　　(b) 敞胸式盾构机

图 3-25　盾构机

2）盾构法施工

盾构法施工的概貌如图 3-26 所示，其主要施工步骤如下。

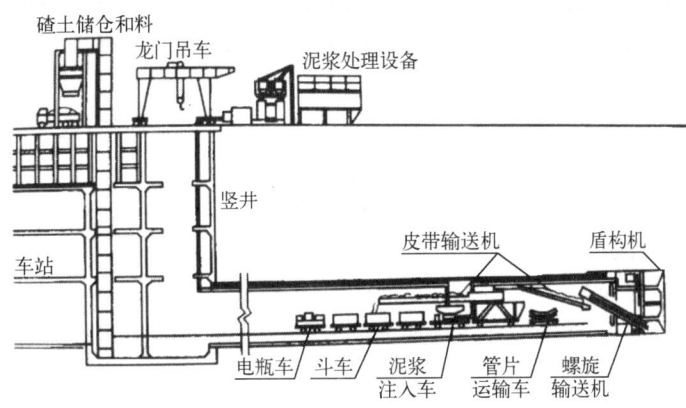

图 3-26　盾构法施工示意图

（1）在盾构法隧道的起始端和终端各建一个工作井。

采用盾构法施工，必须修建盾构始发井和到达井；拼装盾构、附属设备和后续车架；洞口地层加固等。

在盾构掘进前，必须先在底下开辟一个空间，以便在其中拼装（拆卸）盾构、附属设备和后续车架和出碴、运料等。同时，拼装好的盾构也是从此开始掘进，故在此空间内尚需设置临时支承结构，为盾构的推进提供必要的反力。开辟底下空间最常用的方法就是在盾构掘进始终点的线路中线上方，由地面向下开凿一座直达未来区间隧道底面一下的竖井，其底端即可用作盾构拼装（拆卸）室。盾构正式掘进时，竖井即用作出碴、进料和人员进出的孔道；运营时则可用作通风井。

（2）在起始端工作井内将盾构安装就位。

拼装室需搭建盾构支承平台，被拆分成切口环、支承环和盾尾三节的盾构通过起重机逐一放入井下支承平台上。切口环与支承环用螺栓联成整体，并在螺栓连接面外圈加薄层电焊以保持其密封性。盾尾与支承环之间则采用对接焊连接。

（3）依靠盾构千斤顶推力（作用在已拼装好的衬砌环河工作井后壁上）将盾构从起始工作井的墙壁开孔处推出。

土体开挖与推进应注意以下事项。

① 正确选择推进千斤顶的个数与配置，以确保所需的推力。
② 不得破坏开挖面的稳定。
③ 不能损坏管片等后方结构物。
④ 尽量防止横向、纵向和转动偏差的发生。

（4）盾构在地层中沿着设计轴线推进，在推进的同时不断出土和安装衬砌管片。

（5）及时地向衬砌背后的空隙注浆，防止地层移动和固定衬砌环位置。

（6）盾构进入终端工作井并被拆除，如施工需要，也可穿越工作井再向前推进。

3) 盾构法施工中地表沉降及控制

盾构法隧道施工会引起较大的地面沉降，特别是在软土条件下，即使使用世界上最先进的机械，要完全消除沉降也是不可能的。过大的地表变形沉降可引起隧道附近地下管网的断裂、渗漏和建（构）筑物的开裂、倒塌。特别是在市中区域，控制地表变形是盾构法施工成功与否的关键。

地面沉降的基本原因是盾构掘进时所引起的地层损失和隧道周围地层受到扰动或剪切破坏的再固结。地层损失引起的地面沉降大都在施工期间呈现出来。而再固结引起的地面沉降，在砂性土中呈现较快，在黏性土中要延续较长时间才会呈现。

盾构法施工中控制地面沉降的措施主要有以下几方面。

① 保持开挖面的稳定性。

② 及时、有效、足量地充填衬砌背后的建筑间隙，必要时还可通过在管片上的注浆孔进行二次加固注浆。

③ 严格控制盾构施工中的偏差量，盾构施工偏差增大，不但影响地下铁道线路、限界等使用要求，还会过多扰动地层而导致地面沉降量的增加。

3.2.3 沉管法

1. 沉管法概述

沉管法隧道对地基要求较低，特别适用于软基、河床或海床较浅易于用水上疏浚设施进行基槽开挖的工程地点。由于其埋深小，包括连接段在内的隧道线路总长较矿山法和盾构法隧道显著缩短。沉管断面形状可圆可方，选择灵活。基槽开挖、管段预制、浮运沉放和内部铺装等各工序可平行作业，彼此干扰较少。管段预制质量易于控制。

在大江、大河等宽阔水域下构筑隧道，因管沉法所具有的明显优势，而成为最经济的水下穿越方案。

2. 沉管法施工工序

沉管隧道施工的主要工序有：管节预制，沉管段基槽开挖，管节浮运、沉放及下水对接，基础处理。

1) 管节预制

管节的预制一般在干坞中完成，干坞的规模应根据施工组织、经济性、管节长度及管节数量等情况来决定。如果工期很紧，干坞的规模要很大，在一次封堤中把所有管节全部预制完毕。如果沉管段长、管节数多，也可以考虑分批预制管节。为此，应作干坞工程规模与管节分批预制的方案比较，找出既能满足工期需要、又能节省干坞工程投资的方案。为了不使一个干坞的规模过大，对于沉管段较长、管节数较多的沉管隧道亦可考虑设置两个干坞来预制管节，以优化施工组织。

预制管节的长度通常为100～200 m，在现浇作业中再将管节分成若干作业段进行，每一作业段混凝土的浇筑顺序为先底板、再侧墙与中隔墙，最后浇筑顶板，所以在现浇过程中须对管节底板进行纵、横向受力分析，控制混凝土中可能出现的裂缝。

2）基槽开挖

基槽底宽一般为管节最大外侧宽度 B 加两侧预留量 $2b$，$b \approx 1.5 \mathrm{m}$，如采用管节外喷砂基础处理方法时，b 可适当加大。根据河（海）底基槽的地质条件来进行基槽边坡稳定性分析计算，最后根据沉管段所处位置的水力学因素（潮汐、淤积和冲刷等）进行修正，最终可得出基槽开挖横断面。典型基槽开挖横断面见图 3-27。

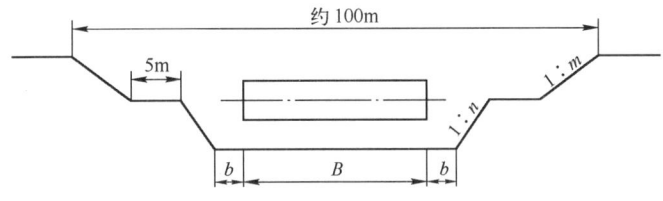

图 3-27 基槽开挖典型断面

沉管隧道的基槽深度应能包容隧道底部铺筑的基层、管道全高及管顶至少 1.5m 的回填保护层。某些情况下，例如航道以外及两岸附近，允许部分管段凸出于天然河床之上，但管身两侧需筑水下抛石护堤。

基槽开挖纵断面形状基本上与沉管段的纵断面一致。在采用临时支座作为管节沉放的定位基准时，临时支座基底高程可作为纵段面设计的控制高程。无临时支座时，以上述开挖深度作为控制高程。基槽开挖长度即为管节沉放与两岸上段水下对接端面之间纵向里程。

3）管段浮运与沉放

管节浮运与沉放的基本施工过程如下。

(1) 管节出坞

管节在干坞内预制施工完毕后，安装了全部浮运、沉放及水下对接的施工附属设备及设施后，向干坞内灌水，管节在坞内起浮，直到坞内外水位平衡为止，打开坞门（或破坏坞堤），管节出坞。

(2) 浮运

管节浮运时，虽然其在水中重量较轻，但是由于管节质量大，惯性力和水阻力也很大，因此要用很大拖曳力才能使其静止的管节起动或运动的管节停下。在拖航时，主拖轮与侧拖轮一起实现拖航，并在管节后部用制动拖轮来系曳缆。

(3) 沉放作业

管节应在高潮位时下沉就位，若一个潮期不能沉放好，要使管节保持在基槽内，以减少水流对管节的影响，待下一个潮时再沉放，但应力争在一个潮期沉放完毕。

在沉放过程中，要注意管节底面下的河（海）水的容重将随着管底与基槽间隙的减少而逐渐加大，尤其是在泥砂含量较高的江、河中更为明显，需及时调整负浮力或采取其他措施，保证管节能继续下沉就位。

4）下水对接作业

管节就位后，把拉合千斤顶吊入水中，卡住两端拉合座进行拉合，使尖肋（GINA）橡胶止水带形成初密封。

3.2.4 区间隧道主要施工方法比较

对区间隧道的主要施工方法：明挖法、矿山法和盾构法进行比较如表 3-5 所示。

表 3-5 区间隧道主要施工方法对比表

	明 挖 法	矿 山 法	盾 构 法
方法概要	从地面向下开挖，在所规定的位置建造隧道，通过回填恢复地表面的原状	利用隧道围岩的稳定性，开挖后通过喷射混凝土、岩锚、钢支护等方式，确保围岩的稳定性。必须以开挖时开挖面可以自立为前提，不能满足这一前提时需要采用辅助措施	将盾构机在地下推进，通过盾构外壳和管片支承围岩进行隧道施工
适用地质条件	一般来说不受地质条件限制。根据各种土质条件选择对应的挡土结构和辅助施工措施	一般适用于硬质岩石到第三纪软岩的围岩。对于地质条件的变化，能通过支护的结构刚度、开挖方法、变化辅助措施来应对	一般适用于第四纪冲积层、洪积层。容易适应地质条件的变化
隧道埋深（最小、最大覆土厚度）	最小覆盖深度在施工上一般没有限制	对于未胶结的围岩，覆盖深度/隧道直径（H/D）较小时（小于2），需要采取有效控制顶部沉降的辅助现场措施	最小覆盖深度一般大于隧道直径，压气施工、泥水加压施工要注意防止地表的喷发，最大覆盖深度多取决于地下水压的大小
断面形式	一般为矩形，可以适用于复杂的形状	以隧道顶部建成拱形断面为原则，其他部分可以允许相当自由的断面形状，施工中间可以进行断面的变化，多为马蹄形断面形式	以圆形为标准，使用特殊盾构可以进行半圆形、椭圆形等施工，施工中间一般难以变化断面
断面大小（最大断面积，断面变化）	断面大小和断面变化在施工上一般没有限制，但在断面变化的拐角部需要采取充分的加固措施	一般在 150 m² 以内，也有达到 200 的实例。通过变化支护和开挖方法可以在施工中变化断面	在施工实例中，最大直径达到 15.23 m。一般在施工中难以变化断面形状
平面布置	一般设置施工上的限制	一般设置施工上的限制	受到曲线半径的限制
对周围环境的影响	在靠近建筑物施工时，在增加挡墙刚度的同时，根据接近程度和建筑物的重要性采取相应的辅助措施 施工时需要设置施工带，对地面交通影响较大 在各施工阶段需要采取相应的防噪声、防振动措施	靠近既有建筑物施工时需要采取辅助措施。在市区内进行降水时难度较大，除竖井部位外不影响交通，噪声、振动一般只发生在竖井口，可用防声墙、防音房处理	靠近建筑物施工时需要采取辅助措施。除竖井位置外，基本不影响交通。噪声、振动一般只发生在竖井口，可用防音墙、防音房处理

3.3 区间隧道的结构

3.3.1 明挖法施工区间隧道结构

明挖法施工的区间隧道结构，其结构通常采用矩形断面形式，一般为整体浇筑或预制装配式结构。该结构的优点是内轮廓与隧道建筑限界接近，结构内部净空能够得到充分利用，结构受理合理，顶板以上土层便于城市地下管线和其他设施的敷设。

明挖施工法的衬砌结构较常用的有单跨、双跨等形式。整体式衬砌结构（图3-28）整体性好，防水性能容易得到保证，能够适应各种工程地质和水文地质条件，但整体式衬砌结构施工工序较多，施工速度较慢；预制装配式衬砌结构（图3-29）整体性差，防水较困难，同时对于有防护、抗震等特殊要求的地段应慎重选用。

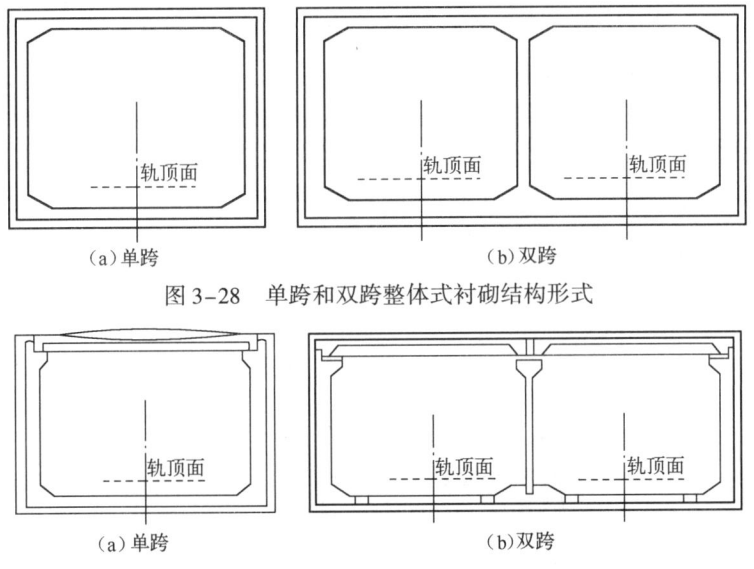

图 3-28　单跨和双跨整体式衬砌结构形式

图 3-29　单跨和双跨预制装配式衬砌结构形式

3.3.2 矿山法施工区间隧道结构

采用矿山法修建的区间隧道一般采用拱形结构，基本断面形式包括单拱、双拱和多跨连拱等几类，如图3-30所示，其中，单拱主要用于单线或双线的区间隧道或联络通道，双拱和多跨连拱则多用在停车线、折返线或喇叭口岔线上。

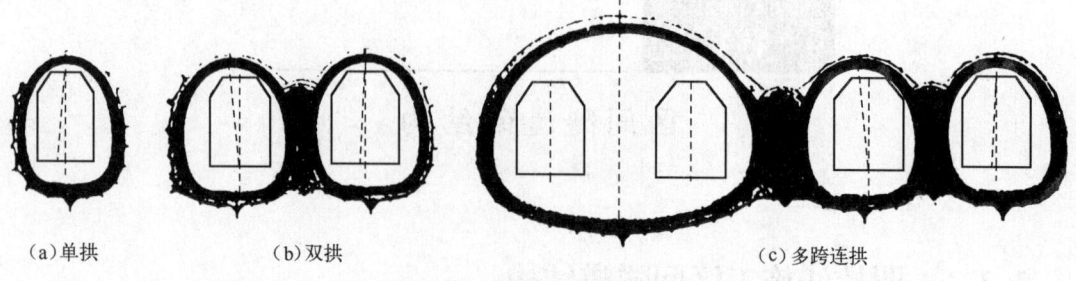

(a) 单拱　　　　　　(b) 双拱　　　　　　　　　　(c) 多跨连拱

图 3-30　拱形衬砌结构形式

1. 复合式衬砌结构

区间隧道的拱形结构常常是由初期支护、防水层和二次衬砌组成的复合式衬砌结构，如图 3-31 所示。最外层为初期支护，是衬砌结构中的主要承载单元，通常采用锚喷支护的方法，主要作用是对加固围岩、控制围岩变形、防止围岩松动失稳。为了避免地层过大变形，降低隧道建设对地面道路和建筑物的影响，应该在开挖后立即施作初期支护，并应与围岩密贴。根据具体情况，初期支护还可以选用锚杆、喷混凝土、钢筋网和钢支撑等单一或组合而成的支护方式。为了防水和减少二次衬砌因混凝土收缩而产生的裂缝，在初期支护之后一般需要敷设不同类型的防水隔离层。材料应选用抗渗性能好、化学性能稳定、抗腐蚀及耐久性好并具有足够的柔性、延伸性、抗拉和抗剪强度的塑性或橡胶制品。最内层二次衬砌为模筑混凝土或喷射混凝土，应该在初期支护封闭后尽快施工。

在无水的Ⅰ~Ⅱ级围岩 [围岩划分依据《铁路隧道设计规范》（TB 10003—2005），见附表一] 中的单线区间隧道和Ⅰ级围岩中的双线区间隧道可采用整体现浇混凝土衬砌（又称为单层模筑混凝土衬砌），不做初期支护和防水隔离层，如图 3-32 所示。

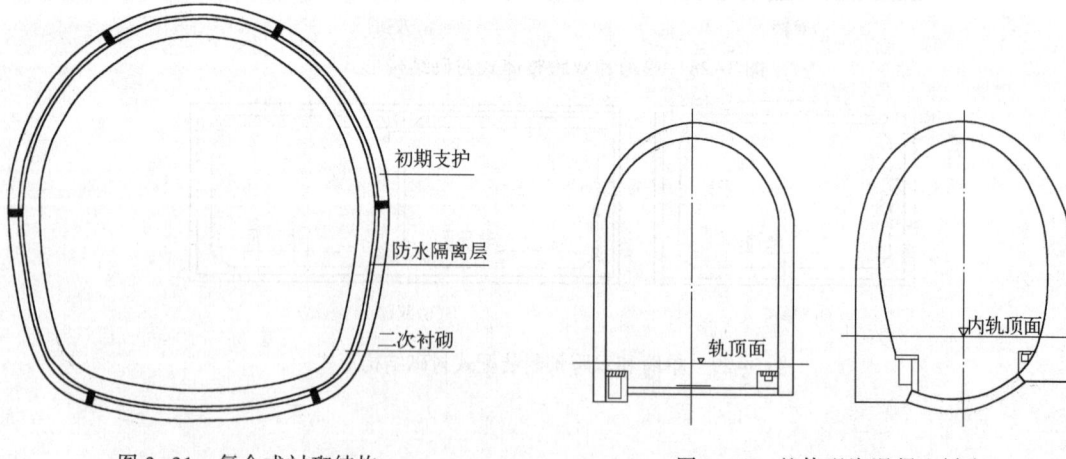

图 3-31　复合式衬砌结构　　　　　图 3-32　整体现浇混凝土衬砌

2. 复合式衬砌结构尺寸设计

1) 衬砌内轮廓形状和尺寸

为减少围岩和衬砌产生应力集中，衬砌断面应尽量做到圆顺、不带拐角。Ⅳ类及以下围岩宜采用曲墙式马蹄形衬砌，Ⅰ～Ⅲ类围岩应设置仰拱，使衬砌断面形成封闭结构，以增加支护衬砌整体刚度。在具有较大原岩应力或膨胀性围岩中，宜采用接近圆形的马蹄形衬砌，其边墙和仰拱曲率应大些。

拟定衬砌断面形状和尺寸，应根据隧道净空要求、地形、地质条件、施工方法和运营要求等因素综合考虑。隧道内轮廓应符合国家现行《标准轨距铁路建筑限界》标准中隧道建筑限界，并能满足设置排水沟、电缆槽及其他管线等设备的要求。为保证衬砌不侵入隧道建筑限界，还应结合施工误差、测量误差、预留变形量和允许超挖值综合考虑开挖断面尺寸。

（1）预留变形量

为发挥围岩的自承作用，施工中允许围岩有一定的变形，变形量与围岩类别、隧道跨度、施工方法、支护结构的刚度和二次衬砌施作时间等因素有关。施工前若无实测资料，可参照表3-6确定预留变形量。施工期间，可根据现场实测数据，及时调整下一段同类围岩的预留变形量，以防止实际变形量超过预留变形量，影响二次衬砌厚度或造成侵限；同时也应避免预留变形量过大，造成二次衬砌过厚或增加回填数量。Ⅴ、Ⅵ类围岩变形量小，可不考虑预留变形量。

表3-6 预留变形量   cm

围岩类别	单线隧道	双线隧道
Ⅳ	3～5	5～7
Ⅲ	5～7	7～10
Ⅱ	7～10	12～17
Ⅰ	特殊设计	特殊设计

注：数据参考《铁路隧道工程质量评定验收标准》（GB 50299—1999）。

（2）隧道允许超挖值

施工中应采用光面爆破和控制爆破，尽量减少对围岩的扰动，严格控制开挖断面。隧道的允许超挖值，应符合表3-7的规定。由于超挖有凹凸不同现象，故预留变形量与部分超挖值之和，要求大于隧道设计的变形量。

表3-7 隧道允许超挖值   cm

开挖部位 \ 围岩条件	硬岩一般相当于Ⅵ类围岩	中硬岩、软岩相当于Ⅴ～Ⅲ类围岩	破碎、松散岩石及土质相当于Ⅱ～Ⅰ类围岩（一般不需爆破开挖）
拱部	平均10	平均13	平均10
	最大20	最大25	最大15
边墙、仰拱、隧底	平均10	平均10	平均10

2）衬砌截面尺寸

区间隧道衬砌截面尺寸按以下参数拟定。

① 确定初期支护的各设计参数——锚杆类型、直径、长度、间距，喷射混凝土强度、厚度，格栅拱钢筋直径、间距，钢筋网直径和网格尺寸等。

② 二次衬砌的各项设计参数——混凝土的强度、厚度及是否需要配筋等。

复合式衬砌设计参数的确定可参照表 3-8（a）、表 3-8（b）和表 3-9 选用。但由于表中数据是根据铁路隧道制定的，其断面尺寸较地铁区间隧道大，因此需根据地铁区间隧道具体情况，综合研究，对初步选定的设计参数进行修正。

由于围岩特性复杂多变，在隧道开挖前一般很难准确调查清楚，故需要在隧道施工中根据所揭露围岩的变化情况和监控量测得到的围岩动态信息，对初步选定的设计参数进行修改，关于二次衬砌的强度及厚度则应根据其在隧道结构体系中的作用而定。若二次衬砌是在初期支护变形稳定后施作，对地下铁道单线区间隧道而言，采用 20～30 cm 的 C20 素混凝土厚即可；若因工期原因需要提早施作，或围岩有明显的流变特性，则应通过力学分析来确定二次衬砌的强度和厚度，同时考虑二次衬砌是否配筋。

表 3-8　单线隧道复合式衬砌的设计参数（a）

围岩级别	初期支护							二次支护厚度/cm	
	喷射混凝土厚度/cm		锚 杆			钢筋网	钢架	拱、墙	仰拱
	拱、墙	仰拱	位置	长度/cm	间距				
Ⅱ	5	—	—	—	—	—	—	25	—
Ⅲ	7	—	局部设置	2.0	1.2～1.5	—	—	25	—
Ⅳ	10	—	拱、墙	2.0～2.5	1.0～1.2	必要时设置 @25×25	—	30	40
Ⅴ	15～22	15～22	拱、墙	2.5～3.0	0.8～1.0	必要时设置 @20×20	必要时设置	35	40
Ⅵ	通过试验确定								

双线隧道复合式衬砌的设计参数（b）

围岩级别	初期支护							二次支护厚度/cm	
	喷射混凝土厚度/cm		锚 杆			钢筋网	钢架	拱、墙	仰拱
	拱、墙	仰拱	位置	长度/cm	间距				
Ⅱ	5～8	—	局部设置	2.0～2.5	1.5	—	—	30	—
Ⅲ	8～10	—	拱、墙	2.0～2.5	1.2～1.5	必要时设置 @25×25	—	35	45
Ⅳ	15～22	15～22	拱、墙	2.5～3.0	1.0～1.2	拱、墙、仰拱 @25×25	必要时设置	40	45
Ⅴ	20～25	20～25	拱、墙	2.5～3.0	0.8～1.0	拱、墙、仰拱 @20×20	拱、墙、仰拱	45	45
Ⅵ	通过试验确定								

注：1. 采用钢架时，宜选用格栅钢架，钢架设置间距宜为 0.5～1.5 m；
　　2. 对于Ⅳ、Ⅴ级围岩，可视情况采用钢筋束支护，喷射混凝土厚度可取小值；
　　3. 钢架与围岩之间的喷射混凝土保护层厚度不应小于 4 cm；临空一侧的混凝土保护层厚度不应小于 3 cm。

表3-9 喷锚衬砌的设计参数

围岩类别	单线隧道	双线隧道
Ⅰ	喷射混凝土厚度5cm	喷射混凝土厚度8cm,必要时设置锚杆,锚杆长1.5～2.0m,间距1.2～1.5m
Ⅱ	喷射混凝土厚度8cm,必要时设置锚杆,锚杆长1.5～2.0m,间距1.2～1.5m	喷射混凝土厚度10cm,锚杆长1.5～2.0m,间距1.2～1.5m,必要时设置局部钢筋网

注:1. 边墙喷射混凝土厚度可略低于表列数值,当边墙围岩稳定,可不设置锚杆和钢筋网。
　　2. 钢筋网的网格间距宜为15～30cm,钢筋网保护层厚度不应小于3cm。

为发挥围岩的自承作用,允许围岩有一定变形,支护衬砌宜采用等厚薄形结构,初期支护厚度不宜大于25cm,二次衬砌厚度不宜大于45cm。在确定衬砌截面尺寸时,一般要将围岩较差地段的衬砌向围岩较好地段延伸5～10m。同时还应注意,在明显的软硬地层分界处和区间隧道断面变化处及其与车站隧道接头处,都应设置变形缝或沉降缝。

3.3.3 盾构法施工区间隧道结构

盾构法施工的区间隧道结构可分为一次衬砌和二次衬砌。其中一次衬砌可以采用预制装配式衬砌,或者采用挤压混凝土圆形衬砌;二次衬砌是在一次衬砌内侧修筑的模筑钢筋混凝土整体式衬砌,如图3-33所示。

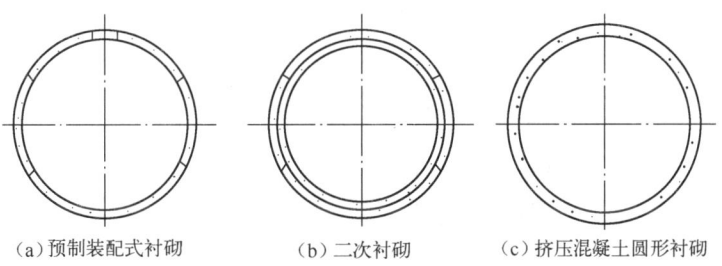

(a)预制装配式衬砌　　(b)二次衬砌　　(c)挤压混凝土圆形衬砌

图3-33 盾构法修建的衬砌结构

预制装配式衬砌是用工厂预制的管片在盾构尾部拼装成圆形、复圆形等环形结构而形成,拼装的管片一般是由钢筋混凝土或钢材制成。采用盾构法施工修建的隧道一般为单圆或者多圆隧道,目前我国采用较多的还是单圆盾构隧道,上下行线利用修建两条单圆隧道实现。

管片种类按材料可分为钢筋混凝土、钢、铸铁及由几种材料组合而成的复合管片;管片类型则根据截面的形式可以分为箱型管片和平板型管片,如图3-34所示。

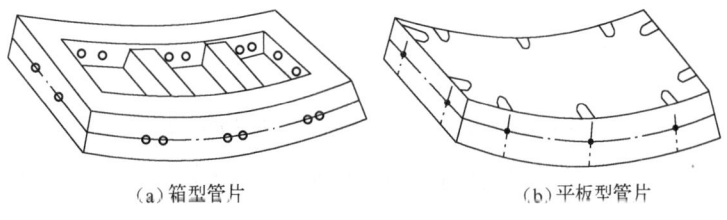

(a)箱型管片　　(b)平板型管片

图3-34 管片类型

箱型管片是指因手孔较大而呈肋板型结构。由于箱型管片较大，便于接头螺栓的穿入和拧紧，用的材料也比较节省，单块板片的重量较轻，便于运输和拼装。但因截面削弱较多，在盾构千斤顶推力作用下容易开裂，因此一般只有强度较大的金属管片才采用箱型管片。

平板型管片是指因螺栓手孔较小或无手孔而呈曲板型结构的管片，该类管片一般由钢筋混凝土制作，有时也会对管片的表面用钢板覆包或用钢材替代钢筋进行制作。由于平板型管片只在螺栓孔处的截面略有减小或甚至对截面没有削弱，因此质量较大，对盾构千斤顶推力具有较大的抵抗力，同时该类管片对通风的阻力也较小。平板型管片多采用钢筋混凝土管片。

衬砌环内管片之间及各衬砌环之间的连接方式，可以分为柔性连接和刚性连接两类。目前，较为通用的连接方式是柔性连接。柔性连接主要有三种形式，分别是单排螺栓连接、销钉连接和无连接件连接。

衬砌环的组成，一般有两种方式。一种是由若干 A 型管片（标准管片）、两块 B 型管片（相邻管片）和一块 K 型管片（封顶管片）组成；另一种是由若干块 A 型管片、一块 B 型管片和一块 K 型管片构成，如图 3-35 所示，相邻管片一端带坡面，封顶管片则两端或一端带坡面。从方便施工，提高衬砌环防水效果角度看，第一种方式更好。

封顶块的拼装形式有径向楔入和纵向插入两种。径向楔入时，封顶块的两个径向边必须呈内八字形或者至少是平行，受载后有向下滑动的趋势，受力不利。采用纵向插入时，封顶块不易向内滑动，受力较好，但在拼装封顶块时，需加长盾构千斤顶行程。封顶块位置一般设在拱顶处，但也有设在 45°、135°甚至 180°（圆环底部）处的，视需要而定，如图 3-35 所示。

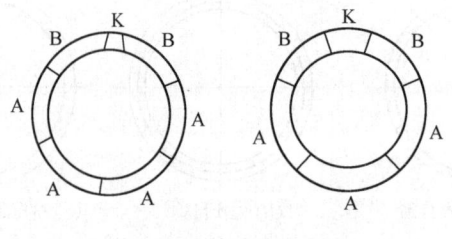

图 3-35 管片分块方式

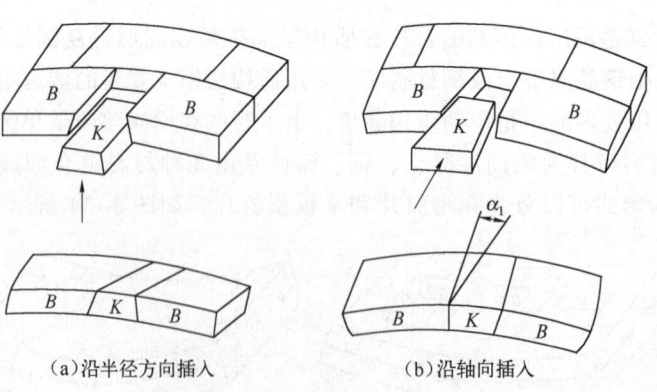

(a) 沿半径方向插入　　　　(b) 沿轴向插入

图 3-36 预制管片拼装方式

砌环的拼装形式有错缝和通缝两种，如图 3-37 所示。错缝拼装可使接缝分布均匀，减少接缝及整个衬砌环的变形，整体刚度大，但对管片制作的精度要求较高，是较为普遍采用的拼装形式。为便于结构的处理，在某些特殊需要或场合情况下亦可采用通缝的拼装形式。

 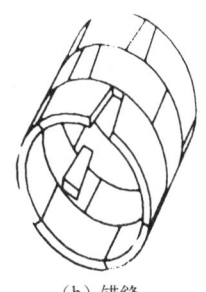

(a) 通缝　　　　　(b) 错缝

图 3-37　管片拼装形式

挤压混凝土衬砌是随着盾构向前掘进，用一套衬砌施工设备在盾尾同步灌注的混凝土整体式衬砌，因其灌注后即承受盾构千斤顶推力的挤压作用，所以称为挤压混凝土。灌注的混凝土可以是素混凝土、钢筋混凝土，但应用最多的钢纤维混凝土。

二次衬砌修筑的模筑钢筋混凝土整体式衬砌是为了起到防止隧道渗水和衬砌腐蚀，修正隧道施工误差，减少噪声和振动及作为内部装饰等作用。

思考题

1. 请叙述隧道和城市轨道交通区间隧道的概念并说明它们之间的关系。
2. 按用途区间隧道可分为哪些？它们的作用是什么？
3. 请叙述隧道围岩、区间隧道所受荷载及其采用的工程材料；设计区间隧道时，它们所起的作用是什么。
4. 区间隧道的几何尺寸的拟定应包括哪几部分？拟定依据是什么？
5. 请叙述区间隧道的施工方法的种类及其概念。
6. 敞口放坡基坑法中为保持基坑边坡稳定的措施有哪些？
7. 新奥法有哪些原则？
8. 浅埋暗挖法中稳定隧道开挖面的方法有哪些？
9. 二次衬砌施工前应该做好哪些准备工作？
10. 简述盾构法施工步骤。
11. 简述初期支护中喷射混凝土的作用。
12. 请对比分析区间隧道各施工方法的优缺点及其适用条件。
13. 请对比分析各施工方法的区间隧道结构形式特点及其适用条件。

第4章 高架桥梁工程

本章内容简介

本章是本书的主要章节之一，主要介绍城市轨道交通高架桥梁工程的结构形式和组成，包括4节内容。第1节介绍城市高架桥梁工程的分类及其特点和高架桥梁的设计原则；第2节介绍槽形梁、脊梁、T梁、板梁和箱梁等高架桥梁上部结构形式和施工流程，支座、电讯电缆、防水排水系统、人行道等高架桥的附属结构；第3节介绍重力式桥墩、柔性桥墩的含义和特点，以及桥墩的结构组成、桥台的含义和各种类型桥台的特点；第4节介绍各种浅置基础和深置基础的特点。

本章学习重点

1. 拱形桥、梁形桥和刚性框架桥的含义、特点、适用条件；
2. 槽形梁、脊梁、T梁、板梁和箱梁的结构形式及其特点；
3. 重力式桥墩的含义；矩形桥墩、圆端形桥墩、圆形桥墩和尖端形桥墩的特点；桥墩的结构组成；
4. 柔性桥墩的含义及各种柔性桥墩的特点；
5. 桥墩的结构组成，顶帽、墩身的结构形式；
6. 桩基础的概念、设计内容、形式及适用条件。

4.1 概述

桥是一种用来使交通线路（如道路、铁路、水道等）或者其他设施（如管道、电缆等）跨越天然障碍（如河流、海峡、峡谷等）或人工障碍（高速公路、铁线路）的构造物。桥可以横搭在谷河、海峡两边，或者在地上升高，跨过下面的河或者路，让交通畅通无阻。高架桥是指搁在一系列狭窄钢筋混凝土或圬工（即以砖、石或者混凝土为主要建造材料的构造物）拱上，具有高支撑的塔或支柱，跨过山谷、河流、道路（公路、铁路或城市道路等交通线路）或其他低处障碍物的一种桥梁。

高架桥梁由上部结构、下部结构和附属结构三大部分组成：上部结构即梁体；下部结构包括桥墩、桥台、基础；附属结构主要包括伸缩缝、支座、灯光照明、电讯电缆、交通信号标志、桥面铺装、防水排水系统、栏杆（或防撞栏杆）、人行道等部分。

轨道交通高架桥，即建在城市里为城市轨道交通（如轻轨、铁路等）服务的高架桥。首先轨道交通高架桥是市政设施建设工程，因此具有市政高架桥的特点，如桥梁长度大，穿过居民区，跨过路口、管线等；轨道交通高架桥与市政高架桥又不完全一样，如城市轨道交通高架桥水平力大、要求后期变形小等。此外，城市轨道交通高架桥属于轨道交通，具有铁路桥梁的特点，如要求结构刚度大、基础沉降小、维修方便、乘坐舒适，但与铁路桥梁又不完全一样，如城市轨道交通高架桥荷载较小、速度较慢、景观要求高等。

4.1.1 城市轨道交通高架桥的特点

城市轨道交通高架桥所具有以下特点。

① 线路平面，一般沿市政道路两旁绿化带或沿市政道路中间绿化带，线路走向服从城市规划；线路立面，桥梁不高，墩高一般为 8m 左右。

② 桥面宽度不大。双线梁桥面宽一般 9m 左右，单线梁桥面宽一般为 5m 左右，梁型选择时要考虑这个特点。

③ 穿过居民区，甚至有时要穿过对噪声、振动特别敏感区及需要特别保护的名胜古迹等。

④ 桥梁长度大，工期短。和市政高架桥梁一样，城市轨道高架桥梁长度短则几公里，长则几十公里；而城市轨道交通一般都是政府工程，是迫切需要解决的公共交通问题，工期都很短，从设计到通车往往只有三四年时间。

⑤ 除少数情况外，城市轨道交通高架桥一般不跨越大江大河，主要跨越城市道路、市政管线，为陆地桥梁，需占用紧缺而宝贵的城市土地资源。

⑥ 出现大量坡桥、弯桥。城市轨道交通高架桥需要跨越市政道路、高架桥、立交桥，甚至要跨越铁路，因此线路起伏多，出现大量坡桥。又线路要服从城市规划和避让一些城市建筑物，故城市轨道交通高架桥有大量弯桥。但城市轨道交通高架桥坡度比市政高架桥要小，最大坡度一般不超过30‰；最小半径比市政工程大，一般为250 m。

⑦ 景观、环境要求高。人们在享受快捷便利交通的同时，对交通设施的审美期望也逐渐提高，要求城市轨道交通其结构能够与城市建筑融为一体，以提升城市的整体景观形象，体现了人们在基本满足物质文明需求的基础上，对精神文明的追求。

⑧ 设计最高速度小。轨道交通设计最高速度一般为80 km/h，且由于站距一般为1 km多，实际平均时速只有30～40 km。一般城市高架道路的设计速度也是80 km/h，而铁路设计最高速度已达350 km/h。

⑨ 活载较大。地铁高架结构设计，应根据结构的特性，按表4-1所列的荷载，就其可能出现的最不利组合进行计算。

表4-1 高架结构荷载分类

荷载分类		荷载名称
主力	恒载	结构自重 附属设备和附属建筑自重 预加应力 混凝土收缩及徐变影响 基础变位的影响 土压力 静水压力及浮力
	活载	列车竖向静活载 列车竖向动力作用 列车离心力 无缝线路纵向水平力 列车活载产生的土压力 人群荷载
附加力		列车制动力或牵引力 列车横向摇摆力 风力 温度影响力 流水压力
特殊荷载		无缝线路断轨力 船只或汽车的撞击力 地震力 施工临时荷载

注：1. 如杆件的主要用途为承受某种附加力，则在计算此杆时，该附加力应接主力计；
2. 列车横向摇摆力不与离心力、风力组合；
3. 无缝线路纵向力不与本线制动力组合；
4. 无缝线路断轨力及船只或汽车撞击力，只计算其中一种荷载与主力相组合，不与其他附加力组合；
5. 流水压力不与制动力或牵引力组合；
6. 地震力与其他荷载的组合应按现行国家标准《铁路工程抗震设计规范》的规定执行；
7. 计算中要求考虑其他荷载，可根据其性质，分别列入上述三类荷载中。

⑩ 要求后期变形非常小。由于采用无砟无缝轨道结构，要求桥梁结构的后期变形、基

础后期沉降很小，预应力结构的收缩徐变引起的变形和挠度要求不大于 10 mm，设计时考虑离散性控制在 7 mm 以下。

⑪ 受力复杂。无缝轨道对桥梁结构尤其是对下部结构产生附加力，轨道对桥梁产生挠曲力、伸缩力、断轨力。此外，还要考虑车辆的脱轨荷载、接触网荷载等作用。

4.1.2 高架桥的分类

1. 按高架桥的材料分类

高架桥按建筑材料可分为钢筋混凝土桥和钢桥（见图 4-1，图 4-2）。由于钢结构在列车经过时噪声较大，因此近年来城市轨道交通高架桥多采用混凝土结构，且应尽量采用预应力混凝土结构。为减少施工时对环境的污染，加快施工速度，宜推广采用预制架设的施工方法。一般认为，任何形式的桥梁都可能成为城市轨道交通高架桥，如从景观出发各种形式的拱桥、拱梁组合体梁，包括斜拉桥都可作为城市轨道交通中的桥梁。

图 4-1 钢筋混凝土桥

图 4-2 钢桁架公路铁路两用桥

2. 按高架桥的受力构件分类

轨道交通中使用的混凝土桥，依据受力构件分为拱桥、梁桥和刚性框架桥 3 种类型。

1）拱桥

拱桥由一系列拱组成。不同场合采用不同的拱幅，一般情况下，拱幅宽 10 m、高 7 m，可以用石头或混凝土制作。图 4-3 为京津城际铁路交通轨道跨越市区内环线的新开路钢结构特大拱桥。

拱桥的优点如下。

① 跨越能力大，外形美观，构造简单，易于掌握；

② 能充分做到就地取材，耐久性好，养护维修费用少。

拱桥的缺点如下。

图 4-3 京津城际铁路新开路钢结构特大拱桥

① 自重较大,相应的水平推力大;
② 支架施工多、施工工序多、不便于机械化施工、施工周期长;
③ 多孔拱桥需设单向推力墩;
④ 上承式拱桥建筑高度高。

2) 梁桥

梁桥是由安装在一系列混凝土立柱上的一组梁组成,立柱的间隔一般在10 m左右。经济跨径在30 m左右,但梁桥一般与地质情况和规模生产有关,如采用箱梁梁型支架现浇法施工,对于上海经济跨度在30 m左右,而西安则为25 m左右。混凝土梁之间的互相连接形成了一个连续的梁,最终形成高架桥。梁形桥的造价较连续刚性框架桥低。

梁桥能够就地取材,工业化施工,耐久性好,适应性强,整体性好且美观,这种桥型在设计理论及施工技术上都发展的比较成熟。但是梁形桥的结构自身的自重大,约占全部设计荷载的30%至60%,大大限制了其跨越能力。

梁桥按结构体系可分为简支梁桥、连续梁桥和悬臂梁桥,如图4-4所示。

(a) 简支梁桥　　　　(b) 连续梁桥　　　　(c) 悬臂梁桥

图 4-4 梁桥的分类

① 简支梁桥是由一根两端分别支撑在一个活动支座和一个铰支座上的梁作为主要承重结构的梁桥,属于静定结构,是应用最早、使用最广泛的一种桥形。其构造简单,架设方便,结构内力不受地基变形、温度改变的影响,制造、运输和架设均很方便,便于工程质量控制及预制架设,一般适用于中小跨度,工期短的情况。

② 连续梁桥由两跨或两跨以上连续的梁构成,属于超静定体系。连续梁在恒、活载作用下,产生的支点负弯矩对跨中正弯矩有卸载的作用,使内力状态比较均匀合理,因而梁高可以减小,由此可以增大桥下净空,节省材料,且刚度大,整体性好,超载能力大,安全度大,桥面伸缩缝少,并且因为跨中截面的弯矩减小,使得桥跨可以增大。

③ 悬臂梁桥的上部结构由锚固孔、悬臂和悬挂孔组成，悬挂孔支撑在悬臂上，用铰相连。有单悬臂梁桥（三跨构成，中跨较大以满足通航要求）和双悬臂梁桥（可构成多跨的长大梁桥）。

对城市轨道交通高架桥这种长桥来说，结构体系宜采用简支体系，一般地段宜采用等跨简支梁式桥跨结构。只有在如道岔区、跨越道路需较大跨度等特殊情况下采用连续结构，连续梁以不超过3跨，长120m左右为宜。简支梁桥与连续梁桥比较见表4-2。

表4-2 简支梁桥与连续梁桥比较

项目	简支梁桥	连续梁桥
质量	易控制	可控制
力学性能	受力明确，能满足要求	平顺性好
施工方法	预制架设	多为现浇
工期	短	较长
对基础沉降的适应性	好	较差
对无缝线路长钢轨纵向的适应性	好	较差

3）刚性框架桥

刚性框架桥是由单个建造的梁和立柱构成，彼此相互独立。主要材料为钢筋混凝土，适宜中小跨径，常用于需要较大的桥下净空和建筑高度受到限制的情况。刚性框架桥具有外形尺寸小，桥下净空大，桥下视野开阔，混凝土用量少等优点，但是其基础造价较高，钢筋的用量较大，且为超静定结构，会产生次内力。表4-3为拱桥、梁桥和刚性框架桥特点比较。

表4-3 拱桥、梁桥和刚性框架桥优缺点对比

	桥梁类型	优点	缺点
混凝土桥	拱桥	跨越能力大，就地取材，耐久性好，维护费用少，结构简单，外形美观	自重大，支架施工多、工序多、难以实现机械施工，施工周期长，对地基要求高
	梁桥	就地取材，工业化施工，耐久性好，适应性强，整体性好且美观，技术成熟	自重大，跨越能力受限
	刚性框架桥	外形尺寸小，桥下净空大、视野开阔，混凝土用量少	基础造价高，钢筋用量较大，造价高

4.1.3 高架桥设计原则

① 城市高架桥的设计应符合城市规划的要求，如因技术经济上的原因需分期实施时，则应保留远期发展的余地。

② 城市高架桥总体设计要反映时代风貌，与周围环境相协调，注意空间比例、节奏、明暗和稳定感，分清主次，局部服从主题。

③ 城市高架桥梁设计要因地制宜，积极采用新结构、新工艺，并广泛吸取国内外先进技术。

④ 城市高架桥应设置照明、电讯电缆、交通信号标志、桥面排水、检修、安全等附属设施和有效的安全防护措施。

⑤ 区间高架结构应构造简洁、力求标准化，并须满足耐久性要求，满足列车安全运行和乘客乘坐舒适度的要求。

城市高架桥的设计原则是"安全、功能、经济、美观"。

（1）安全

永久性城市高架桥结构应保证100年的设计使用年限，在制造、运输、安装和使用过程中应具有满足力学要求和规范规定的强度、刚度、稳定性，具有与所处环境条件相匹配的耐久性，具有足够的抗风、抗震和抗偶然作用性能，安全附属措施齐全，结构安全、可靠。

（2）功能

施工时尽量减少和缩短对周围环境的影响，建成后桥上和桥下交通功能满足总体要求，运行顺畅，养护维修方便，结构持久状况下的变形、裂缝、耐久性等满足正常使用极限状态，各项功能满足既定总体目标。

（3）经济

通过多方案比选，选择结构合理、构造简单、技术先进、施工方便，材料、人工、设备、养护等综合效益最佳的方案，发挥工程效益，降低工程造价，国民经济效益评价合理。

（4）美观

桥梁建筑不仅是交通工程中的重点建筑物，也是城市环境和景观的重要构成部分。随着城市建设理念的发展，对城市高架桥的景观要求也越来越重视。城市高架桥的线型和外形设计应美观实用，桥梁结构精炼、线条流畅、尺寸纤细轻巧、桥下空间开敞明亮，尽可能使其与城市环境协调一致，给城市增添一道特殊风景。

同时在高架桥的设计中要充分利用成熟的新技术及合理的设计思想，来更好地贯彻安全、经济、功能、美观的原则，提升建设水平。例如上海在个别路段设计了一体化高架结构，将城市的地面道路、轨道交通线及高架道路三者组合在一起（图4-5）。三者合理的结合，很好地解决了城市空间紧张的问题。

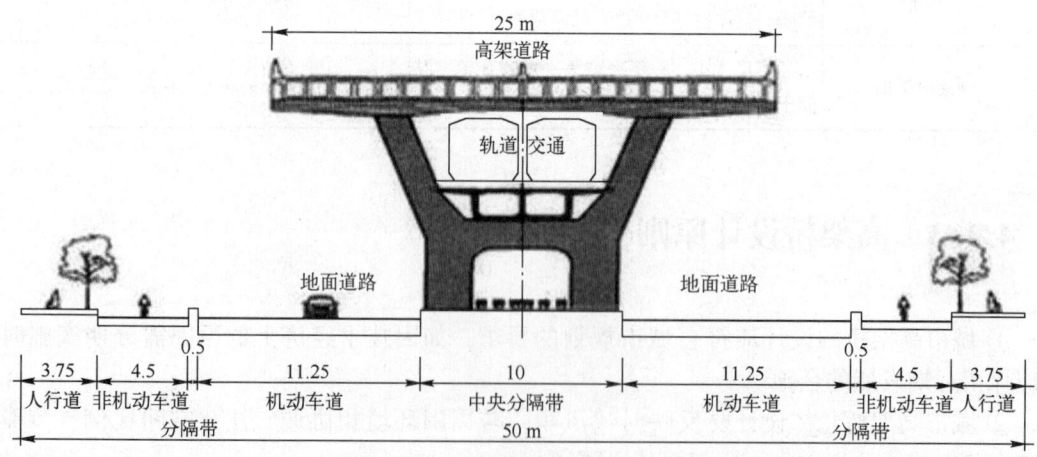

图4-5 一体化高架路段50 m宽标准断面图

4.2 高架桥的上部结构及附属结构

4.2.1 上部结构

上部结构（梁体）按主要受力结构不同，分为梁式、拱式、刚架和悬索等基本体系，并由这些基本体系构成各种组合体系。

1. 上部结构的形式

在城市轨道交通高架桥中主要采用混凝土梁形桥，梁形桥上部结构形式包括槽形梁、脊梁、T梁、板梁和箱梁等。比较适合做城市轨道交通高架桥梁的上部结构有预应力混凝土箱梁、预应力混凝土T梁、槽形梁、脊梁式箱梁结构。

1）箱梁

箱梁是闭合截面结构，其抗扭刚度大，整体受力性能好，动力稳定性好，对于弯桥和采用悬臂施工的梁桥尤为有利，且具有截面外形简洁、底面平整光洁、线条流畅、景观效果优异等特点。箱梁适用于区间直线段、曲线段及过渡线段，是目前比较先进且广泛采用的高架桥桥跨断面形式。图4-6（a），图4-6（b），图4-6（e），图4-6（g）均为箱梁结构。

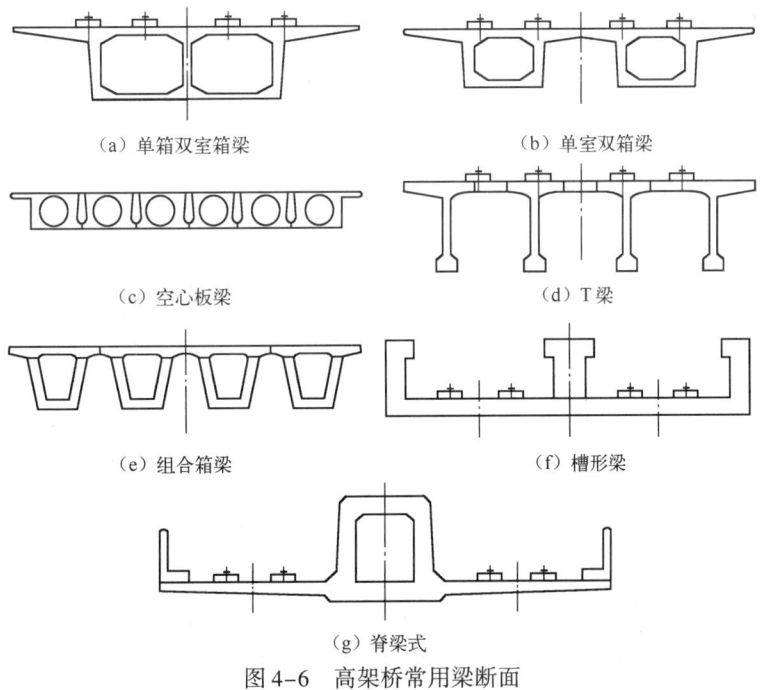

(a) 单箱双室箱梁　　　　　　(b) 单室双箱梁

(c) 空心板梁　　　　　　(d) T梁

(e) 组合箱梁　　　　　　(f) 槽形梁

(g) 脊梁式

图4-6 高架桥常用梁断面

箱梁的断面有多种形式。单箱单室及单箱多室箱梁材料用量少，外形可做成流线型，造型新颖美观、景观效果好，可以用在大跨度桥梁或曲线桥梁上。单箱双室箱梁宜作为标准区间梁使用，适用于景观要求高、设备技术好、施工能力强、场地干扰少的环境条件。

2）板梁

预应力混凝土板梁，包括空心板梁（如图4-6（c））和低高度板梁。板梁造价经济、施工周期短，可运用工厂预制现场吊装，对设备要求不高，建筑高度较小，缺点是刚度较小，对抵抗列车偏载不利。

3）T梁

T梁常用组合T梁形式，主要优点是梁体轻，便于运输吊装，铁路桥梁上大量使用，但现场需进行多片T梁桥面板及横隔板的连接，如图4-6（d）所示。为了提高结构耐久性甚至需要横向预应力，横向预应力施工比较困难，且从桥下和侧面看景观难以满足市民日益提高的审美要求。

4）槽形梁

槽形梁的最大优点是轨顶至梁顶结构建筑高度相对较低，且两侧的主梁可起到隔音作用，但混凝土主要位于受拉区，从侧面看梁体显庞大，影响视觉效果。另外预应力混凝土槽形梁在城市轨道交通高架桥中应用也较多。槽形梁是一种下承式桥梁，由车道板、主梁和端横梁3部分组成（图4-7）。

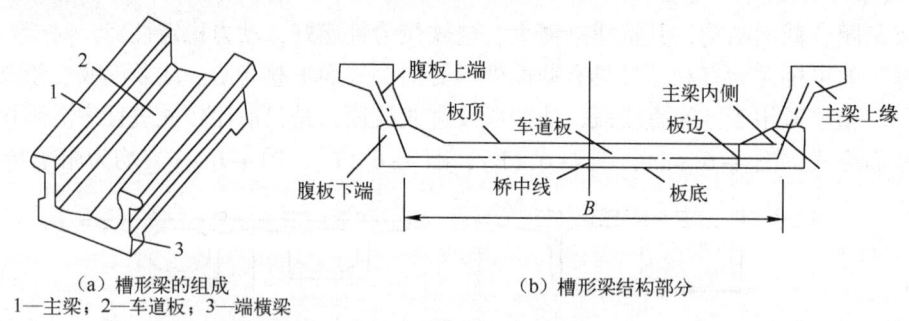

（a）槽形梁的组成　　　　　　　　（b）槽形梁结构部分

1—主梁；2—车道板；3—端横梁

图4-7　预应力混凝土槽形梁

表4-4为各种高架桥梁体形式特点比较。

表4-4　高架桥上部结构形式特点比较

项目	箱梁	T梁	板梁	槽形梁
结构性能	刚度大，动力性能好	受力明确	受力明确	抗扭性能差
蠕变、拱度	后期蠕变、拱度小，适用于无碴轨道	后期蠕变较大	后期蠕变较大	后期蠕变、拱度较小
景观	简洁	显得零乱	桥下压抑	梁体显庞大
适应性	直、曲线，渡线	直、曲线，渡线	直、曲线，渡线	直线
适宜施工方法	预制架设	单片梁预制吊装	单片梁预制吊装	现浇
建设经验	技术成熟	铁路大运量	市政、公路桥梁大量运用	使用经验少

2. 上部结构的组成

铁路桥面有钢轨和轨枕支承于纵、横梁系统的明桥面；有道碴槽板、道碴、轨枕、钢轨组成的道碴桥面；有钢轨直接联结于桥面板或主梁上的无碴无枕桥面。我国城市轨道交通高架混凝土桥上的轨道结构，大多数采用无碴无枕桥面。无碴无枕钢筋混凝土梁具有梁体轻、行车稳、架设快、养护工作少、结构高度低等优点。国外（如韩国首尔）轨道交通高架桥上也采用碎石道床的，因为碎石道床具有施工简单、降噪声效果好，有利于铺设无缝线路等优点，但养护维修工作量较大，恒荷载也较大，对桥跨结构不利。

轻轨高架桥上以无碴整体道床为主，这类结构通过扣件把钢轨与混凝土桥面连接起来，应用较为广泛的是在混凝土梁上二次浇筑混凝土纵向承轨台。图 4-8（a）为我国设计的轻轨高架桥无碴轨道结构，纵向承轨台高 150 mm，分段断开，以便排水，两纵向支承间设置防脱轨矮墙代替通常使用的护轨。图 4-8（b）为上海明珠轻轨高架线路采用支承块、承轨台式新型整体道床结构。

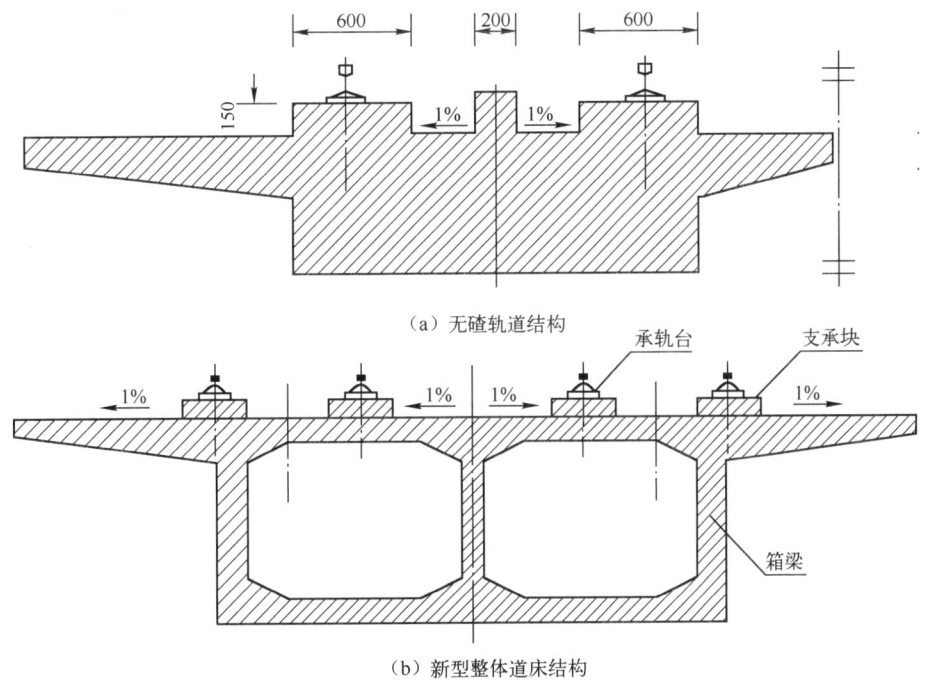

图 4-8 轻轨高架整体道床（尺寸单位：mm）

无碴道床包括支承块、承轨台和护轮矮墙等结构。支承块为钢筋混凝土预制短轨块，混凝土强度等级为 C50，在相邻两股钢轨下每间隔一定距离各垫一块，每个支承块顶面预留两个锚固螺栓孔，并与钢轨连接。支承块底部预留 6 根钢筋，与梁面预埋钢筋连接，以提高与承轨台间锚固的整体性。支承块按 1 680 对/km 设置，规格为 600 mm×250 mm×180 mm。承轨台为现浇钢筋混凝土块体，顶面埋设支承块，其混凝土等级为 C40。承轨台与桥面之间，通过预埋与桥面的钢筋，使两者结合为一个整体（图 4-9）。

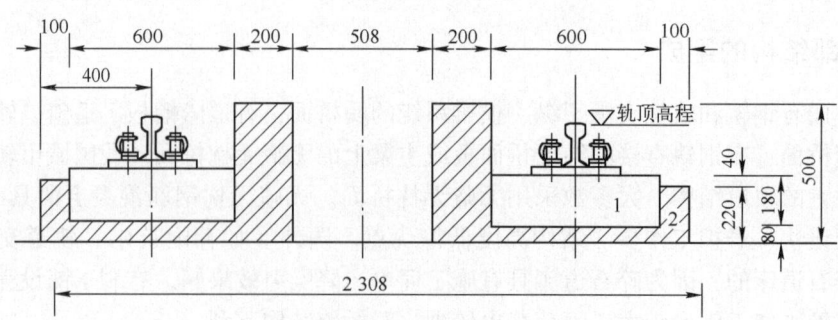

图 4-9 支承块轨下基础构造（尺寸单位：mm）
1—支承块；2—承轨台

3. 上部结构的施工

轨道交通的高架桥梁上部结构施工方法受到桥梁类型、跨径、城市环境、施工机械化水平等因素影响，主要施工方法有就地现浇混凝土、移动模架逐孔现浇、预制拼装、顶推施工、悬臂施工、提升浮运，不同施工方法各具有优缺点和适用条件，在选择施工方法时，应做到因地制宜。

1) 无支架施工

T梁、空心板梁一般采用预制场厂制作，运输至现场，运用设备进行吊装成桥或由架桥机铺设，因此采用无支架的施工方法，下面以板梁施工为例进行说明。板梁分为先张法预应力空心板梁和后张法预应力空心板梁两种。板梁长度大，重量大，吊装高度达，一般采用双机台吊的方法。即使用两部50 t 履带吊，把杆长22 m，把杆仰角75°～80°，起重量19～31 t，幅度7～15 m，吊钩高度19 m。实现双机台吊装作业的关键是因地制宜地选择吊车的最佳作业协调，大都采用隔跨同相位或同跨同相位作业，板梁运输进行的位置和架设方向平行。

2) 有支架施工

对于箱梁结构或曲线桥梁等某些梁桥结构需要现场就地浇筑混凝土，就必须采用有支架施工的方法，下面以箱梁施工为例说明。

某高架桥的桥跨断面设计采用单箱双室截面，桥跨结构主要采用采用简支梁，标准跨径为30 m，梁高1.90 m，梁宽9.00 m，腹板厚200～300 mm，标准断面如图4-10所示。预应力钢筋采用直径 $d \leqslant 15.4$ mm 的高强度低松弛钢绞线，标准强度1 860 MPa，预应力系统采用7根钢绞线，在标准跨径断面上配置21束，锚具采用OVM15-7。预应力钢筋在断面上的配置如图4-11所示。

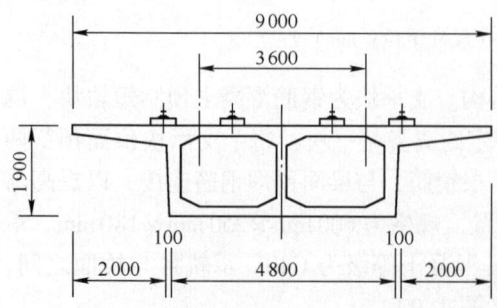

图 4-10 高架桥标准断面（尺寸单位：mm）

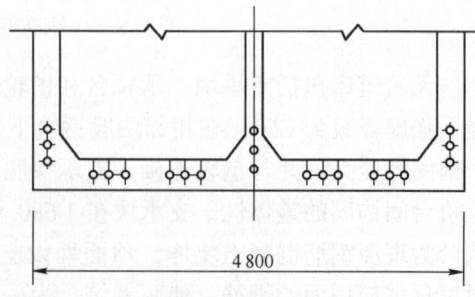

图 4-11 预应力钢筋布置（尺寸单位：mm）

(1) 满堂脚手支架现场浇筑施工

满堂脚手支架箱梁施工流程如图 4-12 所示。

① 基础处理。施工过程中分批张拉预应力，箱梁自重逐步从临时支架转移到永久桥墩上，在施工过程中，临时支撑出现了较大反力，因此搭设支架前必须对基础进行处理。

② 支模体系。支模采用两种形式：一是 $\phi 45\,mm$ 钢管满堂脚手排架，用于不影响交通的部位，在 $\phi 45\,mm$ 脚手管上端放置 $75\,mm \times 150\,mm$ 板组成牵杆格栅，满铺夹板；二是 $\phi 48\,mm$ 钢支撑平台排架，用于交通要道处，确保交通的正常通行。以 30 号工字钢作横梁搭设满堂支架，$\phi 48\,mm$ 钢筋下用 $75\,mm \times 150\,mm$ 板横桥向布置作为垫木。

箱梁箱孔内的采用大模板形式，并用木架支撑、固定。在每仓两头各预留一个洞，作为工作人员进入拆除模板的入口。

③ 绑扎钢筋及安装预应力波纹管。由于是预应力构件，普通钢筋的用量并不多，但梁端头的锚固区钢筋较密，因此在钢筋绑扎同时，必须注意到波纹管安放的位置，部分钢筋要等到波纹管穿好后再进行绑扎。波纹管在安装中，一是要确保位置的正确性，二是要满足线形的连续畅顺。管道与管道的接口用密封胶带缠紧，并保证接口的严密性，张拉端与固定锚垫板后通常设有螺旋筋和钢筋网。

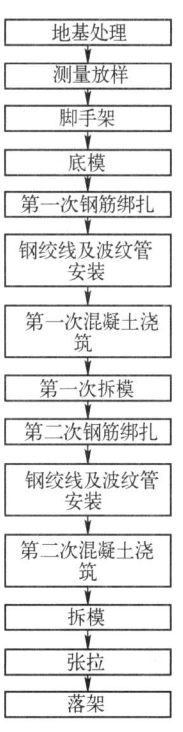

图 4-12 施工流程

④ 混凝土施工。箱梁混凝土应分两次浇筑：第一次先施工箱梁翼缘以下部分，第二次施工翼缘以上部分。混凝土施工缝严格按图纸设置，水平方向在翼缘的下口设置。第二次浇筑混凝土前，按要求对施工缝进行凿毛处理。由于每次浇筑混凝土数量都较大，因此在每一次浇筑前需协调混凝土的供应，充分做好混凝土浇筑准备工作，每次混凝土浇筑应在初凝前完成。要求混凝土连续供应并控制混凝土初凝时间。混凝土浇筑由一端向另一端进行（由低向高），泵车放料控制好速度，浇筑高度要均匀。在混凝土浇筑过程中，避免振捣器直接碰撞波纹管和预埋件等。施工的同时对支架体系及模板体系进行观测，防止发生过大变形。

箱梁混凝土在养护过程中必须严防出现裂缝的现象，宜采用湿润养护。当混凝土收水结束后，用土工布覆盖并浇水保持浸湿状态。若为冬期施工，则要采取必要的防冻措施，一般在收水后先盖一层塑料薄膜，再覆盖土工布经行保温养护。

⑤ 预应力张拉和压浆。箱梁采用的锚具应选用质量合格的优质系列群锚体系。张拉控制应力和张拉力由设计确定为 $0.73R_b^y$。采用双控张拉，即以应力控制为主，钢索延伸量为校核。实际延伸量与理论延伸值相比，误差应保持在 6% 以内。一旦发现延伸值异常时，要停止张拉，进行分析，找到原因后，再继续施工。张拉时采取对称张拉，先中心轴附近各束，后上下各束。

张拉结束后，应尽快压浆，一般不超过 24 h，最迟不超过 3 d 以免预应力松弛。压浆顺序为：先压下面孔道，后压上面孔道，并应将集中一处的孔道一次压完，以免因孔道漏浆堵塞临近孔道，如集中孔道无法一次压完，则应将相邻未压浆的孔道用压力水冲洗，使得再次压浆时孔道能通畅无阻；曲线孔道由侧向压浆时，应由低点的压浆孔压入水泥浆，并由最高的排水孔溢出浓浆。

(2) 桩基支墩和贝雷架平台支模方案

对于特别软弱的地基,又要跨越一定跨度的障碍时,可以选用桩基支墩和贝雷架平台支模方案。跨中布置两排桩基支墩,两侧用原结构系梁(承台)作支墩,实际形成 10 m + 10 m + 10 m = 30 m 的跨度布置。跨中处排桩基支墩设 3 个支承台,每个支承台下布置 2 根 ϕ400 mm、长约 20 m 的泥粉煤灰碎石桩。

贝雷架平台以纵横梁形式布置,横梁为主梁,双榀贝雷片组合,横桥向搁置于支承台上;纵梁为次梁,双榀贝雷片组合,纵桥向搁置于贝雷片横梁上。在贝雷桁架平台上布置双榀 20 号槽钢作为枕梁,间距为 1 m。槽钢轨梁之上为常规的 ϕ48 mm 钢管支架及竹夹板底模。

(3) 预制节段拼装施工

箱梁跨径比预制空心板梁大,施工中一般要搭设满堂脚手架,因此施工过程中有时会严重妨碍周围环境和现有交通,增加了施工组织难度,难以把握施工质量。为此,设计把箱梁按模块进行,采用体外预应力结构设计方案。相应的施工方法即根据跨径把箱梁分成 3 m 的标准节段和 1.5 m 的墩顶锚固节段,并对节段编号。现场施工过程中,采用架在桥墩两侧支架上的钢制架梁来架设预制箱梁节段,如图 4-13 所示,在钢制架梁上拼装预制节段。

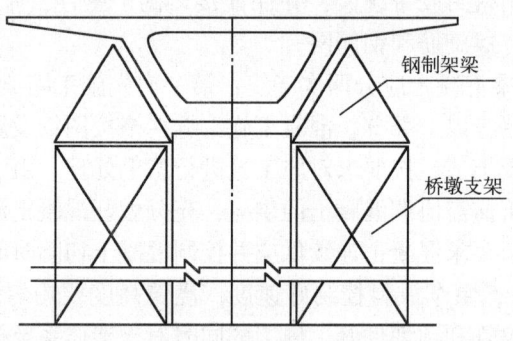

图 4-13 箱梁架设示意图

为确保节段的密贴,各预制节段接触面还预留有安装齿块。预制节段逐块相接拼装,待全部在钢制架梁上就位后,再布置并张拉体外预应力钢索。张拉结束后,将钢制架前移并安装到下一跨,依此类行。

全桥施工主要步骤如下。

① 预制上部结构箱梁节段。

② 上部结构逐跨施工,拼装桥墩支架,架设钢制桥梁,梁上拼装预制节段。

③ 张拉体外预应力钢索,形成整跨结构。

④ 前移墩支架和钢制架梁,进行下一跨施工。

3) 高架桥梁上部结构常用施工方法归类

城市轨道高架桥的施工方法可参照公路工程桥梁的施工方法进行,表 4-5 为城市轨道高架的上部结构常用施工方法。

表 4-5　高架上部结构常用施工方法

施工方法	PC 简支梁	PC 连续梁	PC 钢架	组合箱梁	钢-混凝土叠合梁	特殊桥型（拱桥和斜拉桥）
就地现浇	√	√	√	√	√	√
逐孔现浇		√				
预制拼装	√	√	√	√	√	√
预推施工		√			√	
悬臂施工		√	√			√
提升与浮运		√	√	√		

4.2.2　附属结构

高架桥的附属结构主要包括支座、伸缩缝、防水排水系统、人行道、接触电网、通信设备等。

1. 支座

支座是设置在桥梁上部结构和下部结构之间的传力和连接装置。其作用是将桥梁上部结构的各种荷载传递到墩台上，并适应活载、温度变化、混凝土收缩和徐变等因素所产生的位移，从而使结构的实际受力情况与计算的理论图式相符合。

支座按其容许变位方式分为固定支座与活动支座，活动支座又分为单向活动支座和多向活动支座（图4-14，图4-15）。

(a) 固定支座　(b) 单向活动支座　(c) 多向活动支座　　　　(a) 固定支座　　(b) 活动支座

图 4-14　支座平面图示　　　　　　　　　图 4-15　支座立面图示

支座按制作材料分为钢支座（平板支座、弧形支座、摇轴支座、辊轴支座）、橡胶支座（板式橡胶支座、四氟板式橡胶支座、盆式橡胶支座、球形支座、铅芯橡胶支座）、混凝土支座等。

轨道高架桥的支座宜采用橡胶支座，跨度不大于 30 m 的梁可采用板式橡胶支座应区分固定和活动两类，并且应有横向限位装置。橡胶板反力应按现行规范《铁路桥梁板式橡胶支座规格原则》的规定取值。跨度大于 30 m 的梁采用盆式橡胶支座，其反力应按现行规范《铁路盆式橡胶支座》的规定取值，活动支座（纵向或多向）的纵向位移量可按

±50 mm、±100 mm、±150 mm、±200 mm 和±250 mm 设计；多向活动支座横向位移可按±40 mm 设计。支座计算应符合现行《铁路桥涵钢筋混凝土和预应力混凝土结构设计规范》的规定。

2. 防水排水系统

轨道高架桥的桥面必须设置性能良好的排水系统，排水设施应便于检查、维修与更换，应防止桥面出现积水。双线桥桥面横向宜采用双侧排水坡，单线桥可设单向排水横坡，坡度不小于2%。排水管道直径与根数应根据计算确定，且直径不宜小于150 mm。排水管出水口不得紧贴混凝土构件表面。应设滴水檐防止水从侧面淌入梁板底面。桥面应设防水层，且在梁的封锚及接缝处，应在构造上采取防水措施，防止雨水渗入。管道压浆材料和压浆工艺应严格控制，有条件时应优先采用真空压浆工艺，确保压浆密实。对于结构有可能产生裂缝的部位，应适当增设普通钢筋防止裂缝的发生。

3. 伸缩缝

伸缩缝是在桥梁温度变化、混凝土收缩、徐变及荷载作用等产生梁端变位的情况下，为了使车辆能够顺利地在桥面上行驶，同时满足桥面变形的要求，而在梁端和桥台背墙之间、两相邻梁端之间设置的装置。在高架桥梁处应设伸缩缝，伸缩缝除保证梁部能自由伸缩外，还应有效防止桥面水渗漏。

4. 人行道

人行道设于线路两侧，供养护人员行走用。如设在桥梁建筑限界范围以内，则每隔30 m应设避让台。人行道板的顶面应低于桥枕底面，以方便抽换桥枕。高架结构桥面上电缆支架、声屏障、接触网立柱等附属设施应与主体结构有可靠的联结。

5. 接触电网

轻轨交通的供电系统包括牵引供电系统、动力照明供电系统和高压电源系统。牵引供电系统供给轻轨车辆运行的电能，由牵引变电所和接触网（或接触轨）组成。动力照明供电系统提供车站和区间各类照明、扶梯、风机、水泵等动力机械设备电源，以及通信、信号、自动化等设备电源，由降压变电所和动力照明配电线路组成，接触网采用双边馈电或开式馈电。当跨河通信线的杆距大于150 m时，应在桥涵墩台上设置信号通信支架，通信支架从形式上可分为立体桁架、单片桁架。

6. 通信设备

通信系统是实现行车指挥和列车运营管理，保证行车安全和提高运营效率的重要手段。轻轨交通的通信系统有以下分系统组成：调度指挥通信系统，无线通信系统、公务通信系统、广播系统、电视监控系统、传输系统和通信系统。

4.3 墩台结构

桥墩、桥台及基础组成桥梁的下部结构，其主要作用是支承上部结构并将上部结构传来的荷载及自重传递到基础。桥墩一般指多跨桥梁的中间支承结构，除承受上部结构的竖向压力和水平力外，还受风力及可能发生的流水压力、冰压力、船只和桥下漂流物的撞击力、地震的作用。此外，桥台还要承受施工时的临时荷载。因此，桥墩桥台应有足够的强度、刚度和稳定性，以确保整个桥跨的正常工作。

高架结构墩位布置应符合城市规划要求；越铁路、道路时桥下净空应满足铁路、道路限界要求并预留结构沉降量；跨越排洪河流时，应按 1/100 洪水频率标准进行设计，技术复杂、修复困难的大桥、特大桥应按 1/300 洪水频率标准进行检算；跨越通航河流时，其桥下净空应根据航道等级，满足现行国家标准《内河通航标准》的要求。

4.3.1 桥墩的类型

桥墩形式的采用，取决于桥上线路和道路条件、桥下水流速度、墩位处水深、水流方向和桥梁中轴线的夹角、通航及桥下漂流物、基地土壤的承载力、梁部结构及施工方法等。桥墩类型很多，大体上可分为重力式实体桥墩和轻型桥墩两大类。

1. 重力式实体桥墩

重力式实体桥墩主要依靠自身重量来平衡外力保证桥墩的稳定，适用于地基良好或桥下有通航、流冰等漂流物的大、中、小桥梁。重力式桥墩一般用混凝土或片石混凝土砌筑，截面尺寸及体积较大，其自重及阻水面积也较大，外形粗壮，很少用于城市高架桥梁。其优点是坚固耐用，施工方便，养护工程量小，可以就地取材，同时对船筏、漂流物的撞击、磨损及抵抗冰压力的作用等较为有利。其缺点是工程量大，自重大，使得地基压力增加，墩身尺寸大，相应增加了基础的工程数量，在水中的桥墩阻水面积也大。

重力式实体桥墩按其墩身截面形式，可以分为矩形桥墩、圆端形桥墩、圆形桥墩和尖端形桥墩四种（图 4-16）。

1) 矩形桥墩

矩形桥墩截面为矩形（图 4-17），具有圬工较省、模板简单、施工简便的优点，但对水流的阻力特别大，并促使水流紊乱而招致桥墩周围发生较大的局部冲刷，所以矩形桥墩一般适用于无水、静水或靠近岸边水流流速较小处。

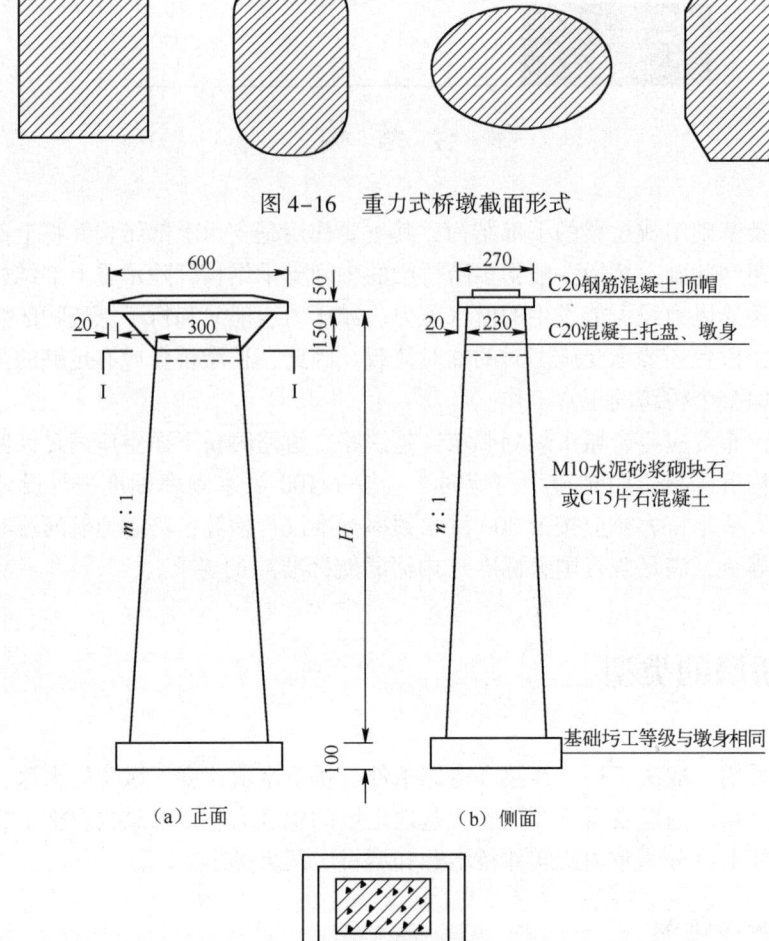

图 4-16 重力式桥墩截面形式

图 4-17 矩形桥墩（尺寸单位：cm）

2) 圆端型桥墩

圆端形桥墩（图 4-18）截面中间为矩形，两端各加一个半圆，能使水流顺畅地通过桥孔。与矩形桥墩相比，它可减小水流对桥墩周围河床的局部冲刷和水流压力，一般用于斜交角小于 15°的水中。它是桥梁中常用的重力式实体墩。

3) 圆形桥墩

圆形桥墩（图 4-19）截面为圆形，不受水流和桥梁轴线斜交角度的限制。当水流流向不稳定或水流与桥梁法线斜交角度大于 15°时，应采用圆形桥墩。由于圆形桥墩各个方向的尺寸相同，不能根据桥墩纵、横向受力及使用要求的特点采用不同的尺寸，增大了桥墩的阻水面积，故对于斜交角度小于 15°及横向宽度较大的桥墩不宜采用。同时因为截面为圆形，不宜采用石料砌筑。

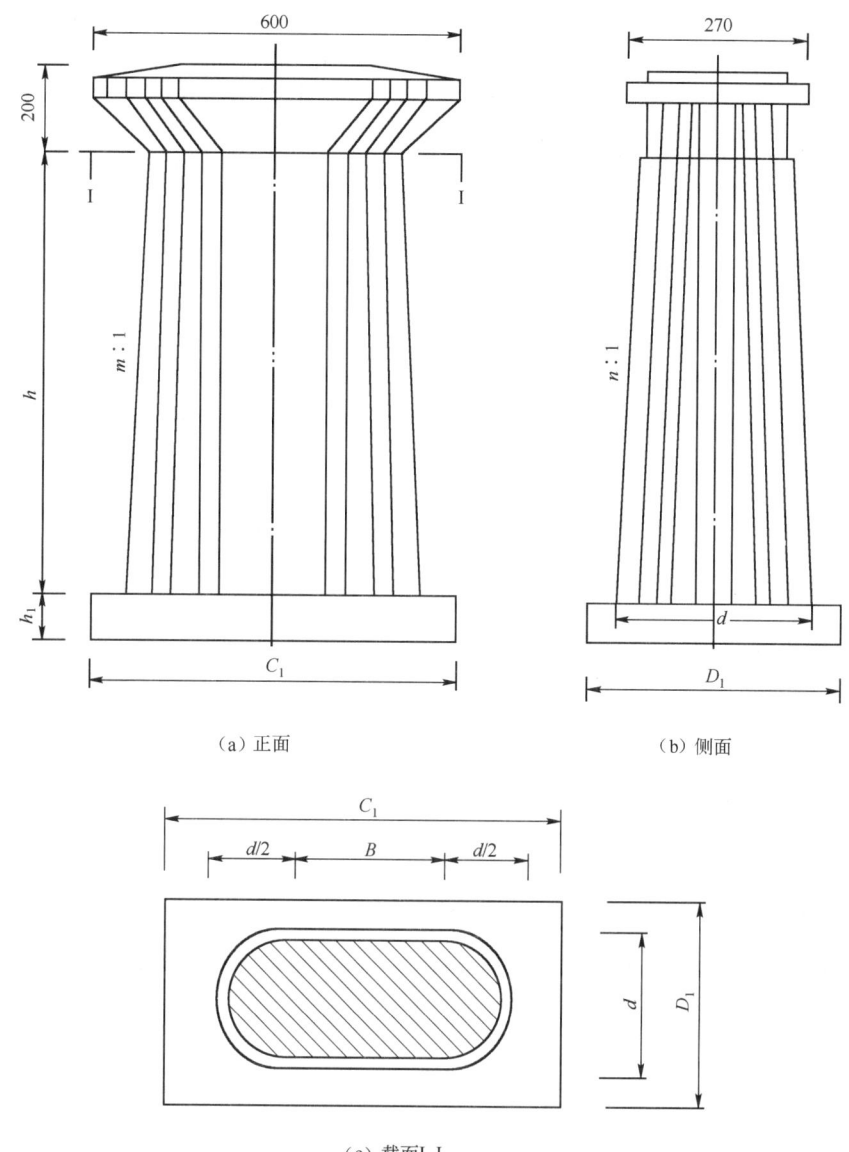

图 4-18 圆端形桥墩（尺寸单位：cm）

4）尖端形桥墩

尖端形桥墩外形简单，因阻水作用所引起的河床局部冲刷较小，适用于水流和桥轴斜交角小于 5°和无水流的情况。但因尖端部分施工较麻烦，目前使用较少。

2. 轻型桥墩

轻型桥墩形式很多，而且都有各自的特点和使用条件，选用时必须根据桥位处的地形、地质、水文和施工条件综合确定。轻型桥墩主要有空心墩、柱式墩、柔性墩等。

1）空心桥墩

位于山区城市的桥梁往往桥长且谷深而需要建造高桥墩，如果采用重力式实体墩，则墩

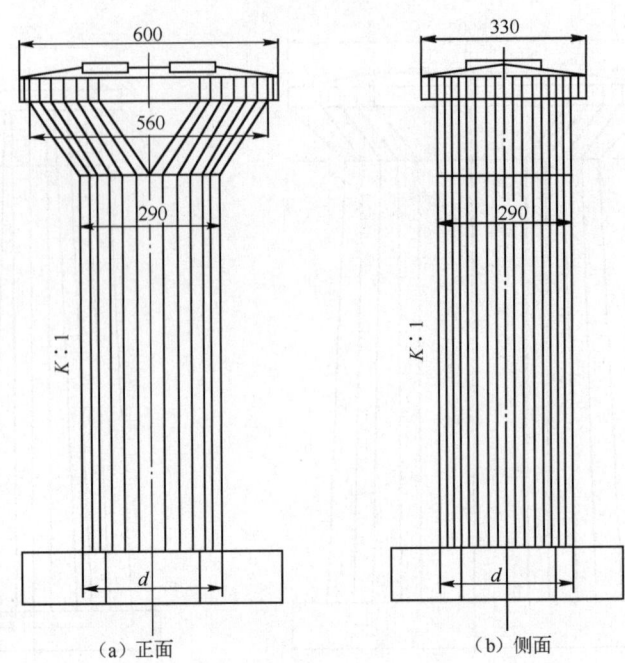

图 4-19 圆形桥墩（尺寸单位：cm）

身圬工量惊人，墩身的自重大而相应要求地基有较高的承载能力、地震时有较大的惯性力。因此设计时一般采用空心桥墩。根据方案比较及实桥对比，混凝土空心桥墩比实体桥墩可节省 20%～30% 的圬工，钢筋混凝土空心桥墩可节省圬工 50% 左右。空心墩的刚度比实体桥墩差，故在受船、排筏、漂流物撞击、磨损或冰压力等外力作用高度一下部分不宜采用（图 4-20）。

空心桥墩的截面多为圆形，以便于滑模施工，也可设计成矩形等截面形式，图 4-21 为各种常用的空心桥墩的截面形式。

2）柱式桥墩

柱式桥墩是目前桥宽较大的城市高架桥梁中广泛采用的桥墩形式。这种桥墩既可减轻墩身自重、节省圬工材料，又比较美观、结构轻巧，桥下通视情况良好。柱式桥墩的形式主要有单柱式、多柱式、哑铃式及混合柱式四种，如图 4-22 所示。柱身截面大多为圆形和矩形。

单柱式桥墩占地面积小，是城市轻轨高架桥最常用的桥墩形式。这种桥墩既为桥下交通提供最大的空间，又能减轻墩身重量，节省圬工材料，轻巧美观，特别适用于高架桥和地面道路斜交的情况。对河中修建的高架桥，适用于水流与桥轴线斜交角大于 15°的桥梁，或河流急弯、水流流向不稳定的桥梁。

双柱式桥墩在横向形成钢筋混凝土钢架，受力情况清晰，稳定性好，其盖梁的工作条件比单柱式桥墩的盖梁好，无需施加预应力，其使用高度一般在 30 m 以内，在水流和桥轴线斜交角小于 15°的桥梁或仅有小的漂流物或轻微流冰的河流中，可采用双柱式或多柱式桥墩。

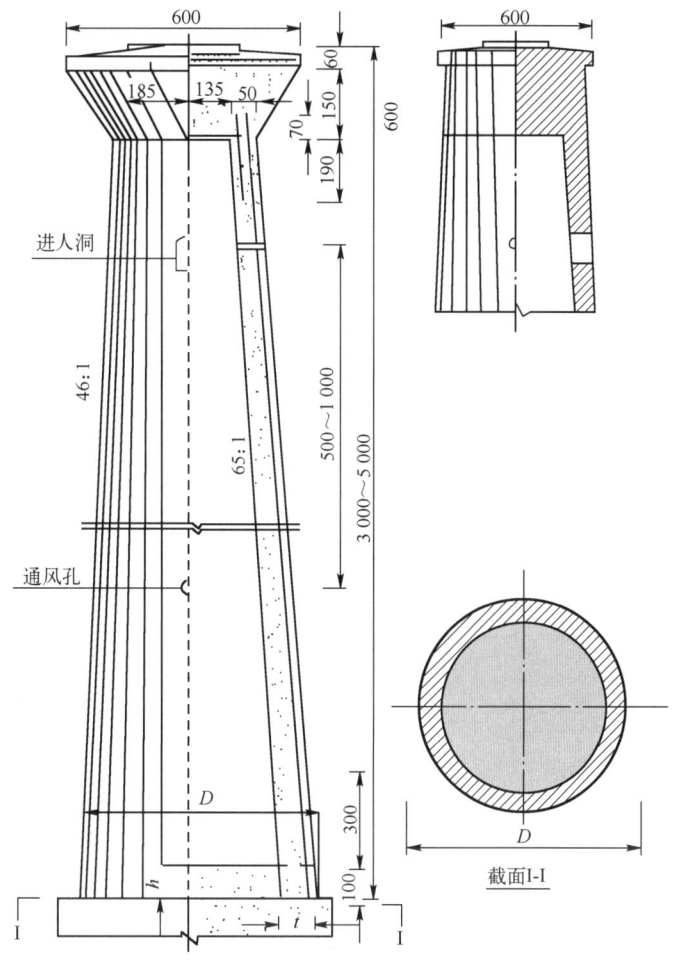

图 4-20 空心桥墩（尺寸单位：cm）

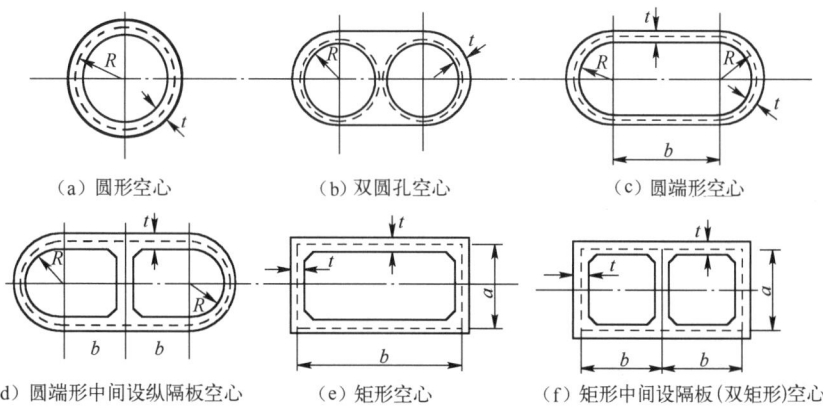

(a) 圆形空心　　(b) 双圆孔空心　　(c) 圆端形空心

(d) 圆端形中间设纵隔板空心　　(e) 矩形空心　　(f) 矩形中间设隔板（双矩形）空心

图 4-21 空心桥墩截面形式

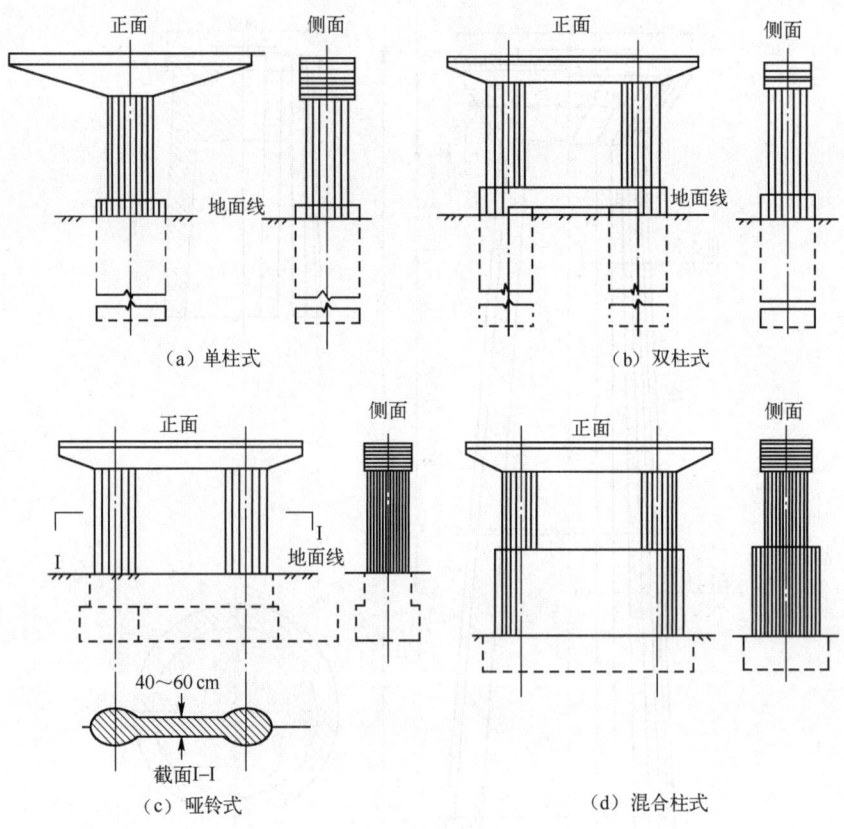

图 4-22 柱式桥墩

在有较多漂流物或较严重流冰的河流上,当漂流物卡在两柱中间可能使桥梁发生危险时,可在双柱间加做 40～60 cm 厚的隔墙,成为哑铃式桥墩。当墩身较高时,也可把高水位以下的墩身部分做成实体、以上部分做成双柱的混合式桥墩,这样,既减少上部分的圬工体积,也保证了抵抗漂流物的能力。混合式桥墩常见的是 Y 形桥墩,Y 形桥墩结合了单柱式和双柱式桥墩的优点,下部成单柱式,占地面积小,有利于桥下交通,透视性好;而上部成双柱式,对盖梁工作条件有利,无需施加预应力,造型轻巧,比较美观,施工虽然比较复杂但无太大困难。

3) 柔性墩

桥墩轻型化的另一种途径,将重力式桥墩改为柔细的轻型桥墩(亦称柔性墩)。柔性墩是一种新型桥墩,桥墩做得既高又细、在桥式布置上采用一定的结构措施,使柔性墩承受较小的纵向水平力。

柔性墩的桥台布置,简支梁两端均用固定支座与墩身连联结起来,为了消除内温度应力和其他次应力(梁受挠后下缘伸长等),在两个刚性墩(台)之间需要保留一个活性支座。两个活性支座之间或第一个活性支座与刚性桥台之间的墩、台、梁组成一联,形成了一个共同受力体系。当行驶在这个体系上的列车制动时,所产生的纵向水平制动力,如果不考虑梁的变形,将使这一体系中的墩(台)顶产生相同的水平位移。很显然,刚度较大的刚性墩台要分担这个纵向水平力的大部分,而刚度较小的柔性墩就分担得较少。从经验可知,一个柔性墩仅承担这一体系上纵向水平力的2%～3%，基本上接近中心受力情况，因此，其截面尺寸可以比较柔细和轻巧，节省很多圬工。目前国内已建成的柔性墩中，有以下三种形式。

① 钢架式柔性墩（图4-23），横向为一钢架。在单线桥中，钢架柔性墩通常由两根立柱、数根横撑和顶帽组成。用于曲线桥时，立柱可改为斜柱，以增加刚度。墩身一般用200～250号钢筋混凝土建造。

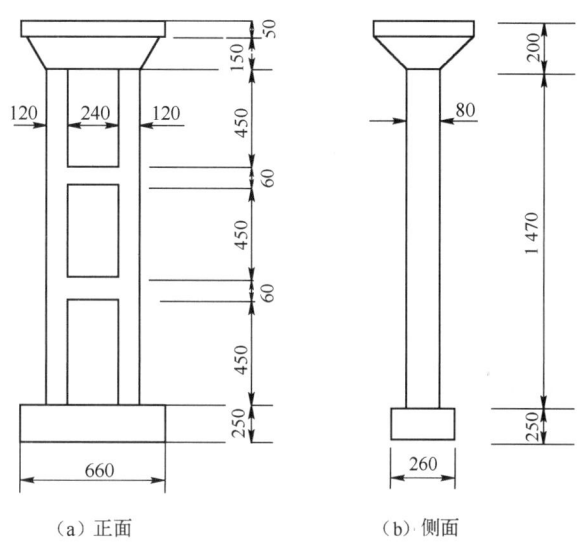

图4-23 刚架式柔性墩（尺寸单位：cm）

② 排架式柔性墩（图4-24），墩身直接由基桩延伸至顶帽，地面以下不设承台，仅在上端通过顶帽把基桩联结，适用于高度不大的基桩栈桥。

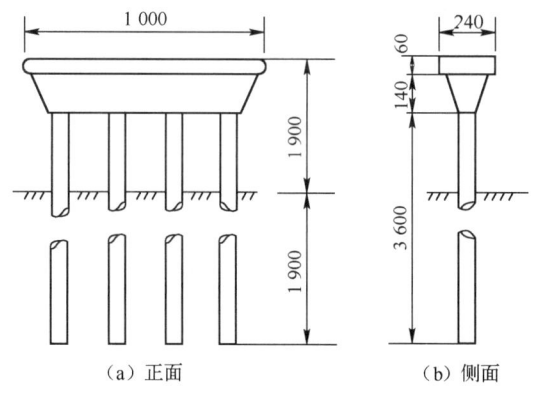

图4-24 排架式柔性墩（尺寸单位：cm）

③ 板式柔性墩（图4-25），墩身为一实体钢筋混凝土矩形壁板，构造简单，横向刚度大，便于滑动模板施工，使用较广泛。

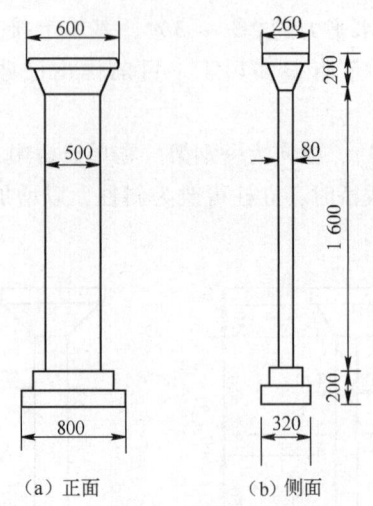

(a) 正面　　（b) 侧面

图 4-25　板式柔性墩（尺寸单位：cm）

4.3.2　桥墩构造

桥墩一般由顶帽、墩身及基础三部分组成（图 4-26）。

1. 顶帽

1）顶帽的形式

常见的顶帽形式有飞檐式和托盘式两种（见 4-27）。8 m 及其以下跨度的钢筋混凝土梁，配用矩形或圆端型桥墩，其顶帽一般采用飞檐式，顶帽的形状随墩身截面形式而定。10～32 m 乃至 40 m 以上的钢筋混凝土梁或预应力混凝土梁的桥墩，由于架梁和维修工作的需要，顶帽的横向尺寸需要加大较多，一般采用托盘式以节省圬工。

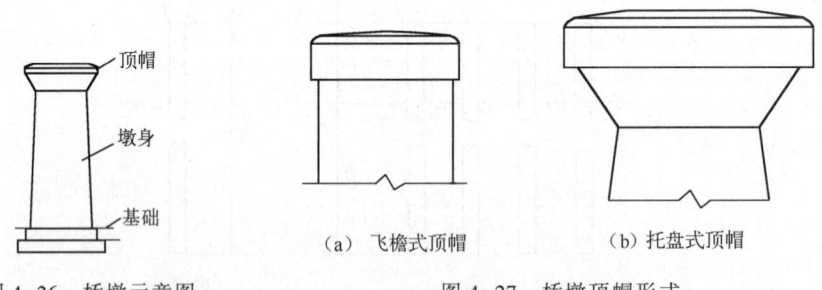

图 4-26　桥墩示意图　　　图 4-27　桥墩顶帽形式
(a) 飞檐式顶帽　　(b) 托盘式顶帽

2）顶帽的作用

① 安放桥梁支座，直接支承桥跨结构，承受很大的支撑反力，并将桥跨结构传来的集中力均匀地分散给墩身，故要求顶帽有一定的厚度；

② 为架梁施工和养护维修提供必要的工作面。

3) 顶帽的设置

顶帽材料应采用不低于 200 号的混凝土，厚度不小于 40cm，一般要求设置两层钢筋网，上、下各一层，钢筋直径为 10mm，间距为 0.2m。但对单线、等跨、跨度不大于 16m 的钢筋混凝土梁的实体墩台顶帽，有以下情况之一时，也可不设置顶帽钢筋。

① 无支座时。

② 在雨水很少，而且不受冻害影响的地区，且顶帽与墩身为整体灌注，顶帽不带托盘，顶帽厚度等于或大于 0.6m 时。

顶帽顶面要设置不小于 3% 的排水坡，防止雨水聚集在顶帽顶面。但排水坡也不宜过大，大了则有碍施工及维修人员在顶帽上工作。顶帽顶面要设置安置支座的支承垫石平台，垫石内应铺设 1～2 层钢筋网，钢筋直径为 10mm，间距为 0.1m，并预留锚栓孔，以便埋设锚栓，将支座底板固定于垫石上。为避免排水坡上的流水流到垫石顶面侵害支座，垫石顶面不得低于排水坡的上棱。设置平板支座的顶帽，易将垫石加高 0.1m，以便维修支座；设置弧形支座的顶帽，易将垫石加高 0.2m，以满足顶梁时能在顶帽和两地之间安放千斤顶。

对于托盘式顶帽，托盘颈缩处是个脆弱截面，往往成为施工的接缝，故应在托盘和墩身的连接处，沿周边布置一些直径为 10mm，间距为 0.2m 的竖向钢筋加强之。托盘及设置短钢筋的墩身部分，一般要用不低于 200 号的混凝土。在地震区一般不采用托盘式，因为对抗震不利。

2. 墩身

1）实体墩身

由于墩身各截面的内力，是自墩身顶部起向下逐渐增大，为了使墩身各截面受力均匀，一般墩身尺寸顶部较小，底部尺寸较大，因此，墩身纵、横两个方向一般均做成斜坡。

墩身材料一般采用混凝土或石料砌筑。为保证墩身的耐久性，混凝土等级应不低于 C15，严寒地区则不应低于 C20，灌注混凝土时可掺入 20% 的片石。石砌圬工的混凝土砂浆等级不低于 M10，石料等级不低于 MU30。砌筑高度不宜大于 20m，当超过 15m 时，应在中部用整齐块石砌筑一垫层或灌注一层混凝土，厚度为 0.6～1.0m。

为使石砌桥墩尺寸整齐，坚固美观，其外露面应以尺寸较大、外表较平整的块石镶面并勾缝。墩高≤6m 可用片石镶面，墩高>6m 应全部用块石镶面。

2）空心墩身

空心墩身在构造上有下列要求。

① 最小壁厚。除了要满足强度、刚度及稳定性要求外，还应便于施工。《桥规》规定最小壁厚为：钢筋混凝土墩身不小于 0.30m，混凝土墩身不小于 0.50m。

② 实体过渡段。为了使顶帽上的垂直荷载均匀传至墩身壁，并减小活载对墩壁的冲击作用，在顶帽与墩壁之间需设置实体过渡段，其厚度一般为 1～3m。在实体段与空心墩身的连接处，以及空心墩身与基础（上部实体部分）的连接处，有应力集中现象，应增设水平环向钢筋和竖筋或设置牛腿予以加强。

③ 通风孔。在离地面 5m 以上的墩身部分，应交错设置适量的直径不小于 20m 的通风

孔，其作用是调节空心墩的内、外温差，避免墩壁因温差过大而产生裂纹。

④ 进口洞。为便于检查，维修空心墩的内部，应在实体段以下设置带门的进人洞一个，其尺寸约为 1.3m×0.6m，并配备相应的检测设备。

⑤ 排水孔。为了将施工时墩身内的积水排掉，墩壁底部应设置排水孔，在墩身的实体部分（下端）或基础顶面，则应设置相应的流水坡。另外，当墩身横截面尺寸较大、墩壁较薄时，为增加墩身受压的局部及整体稳定性，在墩身内可设置竖向隔板。

4.3.3 桥台

桥台作为桥梁的重要组成部分，起着支承桥跨结构和衔接桥跨与路基的作用。桥台不仅要承受桥跨传来的荷载及自重，而且还要承受台背填土的压力及填土上车辆荷载产生的附加土压力。因此桥台本身应具有足够的强度、刚度和稳定性，对桥台地基的承载力、沉降量、地基与基础间的摩阻力等有一定的要求，以避免在荷载作用下桥台发生过大的水平位移、转动或沉降而影响桥跨的正常使用，这也是桥台设计中的主要内容。

桥台一般由台顶、台身及基础三部分构成。为了加强桥台与路堤的衔接，桥台尾部应伸入路堤一定的深度，其前端填土应按一定的坡度做成锥体，并铺砌护坡。顶帽设有支承垫石支承桥跨结构，其上设有排水坡。桥台台顶设道砟槽用来承托道砟、枕木、钢轨等线路设置，顶面设有排水坡。

桥台按其结构形式可分为带翼墙和不带翼墙的两大类。翼墙的主要作用在于：挡住桥台两侧的路基填土，保证桥头路基稳定，并引导水流顺畅地进入桥孔。

桥台按其受力特征可分为重力式桥台和轻型桥台。

1. 重力式桥台

重力式桥台是就地建造的整体式重型结构，主要靠自重来平衡台后的土压力，桥台本身大多由砌石、片石混凝土或混凝土等圬工材料构成，台帽则一般为钢筋混凝土。重力式桥台依据桥台的形状及台背填土情况分类，常用的有 T 形桥台、U 形桥台、埋式桥台、耳墙式桥台及挖台。

1）T 形桥台

这种桥台后端部分至台身较窄，而前墙较宽，截面形状为 T 形。为了改善受力状态，台身后墙做成仰斜式，基础也一般做成前宽后窄的 T 形。T 形桥台比一般实体桥台节省圬工，但由于后墙较窄，道砟槽为钢筋混凝土悬臂，钢筋用量较多，台身长度随着填土高度而增加，所以当填土较高时，T 形桥台的圬工量较大。

2）U 形桥台

由于台身是由前墙和两翼墙构成的 U 字形结构，故而得名。两侧翼墙的受力与挡土墙相同，自上而下由窄变宽，当桥窄、台高时，采用 U 形台就不经济了。U 形桥台适用于填土高度较小（$H \leqslant 4m$）、地基容许承载能力较低的桥梁。但 U 形中空部分容易积水，冰冻后膨胀，致使墙身产生裂缝，影响桥台使用寿命，故在严寒地区使用时，须选用良好的渗水性填料并必须做好排水设施。

3）耳墙式桥台

耳墙式桥台是常用的桥台形式，适用于填土高度为 4～12 m 的桥梁，且由于其台身尺寸小，特别适用于深基础或复线桥梁。与 T 形桥台相比，耳墙式桥台采用耳墙与路堤相连接，从而缩短了台长，节省圬工，但为了避免耳墙根部开裂需要配置较多的钢筋。当填土很高时，锥体坡脚伸出台前部分需加固坡脚或设挡土墙。

4）埋式桥台

埋式桥台是将台身埋在锥形护坡中，只露出台帽在外以安置支座及上部构造。这样，桥台所受的土压力大为减小，桥台的体积也可以相应的减少。但是由于台前护坡是用片石做表面防护的一种永久性设施，存在着有被洪水冲毁而使台身裸露的可能，故设计时必须慎重地进行强度和稳定性的验算。埋式桥台的缺点主要是，由于护坡深入到桥孔，压缩了河道而减少排洪面积，或者为了不压缩河道，就要适当增加桥长。同时，护坡脚也易受到河水冲刷。

5）挖台

有些桥台位于陡峻的山坡上，嵌入山体之中，有时台尾紧接隧道甚至有侵入洞门之内的情况。为此，实践中在挖方内常采用提高基础、缩短台顶的顶帽式桥台，即挖台。由于，这种桥台结构形式简单，施工方便，符合自然的实际情况，便于设计和施工。

2. 轻型桥台

轻型桥台一般体积较小，外形轻巧，自重轻，圬工体积小。轻型桥台主要借助桥台各部分的整体刚度和材料强度承受外力，从而节省圬工，降低对地基承载力的要求和扩大应力范围。轻型桥台的形式多样，分类也无统一的标准，常见的有八字形和一字形桥台、薄壁轻型桥台、框架式桥台、锚固板桥台等。轻型桥台一般为钢筋混凝体结构。

1）八字形和一字形桥台

八字形和一字形桥台的构造特点是：台身主体为直立的圬工砌体薄壁墙，在两桥台之间基础顶设钢筋混凝土支撑梁以防止桥台向跨中移动，同时上部结构与桥台通过锚栓连接，构成四角框架结构；台身两侧为翼墙。一般八字形桥台将台身和翼墙分开砌筑，翼墙张开的角度为 35°～50°，而一字形桥台的台身与翼墙连成一个整体。翼墙除支挡路堤填土外，还可起引导水流的作用。但该桥台的翼墙承受土压力部分较宽，因而需要较大的圬工体积。这种桥台仅应用于小跨径、填土低的桥梁，并且不宜做流坡的城市立体交叉的桥跨，桥跨孔数与之配合使用时不宜超过三跨，单孔跨径不大于 13 m，多孔全长不宜大于 20 m。

2）薄壁轻型桥台

薄壁轻型桥台由扶壁式墙和两侧的薄壁侧墙构成。常用的形式有悬臂式、扶壁式及箱式等。挡土墙由厚度不小于 15 cm（15～30 cm）的前墙和间距为 2.5～3.5 m 的扶壁组成。台顶由竖直小墙和支撑于腹壁上的水平板组成，用以支撑桥跨结构。两侧薄壁可以与前墙垂直，有时也做成与前墙斜交。这种桥不仅可节省圬工 40%～50%，有时因自重减轻而减小了对地基的压力，故适用于填土低、地基基础承载力小的小跨径桥梁，但其构造和施工复杂，混凝土及钢筋数量和用量较高。

3）锚固板桥台

锚固板桥台是从锚固板挡墙发展起来的轻型桥台，其特点是全部或大部分填后土压力通过拉杆传给埋在台后填土中的锚固板，其挡土部分由墙面、拉杆、锚固板组成。目前，国内常采用的锚固板桥台有分离式和结合式两种类型。图4-28为典型桥台示意图。

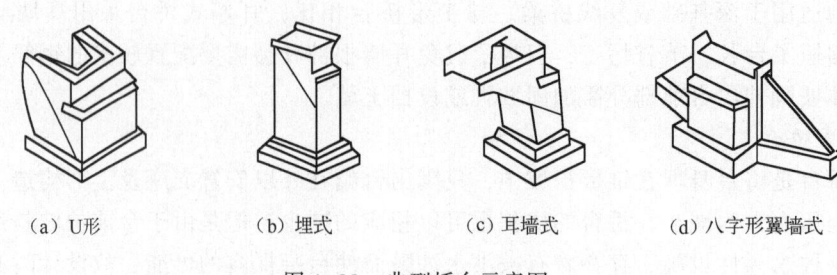

(a) U形　　　　(b) 埋式　　　　(c) 耳墙式　　　　(d) 八字形翼墙式

图4-28　典型桥台示意图

4.4 基　础

桥梁基础根据埋置深度分为浅置基础和深置基础两类。浅置基础是在桥台和桥墩下直接修建的埋深较浅的基础（一般小于5 m）。由于浅层土质不良，有时需把基础埋置于较深的良好地层上，这样的基础就称为深置基础（埋深大于5 m）。当需要设置深基础时，则常采用桩基础或沉井基础，特殊桥位也可能采用其他大型基础或组合形式。

深基础特点是承载力高、稳定性好、埋置深度大、工期短、适应大型及大跨度桥梁的建设。

基础设计比较灵活，可以根据上部结构形式、荷载大小、地质情况等，通过调整桩的直径、桩的布置和形式、桩的长度和根数等满足使用要求，由于桩基础具有承载能力高、沉降变形小、稳定性好、作业场地小、适用于机械化施工和适应各种复杂的地质条件等优点，所以是城市高架桥中最常用、最优先考虑的深基础形式。

1. 浅置基础

浅置基础又称刚性扩大基础，也称明挖基础，是直接在墩台下开挖基础修建而成的实体基础。明挖基础常用的材料有混凝土、片石混凝土、浆砌片石等。混凝土强度等级一般不宜小于C25，浆砌片石一般用M20以上水泥砂浆，MU50以上石料。一般适合于在岸上或水流冲刷影响不大的浅水处，且浅表地基承载力合适的地层。

1）明挖基础的截面形式

明挖扩大基础的平面形状常为矩形，也有其他形式（视墩台底面的形状而定）；立面形状可为单层或多层台阶扩大形式，其与地基承载力及上部荷载大小有关（图4-29）。自墩台身边缘至基顶边缘的距离c_1和c_2称为襟边，其作用一方面是扩大基底面积，增加基础承载力，另一方面是便于调整施工误差，同时也为了支立墩台身模板的需要，襟边值为20～50 cm。基础每层台阶的高度通常为50～100 cm，且一般情况下各阶层台阶宜采用相同厚度。基础的刚

性角 α 不应超过某一限值 α_{max},以防止基础开裂破坏。α_{max} 与基础材料有关,混凝土基础为 40°~50°,石砌圬工为 30°~35°。

2) 明挖基础的特点

明挖基础的特点是稳定性好,施工简便,取材容易,能承受较大荷载,所以只要地基承载力能满足要求,明挖基础是桥梁的首选基础形式。但其缺点是自重大,当持力层是软土时,由于基础面积不能无限扩大,需要对地基进行处理或加固后才能采用。所以对于荷载

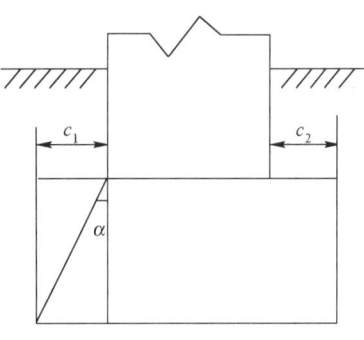

图 4-29 明挖基础截面

较大、上部结构对沉降变形较为敏感、持力层土质较差且较厚的情况,不宜采用明挖扩大基础。

2. 深置基础

1) 桩基础

当墩柱所处位置的覆盖层很厚,适于承载的地基很深,或同时水深也较大时,往往需要采用深基础,桩基础就是一种常用的深基础。

桩基础由若干根桩和承台两部分组成(见图 4-30),桩在平台排列上可为一排或几排,桩的顶部由承台联成一个整体,再在承台上修筑桥墩或桥台及上部结构。桩身可全部或部分埋入地基土中。桩基础设计基本内容如下。

① 确定桩的类型和桩长。

② 桩的数量和布置。

③ 桩基础与下部结构(承台、盖梁等)尺寸拟定及进行承载能力、结构强度和配筋验算等。

我国桥梁桩基础大多采用钢筋混凝土桩、预应力混凝土桩和钢桩。钢筋混凝土桩截面形式有圆形、环形、方形、六角形等,在桩轴线方向,也分竖直桩和斜桩(通常用于拱桥墩台基础)。在桥梁实践中已形成了各种形式的桩基础。桩基础在构造及桩的相互作用性能上都具有各自的特点,分别阐述如下。

(1) 按承台位置分类

按承台位置的不同,桩基础可分为高桩承台桩基础和低桩承台桩基础。高桩承台的承台底面位于地面或冲刷线以上,低桩承台的承台底面则位于地面或冲刷线以下。高桩承台的桩身外露部分称为桩的自由长度,而低桩承台的自由长度为零。高桩承台由于承台位置较高或设在施工水位以上,可减少墩台的圬工数量,避免或减少水下作业,施工较为方便。然而由于承台和基桩外露部分无侧边土层来共同承受水平外力,对基桩受力较为不利,桩身内力和位移都将大于在同样水平力作用下的低桩承台,稳定性亦较低桩承台差。近年来由于大直径钻孔灌注桩的采用,桩的刚度、强度都较大,因而高桩承台也采用的较多。

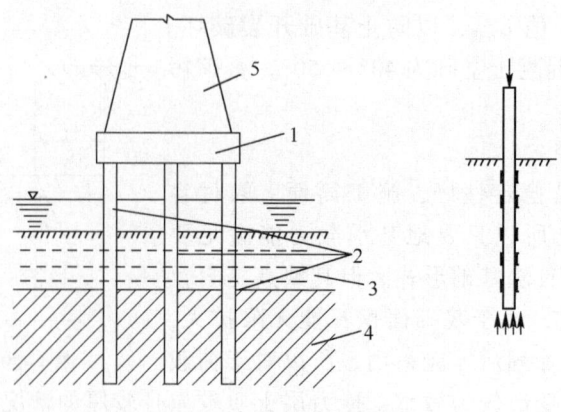

图4-30 桩基础
1—承台；2—基桩；3—松软土层；4—持力层；5—墩身

（2）按施工方法分类

按施工方法的不同，桩基础可分为钻挖孔就地灌注桩和沉入桩。灌注桩是采用就地成孔的方法来完成的一种深基础。其施工方法如下。

① 先用机械或人工在土中做成桩孔。

② 然后在孔内放入钢筋笼。

③ 灌注桩身混凝土而形成桩身。

④ 最后在桩顶浇筑承台或系梁。

若用钻机成孔，称为钻孔桩；若用人工开挖桩孔，则称为挖孔桩。灌注桩的特点是施工设备简单，操作方便，适用于各种砂性土、黏性土，也适用于碎卵石类土层和岩层。钻孔桩的直径一般为 0.8～3.0 m，其长度可由几米至百米。挖孔桩的直径不宜小于 1.2 m，长度不宜大于 20 m，以便人工挖土。

沉入桩是通过汽锤、柴油锤或振动锤等打桩机械将各种预制好的桩（主要是钢筋混凝土实心桩或管桩，也有木桩或钢桩）沉入或打入地基中所需深度。这种施工方法适用于桩径较小（一般直径在 0.6～1.5 m），地基土质为砂性土、塑性土、粉土、细沙和松散的不含大卵石或漂石的碎卵石类土的情况。

（3）按桩基础传力方式分类

按桩基础的传力方式，桩基础可分为柱桩和摩擦桩。柱状是将桩尖通过软弱的覆盖层以后再嵌入坚硬的岩面，荷载由桩尖直接传到基岩中，桩像柱子一样受力；摩擦桩是当基岩埋藏很深，桩尖不可能达到时，荷载通过位于覆盖层中桩的侧壁与土壤间的摩擦力和桩端部的支承力共同承受的桩基础。桩柱承受力较大，较安全可靠，基础沉降也小，但若岩层埋置很深，就需要采用摩擦桩。由于柱桩和摩擦桩在土中的工作条件不同，其与土共同作用的特点也就不一样，因此在设计计算时所采用的方法和有关参数也不一样。

桩基础承台的平面尺寸和形状，应根据其上部墩台身底面尺寸和形状及其桩的平面布置而定，一般采用矩形和圆端形。承台厚度应保证承台有足够的强度和刚度。一般采用钢筋混凝土刚性承台，承台厚度不宜小于 1.5 m，混凝土强度等级不低于 C20。承台底部需要布置一层钢筋网,确保承台受力均匀,避免在桩顶荷载作用下开裂或破碎。承台与桩之间的连接,靠伸入承台的桩顶主筋来实现,桩身一般亦需伸入承台 10 cm。

桩基础是深基础方案的首选形式。桩基础耗用材料少,施工简便,适用性强。但当上层软弱土层很厚,桩底不能达到坚实土层,需使用较多较长的桩来传递荷载时,桩基础的稳定性稍差,沉降量也较大;当覆盖层很薄时,桩的稳定性也可能存在问题。

2) 沉井基础

沉井是一种历史悠久的施工方法,适用于地基表层较差而深部较好的地层,既可以用在陆地上,也可以用在较深的水中。所谓沉井基础(图 4-31),就是用一个事先修筑好的混凝土井筒,一边挖土,一边靠井筒的自重不断下沉直至设计高程。基本施工工序如下。

① 首先在地面(或人工筑岛)上制作钢筋混凝土沉井底节,底节下部的内侧井壁做成由内向外斜的"刃脚";

② 然后用机械或人工方法挖掘与清除井底土壤,使之不断下沉,沉井底节以上随之逐节接高;

③ 沉井下沉到设计高程后,再以混凝土封底,并建筑沉井顶盖,沉井基础便告完成;

④ 最后在其上修建墩台身。

沉井一般由井壁①、刃脚②、隔墙③、井孔④、凹槽⑤、射水管⑥、封底⑦和盖板⑧等组成,如图 4-32 所示。

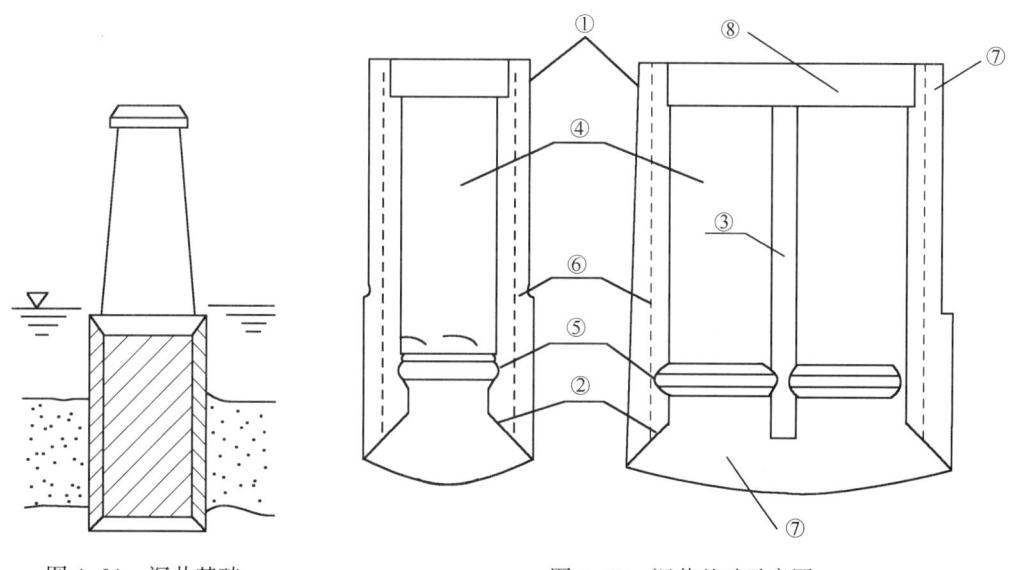

图 4-31 沉井基础　　　　图 4-32 沉井基础示意图

沉井基础是桥梁工程中一种较常见的基础形式,其优点是埋置深度可以很大,整体性强,稳定性好,能承受较大的垂直荷载和水平荷载;沉井即是基础,又是施工时挡土和围水的结构物,施工工艺也不复杂。其缺点是工期较长,对细砂及粉砂类土在井内抽水易发生流沙现象,造成沉井倾斜;沉井下沉过程中遇到大孤石、树干或井底岩层表面倾斜过大,均会给施工带来一定困难。

按下沉方式,沉井基础可分为就地建造下沉的沉井和浮运就位下沉的沉井。按建筑材料，沉井基础可分为混凝土沉井、钢筋混凝土沉井等，桥梁上常用的是钢筋混凝土沉井。沉井按平面形状可分为圆形、矩形及圆端形沉井等。圆形沉井受力好，适用于河水主流方向易变的河流；矩形沉井制作方便，但四角处的土不宜挖除；圆端形沉井兼有两者的特点。沉井基础的平面形状常取决于墩台底面的形状。对矩形墩或圆端墩，可采用相应形状的矩形和圆端形沉井。采用矩形沉井时为了保证下沉的稳定性，沉井的长边和短边之比不宜大于3。当墩的长宽比较接近时，可采用圆形沉井或方形沉井。

思考题

1. 简述高架桥的含义和城市轨道交通高架桥的特点。
2. 简述混凝土拱桥、梁桥和刚性框架桥的优缺点及适用条件。
3. 简述高架桥上部结构的形式及各种形式的特点。
4. 简述高架桥上部结构的组成。
5. 高架桥下部结构包括哪几部分？各自的作用是什么？
6. 高架桥桥墩形式有哪些？柔性桥墩的形式包括哪些？
7. 对比分析重力式桥墩和柔性桥墩的特点。
8. 简述明挖基础的特点。
9. 简述深基础的特点和分类。桩基础的形式包括哪些？各具有什么特点？
10. 简述高架桥设计遵循什么原则？
11. 桥台有哪些类型？对比分析各种桥台的特点。
12. 桥墩的组成包括哪些部分？简述各部分的结构形式的特点。

第 5 章 城市轨道交通车辆段

本章内容简介

本章首先介绍城市轨道交通车辆段的类型、主要功能、线路配置和车辆的检修制度；其次介绍车辆段的规模估算、车辆段选址的技术要点、车辆段平面布置的原则。

本章学习重点

1. 城市轨道交通车辆段的概念、类型和主要作用；
2. 车辆段平面布置的组成和布置形式及其特点；
3. 停车库和检修库的规模估算方法。

5.1 车辆段概述

车辆段是城市轨道交通系统中的一个重要组成部分，是地铁车辆进行停放、运用、检查、整备、维修保养和运用列车事故后救援的重要基地。通常，一条线路可设一个车辆段；线路长度超过 20 km 时可以考虑设一个车辆段和一个停车场。

按照《地铁设计规范》（GB 50157—2003）的规定，地铁车辆段根据分类的依据不同，可以分为以下几类。

① 根据其检修作业范围可分为架修段和定修段。

② 按照作业功能，车辆段可分为车辆综合基地、检修车辆段（简称车辆段，主要包含地铁车辆检修设施）和停车场 3 个等级，车辆综合基地承担着车辆从大修、架修、定临修到日常维修的全部检修任务。检修车辆段承担着车辆定临修以下的检修任务（北京地铁包括架修），停车场只承担车辆的日常停放及列检作业。

车辆段的主要功能体现在以下几个方面。

① 列车在段内调车编组、停放、日常检查、一般故障处理和清扫洗刷、定期消毒等。

② 依据车辆确定的检修周期，定期对车辆进行技术检查，月修，定修，架修和临修试车等作业。

③ 车辆的技术改造或厂修。

④ 车辆段内通用设施及车辆维修设备的维护管理。

⑤ 乘务人员组织管理、出乘计划的编制、备乘换班的业务工作。

⑥ 列车救援功能。列车发生事故（如脱轨、颠覆等）或供电线路中断供电时，能迅速出动救援设备或车辆，将列车牵引至邻近车站或车辆段，并排除线路故障，恢复行车秩序。

根据城市轨道交通线路的情况，有时可以另外设置仅用于停车和日常检查维修作业的停车场或检车区，管理上一般附属于主要车辆段，规模较小，其功能主要如下。

① 列车在段内调车编组、停放、日常检查、一般故障处理和清扫洗刷、定期消毒等。

② 定期对车辆进行维修——月修与临修。

③ 乘务人员出乘、备乘轮班。

5.1.1 车辆段的组成

车辆段主要由股道、道路、运用检修主厂房、辅助生产厂房、生产办公房屋、生活房屋及绿化组成，其平面布置图如图 5-1 所示。

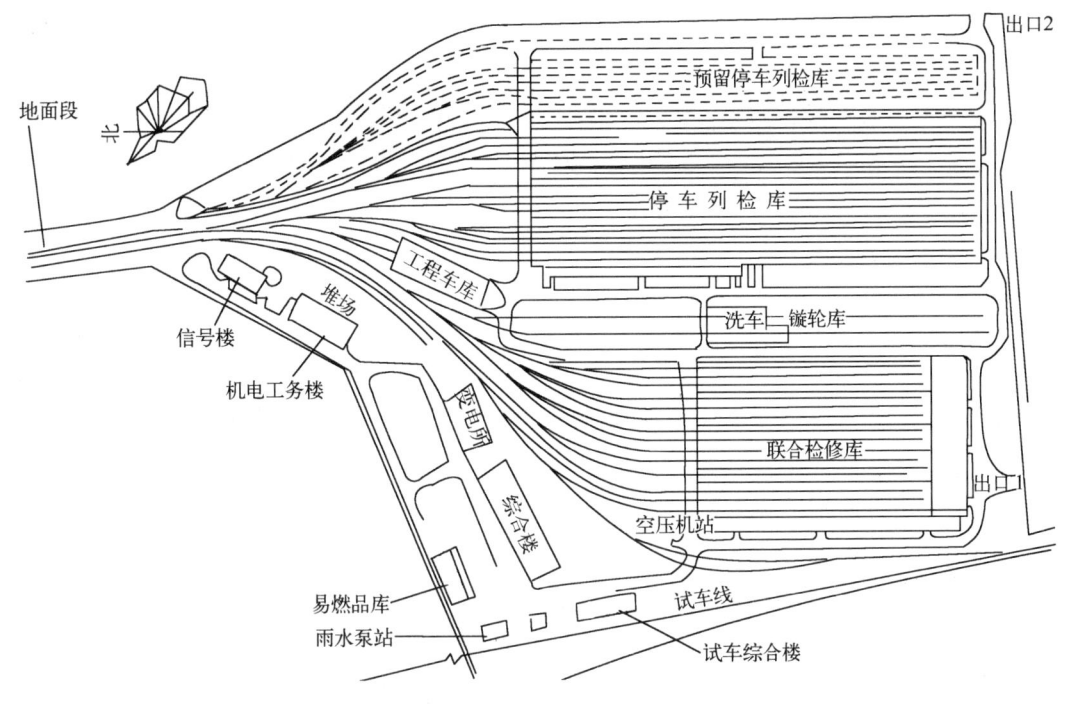

图 5-1 车辆段的组成

① 股道：主要由出入段线、牵出线、试车线、静调线、洗车线、调头线（必要时）、吹扫线、不落轮镟线、停车列检线、月修线、定架修线、大修线、调车机车线、材料线、油漆线（必要时）、特种车辆存放线、备用车存放线等。

② 道路：主要由生产运输通道、消防环行通道及人行通道组成。

③ 运用检修主厂房：主要由停车列检库、月修库、大修库（需要时）、架定修库、洗车库、不落轮镟修库、吹扫库、调机库及综合维修厂房等组成。

④ 辅助生产厂房：主要由变电所、通信信号楼、特种车库、设备维修车间、转向架对修间、空调检修间、车门车窗检修间、受电弓检修间、制动机检修间、污水废水处理站、空压机间、加油站、锅炉房（需要时）、材料库及汽车库等组成。

⑤ 生产办公房屋：主要由车辆段办公综合楼、运用车间办公楼、检修车间办公楼、设备车间办公楼、综合维修中心办公综合楼、材料总库办公楼等组成。

⑥ 生活房屋：主要由司机待乘室、生产人员的更衣休息室、职工食堂、浴室及文化娱乐场所组成。

5.1.2 车辆段的线路配置

车辆段根据生产需要和所承担的任务一般应配置以下线路，如图 5-2 所示。

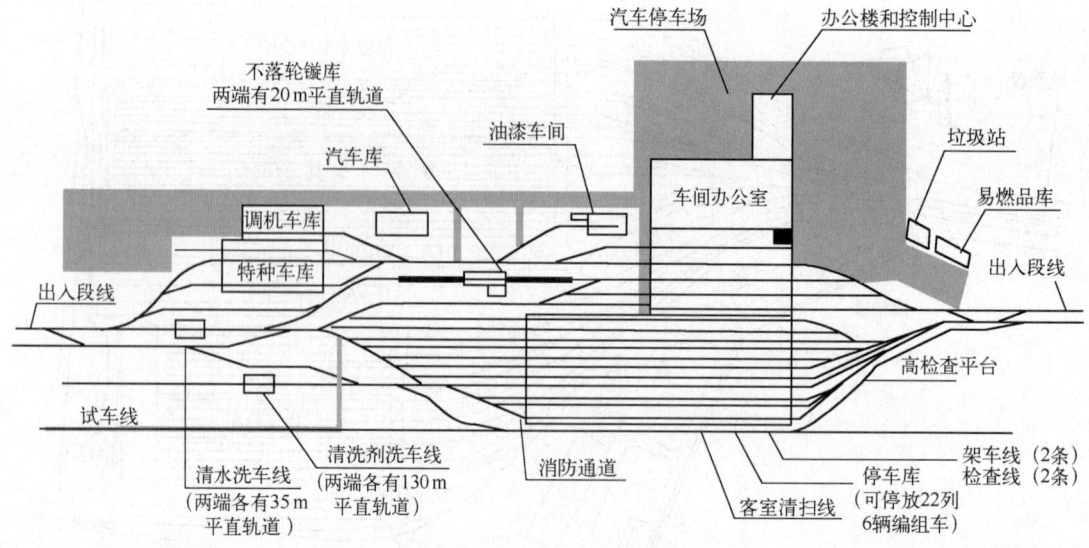

图 5-2 车辆段内部线路组成

1) 出入段（场）线

出入段（场）线是车辆段或停车场与正线的连接部分，是段（场）与正线的过渡线路，专门供列车出入场使用，其有效长度至少保证一列车的停放，一般车辆段应有 2 条出入段（场）线，以使进出列车无相互干扰，或者在信号、道岔等设备出现故障时，不致影响正常运营。

2) 列车停放线

由于城市轨道交通系统不是全日运营，夜间列车须回段停放。列车停放线的数量应按车辆配属数量减去设计的检修列位来确定，使所有列车夜间可以全部回段停放。如果车辆段地理条件受到限制，设计中也可考虑利用始发站、折返站站线夜间停放部分列车，列车停放线设置应结合出入段线的设置，方便列车安全、快捷地出入正线。

3) 维修线

维修线用于车辆各种不同修程的专用线路，包括架修线、定修线、临修线、静调线等。这些线路设有 1.4～1.6 m 深的检修坑道，中间设维修平台，根据需求配有驾车机、悬挂式起重机、转向架、转向盘等设备。

4) 列检作业线

列检作业线主要用于车辆的日常检查，列检作业线的数量一般为运用车数的 30% 计列，并要求设置检查地沟，检查地沟的长度应满足最大列车编组长度，列检作业线应为平直线段。

5) 辅助作业线

辅助作业线是用来辅助维修和列检的线路，包括外皮清洗线、底架清（吹）扫线、油漆线、不落轮镟线。

① 外皮清洗线是为保持运用列车的清洁而设置的线路。

② 吹扫线是为进行列车定修及架修（或大修）作业而设置底架清（吹）扫线，对运行后

的列车底架和车下设备进行清洁，以便列车解体和检修作业。

③ 列车大、架修作业后一般应在油漆线上对车体重新喷漆。

④ 不落轮镟线是保证轨道交通车辆安全运行，提高车辆运行效率的重要设备，对于列车运行过程中因摩擦产生的擦伤、偏磨等不良故障，可以在列车不解体的情况下进行镟轮作业，从而保障列车的安全运行。

6) 试车线

列车经定修、架修或大修后，要求在线路上进行调试和动态试验，检验列车维修后不同速度下的各种工况指标。试车线一般靠近检修库，便于列车上线试验，试车线线路上应设置一段检查地沟。如果段型位置限制，段内无法设置试车线，设计中也可考虑利用夜间停运间隙，在正线上进行动态试验，试车线一般为平直线路。

7) 辅助线路

辅助线路主要包括牵出线、调机停放线、回转线、国铁联络线、救援列车停放线、材料装卸线。

① 牵出线用于车辆段内调车作业，并设置于便于调车作业，能与段内各线路连通的位置。

② 调机停放线用于停放和检修段内配属调车机车。

③ 列车长期运行，会产生轮缘偏磨，在有条件的情况下，可在段内设置回转线，利用列车在段停留时间，上线运行，以平衡轮对偏磨情况。

④ 在有条件的情况下，轨道交通车辆段内要求设置与国铁相连的联络线，沟通轨道交通系统与国铁的联系，用以解决轨道交通系统材料、大型设备的运输和新车入段。

⑤ 救援列车停放线用于停放处理轨道交通系统事故或灾害的紧急救援列车的线路。

⑥ 材料装卸线是将全段使用的原材、备品、备件、工器具等引入材料库区，便于外购设备、材料、备品备件运输的线路。

5.2 车辆段的平面布置

5.2.1 车辆段平面布置的原则

车辆段平面布置应该遵循以下原则。

1) 优先考虑运营

车辆段主要是为运营服务的，而车辆段与运营关系按密切程度排序依次为：出入线、洗车线、停车列检线、月修线、牵出线、调车机车存放线、特种车库存放线、不落轮镟修线、吹扫线。其中以出入线最为重要，因为出入线的布置形式直接关系到正线的运输能力。尽端式车辆段宜采用双线，贯通式车辆段可在两端各设一条单线。一般车辆段应有两条出入段线,以使进出车不互相干扰,或在信号、道岔等设备出现故障时,不至于影响正常运营。

2) 确保检修能力

车辆段的主要功能是车辆的运用整备和车辆及地铁各系统固定设备的检修保养,因此要确保车辆段的保检修能力。地铁车辆的造价昂贵,若车辆段的检修能力跟不上,会直接影响运用车数量,从而影响运营能力,而检修设施的能力主要靠运用检修主厂房和辅助生产厂房的规模及其工艺流程的合理性来保证。

3) 停车检修分区合理

在部分线路较长的场合,车辆段与停车场的确定需要考虑位置分布,以保证运营组织与管理的方便性。

4) 合理布置办公房屋

合理布置办公房屋是指不但房屋面积和位置合理,尽量靠近运用检修中心,而且对于各功能主题的用房在满足管理需要的前提下,能合并的尽量合并成办公综合楼,以减少房屋个体数量。

5) 配备必要的生活设施

必要的生活设施是指根据不同的地点和该地的经济生活水平的高低,以及气候条件来作为职工生活设施配备的依据。

6) 道路与绿化

车辆段内的道路布置在总平面中也很重要,对于车段内的大型建筑在布置前就应考虑铺设运输道路和环行消防通道的条件,各建筑之间应根据需要铺设人行通道,且要求各道路之间应尽量连通。在车辆段无法与国铁接轨时,还应考虑机车、车辆进段条件。绿化应符合国家与本地区有关设计规定。

7) 预留发展余地,用地布置紧凑

在满足近期运营、检修要求的前提下,应使各生产办公房屋布置紧凑,为将来发展留有余地。用地布置需紧凑,以降低建设费用,因为城市轨道交通系统一般都在市区,土地资源稀缺且价格昂贵。

8) 考虑物业开发的条件

地铁多建在城市,城市的土地都是寸土寸金,且占地面积相当大。若业主要求搞物业开发,在做车辆段总平面布置时,一定要在满足车辆运用检修的前提下,为物业开发提供充分的条件。

5.2.2 车辆段的选址

由于城市中用地越来越紧张,车辆段选址也越来越困难,在选址时应考虑以下技术要点。

① 车辆段选址应选在地势平坦,地质良好、无大的水文地质影响的地域,用地相对集中,一般为长方形,应满足一定的长度和宽度要求,以利于线路展线和各种车间、库房的布置。

② 从运营效率来看，车辆段应设在线路中部较好。但是城市轨道交通线路一般都穿越市区，线路中部多为城市中心地区，要征用车辆段那样大规模的用地很困难，所以一般采取把车辆段设置在城市郊外的线路端部。

③ 应尽量将车辆段集中于一处设置，以减少车辆段用地总量。在技术经济合理，城市用地规划许可时，可以使两条线路共用一个车辆段。

④ 车辆段、停车场和折返段三方面总的停车能力应大于本线远期的配属车辆总数。为了便于列车进出，一条停车线存放的列车不应超过两列。

⑤ 车辆段和停车场应尽量靠近正线，且位于容易铺设较顺直的出入线路的位置，以便于车辆迅速进出正线安全、可靠、快捷、经济基地，降低工程造价，改善使用条件。

⑥ 车辆段和停车场的选址应有利于电力线路、各种管道的引入和道路的连接，要充分考虑防火、防水害，周围应有雨、污水排放条件。

⑦ 各车辆段应尽可能与地面铁路专用线相连接，以便于车辆和物资运输，部分车辆段不具备以上条件时，可以通过相邻线路过渡。

⑧ 各车辆段和停车场的任务分工必须从全网着眼，统筹规划，合理布局，有序发展。

⑨ 整个路网车辆的大修任务应集中统一安排，并集中设一处职工培训中心。

⑩ 各综合检修基地及车辆段用地规模应按照规划分工所承担的作业量，并考虑将来技术发展及适当留有余地进行规划。

⑪ 车辆段和停车场用地性质应符合城市规划及环境保护要求，并与周围环境、景观相协调。

车辆段的选址除了要考虑上面的技术条件外，还要考虑经济条件，因此选址时要考虑尽量减少拆迁，少占用农田，建成后尽量减少对周围居民生活和地面交通的影响。

5.2.3 车辆段的规模

确定车辆段的规模首先要应综合考虑城市轨道交通线网及本线的具体情况，通过全面的功能分析，确定本段（场）的功能定位，并在功能定位的基础上，根据车辆特点所采用的车辆检修制度，合理确定检修工作量，同时要结合线路配线和折返要求，扣除线路的停放能力，以正确控制车辆段的设置规模。

1. 车辆检修制度

城市轨道交通车辆检修制式分为两种，一种是厂修、段修分修制，另一种是厂修、段修合修制。

厂修、段修分修制是修建专门的车辆大修厂承担全线网各线车辆的大修任务，而车辆的架修、定修及其以下的修理工作由各线的车辆段承担。这种制式的优点是实行专业化的生产，形成规模效益，有利于提高修车质量，其缺点是在工程建设起始阶段必须同时修建车辆大修厂和车辆段，由于线路网很难再短时间内形成规模，从而导致车辆大修厂任务不足，投资效益难以发挥。这种制式适用于线网规模较大的城市。

厂修、段修合修制是不设专门的车辆大修厂，车辆的大修修理在车辆段内进行。与厂修、段修分修制相比,这种制式可以避免前一制式的缺点,而且还可以减少机械设备的重复投资,提高设备利用率。这种制式适用于线网规模不大的城市。城市轨道交通车辆的检修周期及检修时间标准可见表5-1。

表5-1 城市轨道交通车辆的检修周期和检修时间标准

类别	检修种类	检修周期		检修时间/d
		里程/万km	时间/年	
定期检修	厂修	100～120	10～12	35/32
	架修	50～60	5～6	20/18
	定修	12.5～15	1.5	8/6
日常维修	月检	—	1月	2/2
	列检		每天或双日	—

注:1. 表中分子为近期天数,分母为远期天数;
2. 表中检修时间是按部件互换修确定的。

2. 车辆段规模的估算

车辆段的规模主要由停车库和检修库两大部分的能力决定,再辅以其他的场、库。停车库和检修库的需要能力又取决于城市轨道交通线初、近、远期不同年限的配属车辆数,包括运用车、在修车、备用车的数量。

1) 检修设施规模估算

① 运用车计算。

• 以时间为基准按系统能力以式(5-1)计算运用车列数。

$$N_{y1} = \frac{\frac{2L}{V} \times 60 + T_z}{60} \times \frac{60}{T_0} \tag{5-1}$$

式中:N_{y1}——按系统能力计算的运用列车数,列;
　　　L——线路长度,km;
　　　V——列车旅行速度,km/h;
　　　T_z——线路两端列车折返时间之和,min;
　　　T_0——系统设计的最小行车间隔,min。

• 以式(5-2)按客流计算运用车列数。

$$N_{y2} = \frac{\frac{2L}{V} \times 60 + T_z}{60} \times \frac{P}{S \times M} \tag{5-2}$$

式中:N_{y2}——按客流计算的运用列车数,列;
　　　P——高峰小时单向最大断面客流量,人/h;
　　　S——车辆定员,人/辆;
　　　M——列车编组,辆;
　　　其他符号意义同式(5-1)。

- 以式（5-3）按最低服务水平计算运用车列数。

$$N_{y3} = \frac{\frac{2L}{V} \times 60 + T_z}{60} \times \frac{60}{T_1} \tag{5-3}$$

式中：N_{y3}——按最低服务水平计算运用列车数，列；
T_1——按最低服务水平要求的最小行车间隔，min；
其他符号意义同式（5-1）。

按系统能力计算得到的运用车列数，可以作为远景车辆段用地最大规模控制的基本依据；而按客流需求和按最低服务水平计算得到的运用车列数取其大者，作为确定远期车辆段实施规模的依据。

② 车辆年检修工作量计算公式。采用列车走行公里法计算车辆年检修工作量可以得到较为精确的结果，通常用于初步设计阶段，各修程修检工作量计算公式为式（5-4）～式（5-7）。

厂修：$N_1 = S/L_1$ (5-4)

架修：$N_2 = S/L_2 - N_1$ (5-5)

定修：$N_3 = S/L_3 - N_2 - N_1$ (5-6)

月修：$N_4 = S/L_4 - N_3 - N_2 - N_1$ (5-7)

式中：S——全年车组走行公里（由行车组织专业提供），km；
L_1、L_2、L_3、L_4——厂修、架修、定修、月修的定检公里，km；
N_1、N_2、N_3、N_4——厂修、架修、定修、月修的年检修工作量，列。

③ 检修车数量计算公式。以式（5-8）计算检修车数量。

$$N_j = (N \times t_1 \times c)/d \tag{5-8}$$

式中：N_j——检修车配属数量；
N——全年检修工作量，列；
t_1——车辆检修停修时间，d；
c——工作班制，可采用日勤一班制；
d——全年法定工作天数，251 d。

在检修车数量计算公式中，车辆检修停修时间是影响计算结果的关键参数。车辆检修停修时间表示车辆进入车辆段后各检修修程的作业时间。从车辆检修停修时间的长短可以反映出车辆的维修战略和维修技术水平。

④ 检修列位数计算公式。以式（5-9）计算检修列位数。

$$Q = (N \times t_2 \times a \times c)/d \tag{5-9}$$

式中：Q——检修列位数，列；
t_2——车辆检修库停时间，d；
a——检修不平衡系数，推荐值为，厂修、架修取 1.1，定修、月修 1.2；
其他符号意义同式（5-8）。

在式（5-9）中，车辆检修库停时间是决定检修列位数的关键因素，选用合乎实际情况的车辆检修库停时间才能计算出合理的检修列位数。车辆检修库停时间包括了车辆检修停修时间，还包括了车辆的编组和调试时间。

⑤ 配属车辆数计算公式。以式（5-10）计算配属车辆数。

$$N_p = N_y + N_j + N_b \tag{5-10}$$

式中：N_p——配属车辆数量；

N_b——备用车数量；

N_y，N_j——见式(5-1)～式(5-3)和式(5-8)。

备用车主要是在轨道交通列车发生临时故障时，作为储备列车投入正线运用，其数量的确定应考虑以下因素。

- 尽量减少列车为进行临时检修而出入检修基地的占用时间。
- 当列车发生故障时能尽快地调整运行图，恢复正常运营秩序。
- 每日列车发生故障的概率。

因此，国内一般采用以下备用车计算方法。

- 在轨道交通线路长度 L 小于 20 km 时，备用车数量取 2 列。
- 在轨道交通线路长度 L 大于 20 km 时，每增加 20 km 线路，备用车数量增加 1 列。

2）运用设施规模计算

停车、列检线的规模是决定运用设施规模的关键因素。目前，我国的城市轨道交通车辆一般均停放在车辆段内，因此在计算段内停车、列检线时一般按该段场远期车辆数计算列位。对于通过车站站线、折返线和停车线夜间存放车辆的线路，则运用设施的停车、列检线的规模应根据其所配属车辆数扣除利用站线、折返线和停车线夜间存放的车辆数以式（5-11）计算列位。

$$T = N_y - N_t + N_b \tag{5-11}$$

式中：T——停车、列检列位数，列；

N_y——运用车辆数，列；

N_t——利用站线、折返线和停车线夜间存放的车辆数，列；

N_b——备用车辆数，列。

3）车辆段用地规模

城市轨道交通车辆段的用地规模与城市土地利用密切相关。为了合理使用城市土地，车辆段用地必须符合城市总体规划的要求，与城市土地规划相协调，其设置一般均在城市边缘或城郊结合部，应保留足够的用地面积，布置尽量紧凑，为将来发展留出适当的余地。车辆段的用地规模与其所承担线路的长短、配属的车辆数、布置形式及是否与其他设施综合布置等有关，根据《城市轨道交通工程项目建设标准》，目前车辆段用地指标均按表5-2进行控制。

表 5-2 车辆基地用地面积指标表 $m^2/$年

车型	A、B	LB
车辆基地（厂架修、设备维修）	1 000	900
车辆段（定修段）	900	750
停车场	600	500

注：表中数值用于实施后的用地，作为规划地还应适当留有余地，需要指出的是，该建设标准对城市轨道交通车辆段用地规模的控制指标仍然是偏大的，因此还需要进一步的改进。

3. 车辆段总平面布置的基本形式和特点

按照不同的依据，地铁车辆段的总平面布置形式可以分为以下多种基本形式。

① 地铁车辆段的总平面布置按厂房组合形式可分为分散式和集中式。分散式布置为各主要车间独立设置或集中程度较小，厂房单体面积较小，其优点是厂房面积小、自然采光和通风条件较好、消防设计简单，缺点主要是工艺线路长、占地面积大、线路布置难、不方便管理。集中式布置将性质相近的车间大规模地合并成联合厂房，如将大架修库、定临修库、油漆库、转向架间等合并成检修主厂房，将周检库、月检库、不落轮镟库等合并成运用库。集中式布置的优缺点与分散式布置相反。目前国内外地铁车辆段总平面设计以集中式布置为主。

② 根据地铁车辆段检修段检修库、运用库及停车库等的位置关系，地铁车辆段总平面布置形式一般可分为并列式、纵列式及复合式三种。

- 并列式（图5-3）是三者并联布置，列车在三者之间的转场一般通过牵出线进行。并列式布置的主要优点是布置紧凑整齐、作业集中、占地小、管理方便。缺点是对场地的宽度要求较大，作业工艺不如纵列式布置顺畅，定检车辆的调车作业较多，走行距离长，对列车出入段可能造成干扰，洗车线和试车线布置困难。如北京地铁古城车辆段就是典型的并列式布置方式。

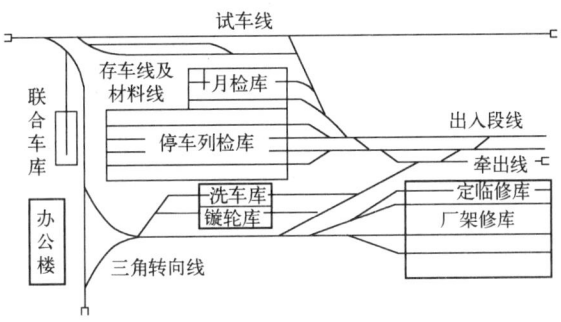

图5-3 并联式车辆段

- 纵列式（如图5-4）为三者串联布置，列车转场一般通过走行线。纵列式的特点是适用于狭长地形，按主出入段方向依次布置停车库、运用库和检修主厂房，也可以将运用库设于停车库前。这种布置分区明确，列车走行顺畅，洗车线和试车线布置容易，缺点是走行线数量较大，而且由于狭长布置，不方便管理，实际运用中较少采用这种布置形式。

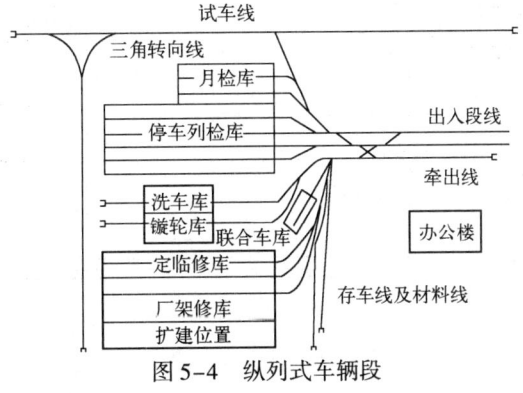

图5-4 纵列式车辆段

- 复合式则为上述两种方式的结合，综合了并列式布置和纵列式布置的优点，对地形的适应性也很强，是普遍采用的总平面布置方式。根据组合方式的不同，复合式布置有两种布置方式，一种是运用库与检修主厂房并列布置，与停车库纵列布置，这种布置的优点是运用检修作业集中，方便管理和零部件的供应，如上海地铁新龙华车辆段；另一种是停车库与运用库并列布置，与检修主厂房纵列式布置，这种布置的优点是出入库较频繁的作业集中在一起，运用和检修分开，带点区和无电区分开，有利于安全作业，如广州地铁1号线车辆段。

③ 根据车辆段内的站段关系，车辆段的站场平面布置形式可分为贯通式和尽端式。贯通式和尽端式车辆段站场平面布置形式的特点如下。

- 贯通式车辆段布置形式（图5-5）的优点是对车辆段的工艺要求相对简单；一般位于城市的边缘，对城区环境污染小；车场只有一个咽喉区，在相同的停车条件下，占地面积小，线路短，铺轨工程量较小。其缺点是只能从一个方向发车，列车出入段灵活性差，咽喉区交叉作业较多。

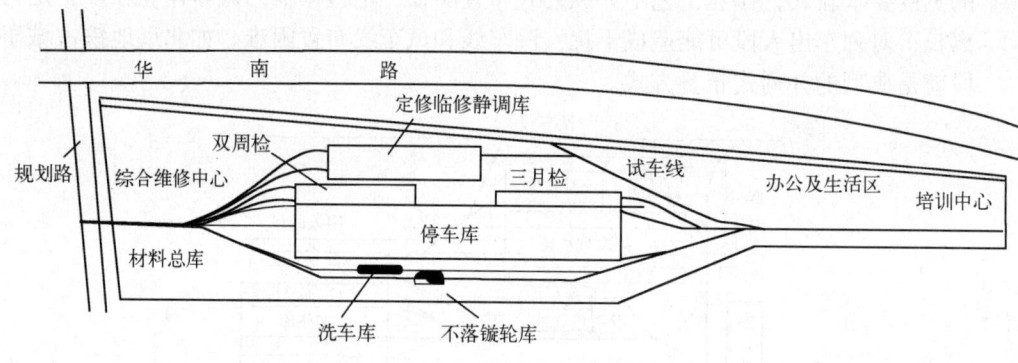

图5-5 贯通式车辆段

- 尽端式车辆段布置形式（图5-6）的优点是可以向两个方向同时发车，两端列车出入段灵活、方便、迅速；段内作业顺畅，咽喉区交叉作业较少。其缺点是对车辆段的工艺要求相对复杂；车场两端都布置了咽喉区，占地较大，线路较长，铺轨工程量较大；段址离城区较近，会对城区产生一定的污染。

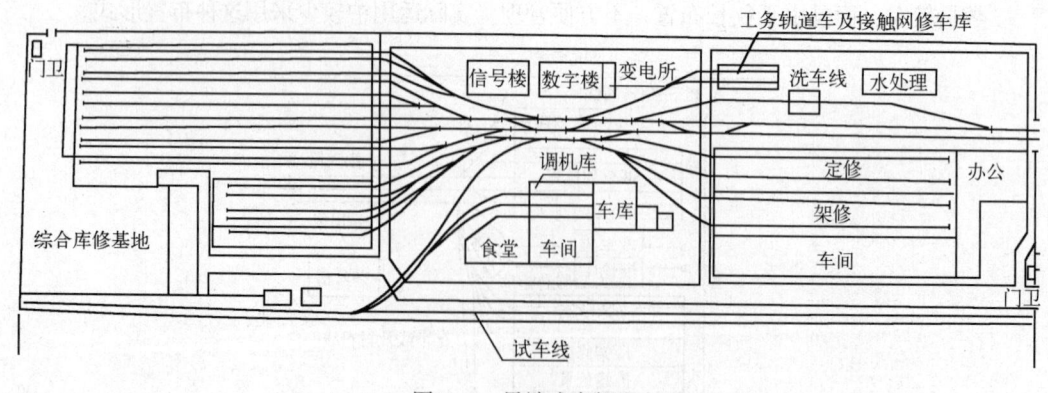

图5-6 尽端式车辆段

地铁车辆段的总平面布置是一项非常重要而又非常复杂的工作，直接影响工程投资和建成后的运用效率，同时又受到城市规划、地形地貌、工程地质、检修工艺和运营模式等因素的制约，在设计时需要根据具体的外部条件和设计规模采用不同的布置形式，并不断对其优化。

4. 车辆段的接轨形式

车辆段出入段要以满足区间通过能力为前提，同时要符合城市规划的总体布局，按照节省工程造价的原则进行设计。车辆段出入线设置双线或单线，应根据远期线路的通过能力计算。贯通式车辆段可在车辆段两端各设一条单线，尽端式车辆段宜采用双线。

车辆段、停车场地址定后，应结合车站条件、车场用地情况，以及相关构筑物的现状统筹考虑其与正线的接轨方式，满足车场收、发车的需要、尽量避免敌对进路对正线运营的干扰。出入段线与正线尽量立交，在确保正线通过能力的前提下可采用平交接轨。在技术可行、经济合理、实施方便，且工程量增加有限的前提下考虑列车调头功能，减少车辆偏磨。

接轨方式按接轨点的不同可分为中部接轨与终端接轨、按与正线的交叉方式可分为平面交叉和立体疏解，具体形式有以下几种（图5-7～图5-14）。

（1）终端接轨。

车辆段设于线路终端，两正线作为出入段线贯通车辆段，如图5-7所示。无论是市内还是城际间的轨道交通、追踪间隔多少，从车辆段在全线中的位置及线路系统工程的追踪间隔及交路等情况分析，车辆段在线路终端接轨对运营来说都是最为理想的接轨方式。比如天津地铁1号线刘园停车场即为这种终端式接轨方式。

（2）中部接轨。

车辆段两出入段线与线路正线在中部接轨，其形式有多种，图5-8～图5-14均为中部接轨。中部接轨还分平交和立交，如图5-12，图5-13所示。

当车辆段设于线路两端而无法采用终端接轨时，根据实际情况可采用图5-8，图5-9所示的2种接轨方式。图5-8中，终点站采用站前折返，车辆段于站前接轨、与正线平面交叉，出入段线与站前折返渡线相结合，列车行至终点站后直接入段，缩短车辆周转时间，减少车辆配置数量，工程投资也较省，适合于追踪间隔较大的轨道交通系统。如南京地铁一期工程小行车辆段即采用这种方式。

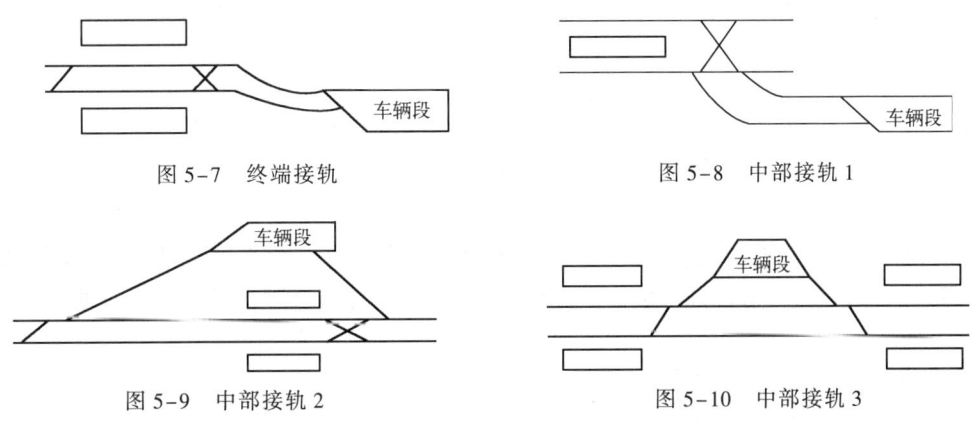

图5-7 终端接轨　　　　　　　图5-8 中部接轨1

图5-9 中部接轨2　　　　　　　图5-10 中部接轨3

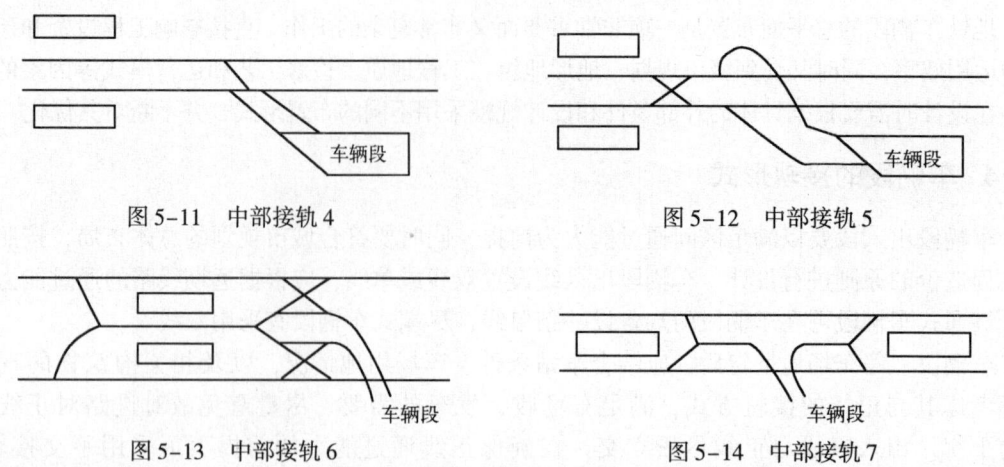

图 5-11 中部接轨 4　　　　　图 5-12 中部接轨 5

图 5-13 中部接轨 6　　　　　图 5-14 中部接轨 7

在图 5-9 中，两出入段线左端与站外区间正线衔接，右端与终点站站后折返线衔接，避免了与正线的交叉干扰，同时增加了车站的折返能力。这种布置形式，运营更为方便、灵活。早晨发车或高峰加车时，左端出入段线可直接发车，故障列车也可及时返库，不必故障运行至终点站后再返库。收车利用右端出入段线入段。本图形在追踪间隔较小的轨道交通系统中优势比较明显，不必进行立交疏解即能满足运营需要，如天津津滨轻轨车辆段即采用这种接轨方式。

在图 5-10 中，左端出入段线发车与正线运营有干扰，需检算后确定能否利用其发车。当系统追踪间隔较大时，两出入段线均可双方向使用，运营灵活。若系统追踪间隔较小，两线固定使用可避免发收车与正线的运营干扰。

在图 5-11 中，出入段线与正线平面交叉，当系统追踪间隔较大，在确保正线通过能力的前提下可采用。其优点是工程投资较省。

在图 5-12 中，出入段线与正线进行了立交疏解，解决了发、收车与正线的交叉干扰问题。适合系统追踪间隔较小，接轨方向线路较长，客流较多，另一方向线路较短，客流较少或接轨方向线路较短而另一端有停车场的车辆段。如广州地铁 2 号线赤沙车辆段即为这种接轨方式。

在图 5-13 中，两出入段线并行与正线立交，接轨车站采用为三线式双岛式站台，两出入段线均具备向两正线 4 个方向发、收车条件，且不干扰正常运营。虽然这种接轨方式运营上非常灵活方便，适应能力强，但车站规模较大，工程投资较高。

在图 5-14 中，设"八"字出入线与正线立交，两线双方向使用，上下行发收车均较顺，与正线形成三角线，具备调头功能，在不增加较多投资的基础上很好地解决了车辆的偏磨问题。适合于追踪间隔较小，车辆段两端客流较均衡的轨道交通系统。

当然车辆段与正线的接轨方式还有其他不同形式。设计中应结合实际情况，兼顾与相关道路、管线、建筑物、周边环境的关系，做到技术可行，经济合理，运营安全方便。

思考题

1. 简述车辆段的概念和作用。
2. 简述车辆段的组成及车辆段的线路配置。
3. 简述检修车数量计算公式及各个符号所代表的意义。
4. 简述检修列位数计算公式及各个符号所代表的意义。
5. 简述配属车辆数计算公式各个符号所代表的意义。
6. 简述运用设施规模计算公式及各个符号所代表的意义。
7. 车辆段总平面布置的按照车辆段内的站段关系分为哪些基本形式，其各自的特点有哪些？
8. 简述车辆段平面布置的原则。
9. 车辆段的接轨形式有哪几种？
10. 已知地铁线路长度 30 km，列车旅行速度 40 km/h，线路两端列车折返时间之和为 120 min，系统设计的最小行车间隔为 10 min，试计算该地铁按系统能力计算的运用列车数为多少列？
11. 已知地铁线路长度 30 km，列车旅行速度 40 km/h，线路两端列车折返时间之和为 120 min，按最低服务水平要求的最小行车间隔为 8 min，试计算该地铁按最低服务水平计算的运用列车数为多少列？

第6章 城市轨道交通车站

本章主要内容

　　本章主要介绍城市轨道交通地面、地下、高架车站的建筑结构形式，包括4节内容。第1节介绍城市轨道交通车站的概念、作用、分类及城市轨道交通车站组成、总平面布局；第2节介绍地下车站的类型、结构形式、地下车站站位和总平面布局设计；第3节介绍高架车站的类型、结构形式及建筑设计；第4节介绍地面车站的形式及其平面布局设计。

本章学习重点

　　1. 按车站运营性质、按与地面的相对位置、按车站换乘形式城市轨道交通车站的分类；
　　2. 车站的总平面布局，车站的位置及规模；
　　3. 地下车站的特点，各种地下车站类型的优缺点；
　　4. 明挖法、矿山法、盾构法施工地下车站的结构形式特点；
　　5. 地下车站的站厅、站台和出入口设计；
　　6. 各种高架车站类型的特点；
　　7. 高架车站的结构类型。

6.1 概述

城市轨道交通车站是指位于轨道交通线网的线路上，为旅客乘坐轨道交通提供服务的基本设施，如图 6-1 所示。城市轨道交通车站是乘客集散和乘降的场所，是全线最重要、最复杂的部分，是城市轨道交通的重要组成部分，是连接其他交通的枢纽，是未来城市发展的核心地区。城市轨道交通车站是集当代新科技和现代化运营管理与建筑艺术于一体的建筑，通过地铁车站建筑艺术的创作，可以表现、塑造城市的风格。此外，城市轨道交通车站设计的优劣，不仅影响到运营效益和运送旅客的质量，而且影响到城市文明建设和市容市貌。

图 6-1　某城市轨道交通车站

城市轨道交通车站是城市轨道交通路网中最复杂的一种建筑物，不仅具备供乘客上下车和换乘的基本功能，而且还具有以下作用。

① 城市轨道交通车站是城市轨道交通交通线的重要组成部分，保证旅客方便、安全、迅速的进出站。

② 城市轨道交通车站是吸引客流和疏散客流为旅客提供乘车服务的基本设施，为旅客提供舒适、清洁的环境。

③ 城市轨道交通车站是连接其他交通的枢纽，便于促进城市交通的发展。

④ 城市轨道交通车站集中容纳了很大一部分的技术设备和运营管理系统，以保证城市轨道交通的安全运行。

一个轨道交通线网的社会效益、经济效益的高低，在很大程度上取决于车站位置的选择、规划设计的合理与否,以及轨道交通线路之间的换乘、与其他城市交通方式衔接顺畅与否。轨道交通车站设计时,首先应确定车站在现有城市轨道交通路网中的确切位置;在车站位置确定之后,根据客流量及其站位特点,结合车站规模、平面布置、合理的站内客流流线、地面客流吸引及交通方式的转换等方面来综合考虑车站的设计问题。

6.1.1 车站分类

城市轨道交通车站根据其运营性质、与地面的相对位置、埋深、结构断面形式、结构换乘形式等的不同进行分类。

1. 按车站运营性质分类

(1) 中间站

中间站仅供乘客上下车之用,功能单一,是地铁线网中最常用、数量最多的车站。如北京地铁 10 号线中的苏州街站、知春里站、西土城站等(图 6-2)。

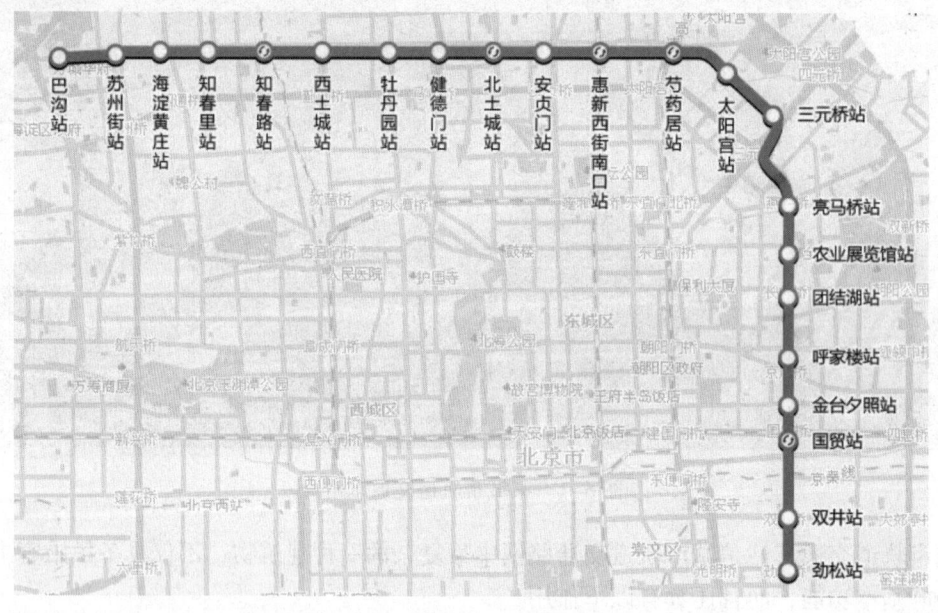

图 6-2 北京地铁 10 号线线路示意图

(2) 区域站

区域站是设于两种不同行车密度交界处的车站,站内设有折返线和折返设备。即中间折返站,短交路列车在此折返。如北京地铁 10 号线太阳宫站等。

(3) 换乘站

换乘站是位于两条及两条以上线路交叉点上的车站。除具有中间站的功能外,还可让乘客在不同线路上换乘。如北京地铁 10 号线知春路站、北土城站、惠新西街南口站、芍药居站、国贸站等。

(4) 枢纽站

枢纽站是由此站分出另一条线路的车站。该站可接送两条线路上的列车。如北京地铁10号线北土城站,从其中分出地铁8号线线路。

(5) 联运站

联运站是指车站内设有两种不同性质的列车线路进行联运及客流换乘。具有中间站和换乘站的双重功能。一般来说,换乘站皆可作为联运站。

(6) 终点站

终点站是设在线路两端的车站。就列车上下行而言,终点站即始发站。终点站设有可供列车全部折返的折返线和设备,也可供列车临时停留检修。如北京地铁10号线巴沟站和劲松站。

2. 按与地面的相对位置分类

① 地下车站:车站结构设置于地面以下的岩层或土层当中,如图6-3(a)所示。

② 地面车站:车站结构设置于地面,如图6-3(b)所示。

③ 高架车站:车站结构设置于地面高架桥上。分为路中设置和路侧设置两种,如图6-3(c)所示。

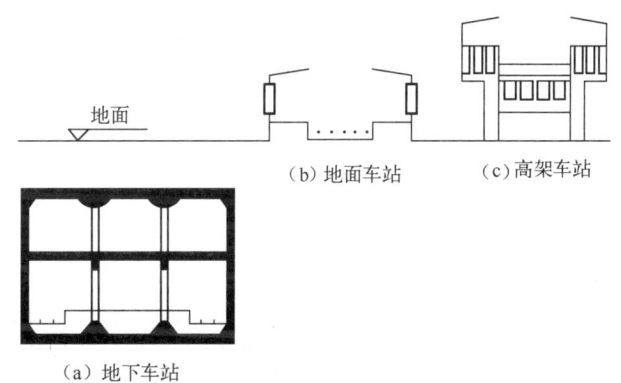

图6-3 按车站与地面相对位置划分车站

3. 按车站的埋深分类

地铁车站的埋深是指车站内轨顶面至地面的垂直距离。通常规定,当该距离大于25 m时为深埋车站,而小于15 m时为浅埋车站。

① 浅埋车站:车站结构顶板位于地面以下的深度较浅。

② 深埋车站:车站结构顶板位于地面以下的深度较深。一般设在地面以下稳定地层或坚固地层内。对于地面道路为方格网状的城市来说,地铁如果采用深埋方式,应考虑对角线方向的线路,恰好可以弥补地面交通网的布局缺陷。

4. 按车站结构横断面形式分类

车站结构横断面形式主要根据车站埋深、工程地质、水文地质条件、施工方法、建筑艺术效果等因素确定。车站结构横断面形式见图6-4,主要分为以下4种。

① 矩形：矩形断面是车站中常见的形式，一般用于浅埋、明挖车站。车站可设计成单层、双层或多层；跨度可选用单跨、双跨、三跨及多跨形式。

② 拱形：拱形断面多用于深埋或浅埋暗挖车站，有单拱和多跨连拱等形式。单拱断面由于中部起拱较高，两侧拱脚相对较低，中间无柱，因此建筑空间显得高大宽阔，可以得到理想的建筑艺术效果。明挖车站采用单跨结构时也有采用拱形断面的。

③ 圆形：圆形断面多用于深埋或盾构法施工的车站。

④ 其他：主要有马蹄形、椭圆形等。

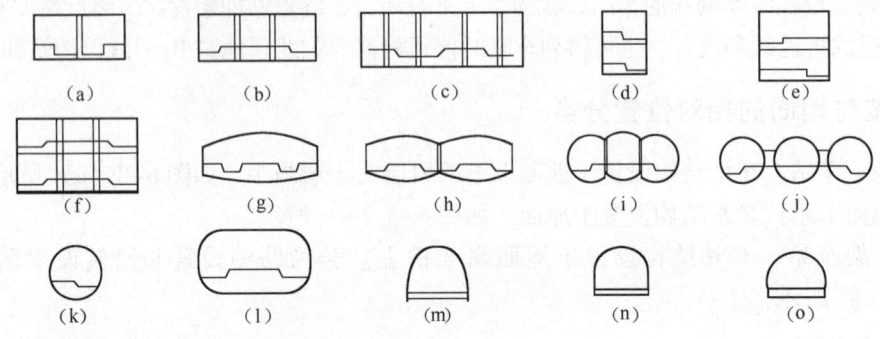

图 6-4　车站结构横断面形式

5. 按站间的换乘形式分类

1）按乘客换乘形式分类

（1）站台直接换乘

站台直接换乘有 2 种方式。一种是指 2 条不同线路分别设在一个站台的两侧，甲线的乘客可直接在同一站台的另一侧换乘乙线；另一种方式是指乘客由一个车站的站台通过楼梯或自动扶梯直接换乘到另一个车站站台的换乘方式，多用于 2 个车站相交或上下重叠。当 2 个车站位于同一个平面时，可通过天桥或地道进行换乘。这种换乘方式线路最短，换乘高度最小，方便乘客节省换乘时间，如图 6-5 所示。

图 6-5　站台直接换乘车站

(2) 站厅换乘

乘客由某层车站站台经楼梯、自动扶梯到达另一个车站站厅的付费区内,再经楼梯、自动扶梯到达站台的换乘方式。多用于相交的 2 个车站。站厅换乘的换乘线路较长,提升高度较大,并需设自动扶梯,增加用电量和造价成本。如北京地铁宣武门站,换乘方式即为站厅换乘,乘客可从 4 号线的站厅层,通过 4 条与 2 号线相连接的换乘通道进入 2 号线站台层,如图 6-6 所示。

图 6-6 站厅换乘车站

(3) 通道换乘

2 个车站不直接相交时,相互之间可采用单独设置的换乘通道进行换乘。换乘通道的位置应尽量设置在车站中部,远离车站出入口,避免与出入站客流交叉干扰,换乘客流不必出站即可直接进入另一车站,如上海地铁 9 号线经宜山路站换乘 4 号线,即为通道换乘,如图 6-7 所示。但该种换乘由于增加通道,造价成本较高。

图 6-7 通道换乘车站

2）按车站换乘形式分类

①"一"形换乘：2个车站上下重叠设置构成"一"形组合。站台上下对应，双层设置，便于布置楼梯，自动扶梯，换乘方便，如图6-8（a）、图6-8（b）所示。

②"L"形换乘：2个车站上下立交，车站端部相互连接，在平面上构成"L"形组合。在车站端部连接处一般设站厅或换乘厅。通常也可将2个车站相互拉开一段距离，使其在区间立交，这样可以减少2站间的高度，减少下层车站的埋深，如图6-8（c）所示。

③"T"形换乘：2个车站上下立交，其中一个车站的端部与另一车站的中部相连接，在平面上构成"T"形组合。2个车站间亦可相互拉开一段距离，以减少下层车站的埋深。北京地铁雍和宫就采用了这种换乘方式：环线车站与另一车站上下立交，站台直接换乘，乘客通过环线车站一端的换乘楼梯直接下到另一车站的站台，减少换乘时间，如图6-8（d）所示。

④"十"形换乘：2个车站在中部立交，在平面上构成"十"形组合。同时采用了站台直接换乘的方式。北京地铁复兴门换乘车站就采用了这种换乘方式：环线车站与另一线车站上下中部直接立交，2站间换乘楼梯均设在2站相交部位的站台上，乘客经换乘楼梯直接上下，换乘线路时间均最短，如图6-8（e）所示。

⑤"工"形换乘：2个车站在同一平面平行设置时，通过天桥或地道换乘，在平面上构成"工"形组合。"工"形换乘车站亦采用站台直接换乘的方式，如图6-8（f）所示。

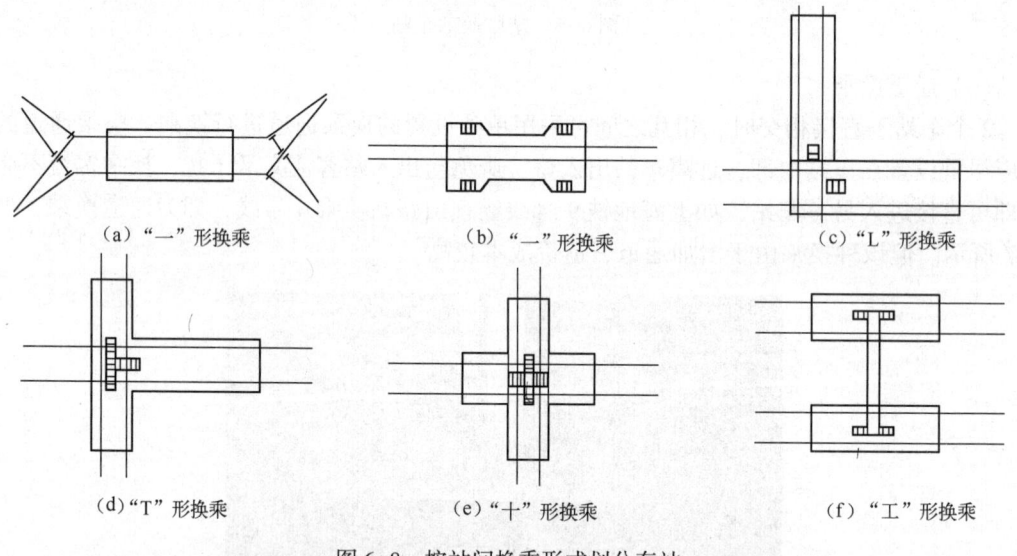

(a) "一"形换乘　　(b) "一"形换乘　　(c) "L"形换乘

(d) "T"形换乘　　(e) "十"形换乘　　(f) "工"形换乘

图6-8　按站间换乘形式划分车站

6.1.2　车站组成

城市轨道交通车站由车站主体、出入口及通道、通风道及地面通风亭（仅地下车站）等三大部分组成。车站主体是列车在线路上的停车点，其作用是供乘客集散、换乘，又是轨道交通运营设备设置的中心和办理运营业务的地方。车站主体根据其功能的不同,通常分为四个大部分,如表6-1所示。此外,出入口及通道是供乘客进、出车站的建筑设施。通风道及地面通风亭的作用是保证地下车站具有一个舒适的地下乘车和运营环境。

表6-1 车站主体组成部分

组成部分	主要包括内容	作用及功能	布设位置
乘客使用空间	站厅、站台、出入口、售票处、通道、检票口、问讯、公用电话、小卖部、楼梯、自动扶梯及垂直电梯、公共卫生间、无障碍公厕等	车站的主体部分,直接为乘客服务的场所	布设在离乘客较近处
运营管理用房	站长室、行车值班室、业务室、广播室、会议室、公安保卫、清扫员室等	保证车站具有正常运营条件和运营秩序而设置的办公用房	布设在临近乘客使用空间的地方
技术设备用房	环控室、变电所、综合控制室、防灾中心、通信机械室、信号机械室、自动售检票室、泵房、冷冻站、机房、配电值班室、FAS、BAS、AFC室、工区用房、附属用房等	整个车站正常运营的核心,保证列车正常运行,保证车站内具有良好环境条件及在事故灾害情况下能够及时排除灾情	布设在离乘客较远的地方
辅助用房	更衣室、休息室、茶水间、储藏室、盥洗间等	保证车站内部工作人员正常工作和生活	布设在站内工作人员使用区域内

此外,根据城市轨道交通运营的要求,车站运营用房布置如表6-2所示。

表6-2 车站运营用房布置

房间名称	面积/m²	布置位置
行车主值班室	15~20	位于下行线一侧或道岔咽喉处
行车副值班室	8~10	位于上行线一侧
信号设备室	30	位于主副值班室中间
信号值班室	15	位于设备人员工作间
站务室	10~15	站厅层
会计室	20~30	站厅层
站长室	10~15	站厅层,接近车站控制室
车站控制室	25~35	站厅层客流量最大一端
保卫室	15	站厅层客流量较大一端
清扫工具间	6	站台层、站厅层各一处
盥洗室	8	接近茶水间设置
休息室	15	位于地面或地下
厕所间	8	位于站厅或站台层
售票处	6	位于站厅层
问讯处	3	接近售票处设置
补票处	3	位于付费区内
公用电话	2	站厅层
票务室	10~15	3~4站设一处

续表

房间名称	面积/m²	布置位置
备用间	15	站厅或站台层
牵引变电所	40	位于站台某一侧
降压变电所	40	位于站台某一侧
主控制室	30	位于以变电为中心布置的一侧
蓄电池室	30	
整流器室	30	
值班及工具室	30	

6.1.3 车站的总平面布局

城市轨道交通车站的总平面布局主要解决车站的位置及规模，同时根据车站所在地周围的环境条件、城市有关部门对车站布局的要求，依据选定的车站类型，合理的布设车站出入口、通道、通风道和通风亭等设施，以便使乘客能够安全、迅速、方便地进出车站。同时还应正确地处理好地铁车站、出入口及通道、通风道及地面通风亭等与城市建筑物、道路交通、地下街道或天桥、绿化带等的关系，使之相互协调，相互统一。如图6-9所示。

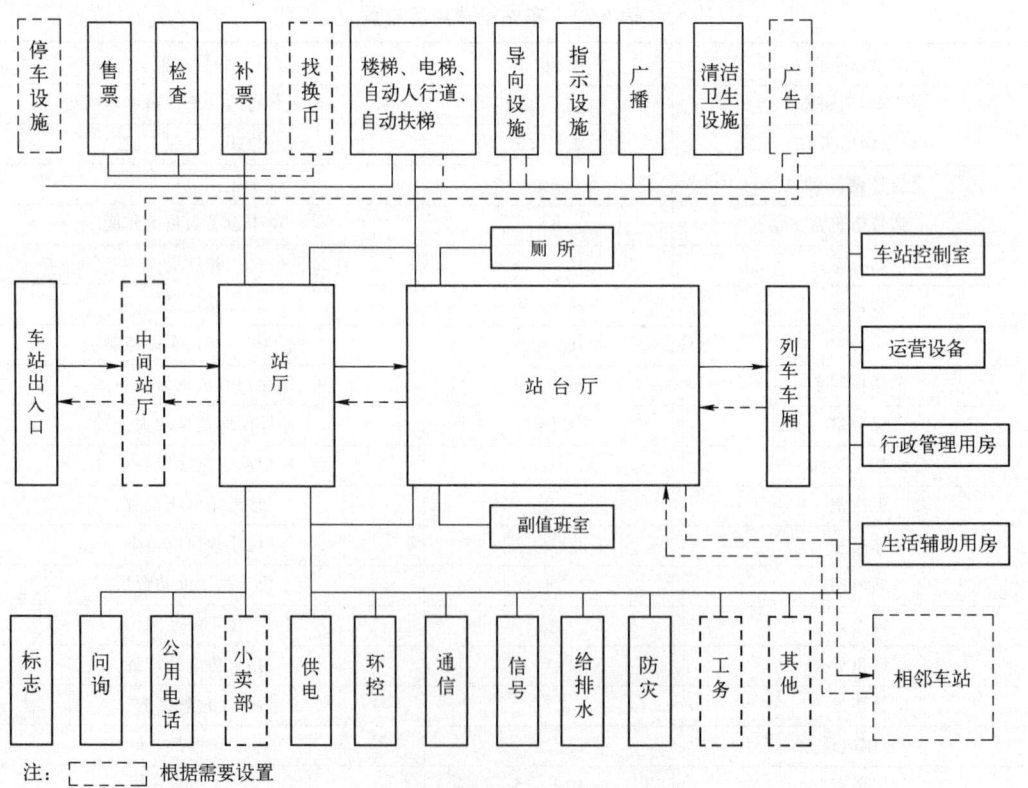

注：┌ ─ ─ ┐ 根据需要设置

图6-9 车站总平面布局图

车站布局应符合以下规定。

① 车站总体设计要注意与周围环境的协调，与城市景观、地面建筑规划相协调。

② 车站站址要满足城市规划、城市交通规划及轨道交通路网规划的要求，综合考虑该地区的地下管线、工程地质、水文地质条件、地面建筑物的拆迁及改造的可能性等情况合理选定。

③ 车站的规模与布局设计要满足路网远期规划要求。其站台长度、宽度、容量必须满足远期的旅客乘降和疏散要求；其布局设计应有效地组织人流集散，力求换乘路径便捷，减少乘客换乘距离，给乘客带来便利。

④ 选择合适的车站形式，因地制宜并结合地面物业布置车站各类设备的空间，减少用地面积及空间规模，降低造价。

⑤ 车站设备及管理用房区应根据各系统工艺和相互接口联系要求进行综合协调、合理布置。灵活布置地下和高架车站的设备用房，有条件的地方可与邻近建筑物合建。车站的站台、站厅、楼梯、通道和出入口，应设置无障碍服务设施。

⑥ 贯彻"以人为本"的思想，解决好通风、照明、防灾等问题，以提供乘客安全、快捷和舒适的乘降环境。

1. 车站的位置

车站位置通常应设在客流量大、并且便于乘客乘降的地方，使其能最大限度地吸引客流。不但方便地铁各线的换乘，也能方便与其他公交系统的换乘。要满足城市综合交通枢纽的功能性质要求，同时还应考虑到客流换乘条件、集散方式及集散量。

此外，应当根据具体情况来确定站间距离。站间距离太短会降低运营速度，增大能耗，配车数量，增加工程投资；站间距离太长会增大车站负荷，不便于乘客进行换乘。因此，在市区人口稠密、客流集散点多的区域，站间距离应短些；在建筑稀疏、客流集散点少的区域，站间距离应长些。从我国已有的线路来看，站间距离在市区多为 1.0～1.5km 左右，郊区不大于 1.5～2.0km，见表6-3。

表6-3 我国地铁线路站间距离

城市	线别	线路运营长度/km	车站数/个	平均站间距/m
北京	一线西段	16.87	12	1 534
	环线	23.01	18	1 278
天津	一期工程	7.4	7	1 100
上海	一线中段	15.67	13	1 306
广州	一线	17.97	16	1 198

一般来说，车站按纵向位置分为跨十字路口、偏路口一侧、两路口之间3种设置方式；按横向位置分为道路红线内外2种设置方式，如图6-10所示。

① 跨十字路口设置方式，如图6-10（a）所示。车站跨主要路口的相交十字路口，并在路口各角都设有出入口，乘客从任何入口均可进入地铁，保证乘客的安全，减少了路口处人、车交叉，与地面公交线路衔接顺畅，方便乘客换乘。北京地铁一、二期工程车站均采用

了这种方式。

② 偏路口一侧设置方式，如图 6-10（b）所示。车站不易受路口地下管线的影响，减少了车站埋深和施工对路口交通的干扰及地下管线的拆迁，降低了工程造价。不足之处在于乘客集中于车站的一端，降低了车站的使用功能，增加了运营管理的困难。上海地铁 1 号线一期工程的车站均采用这种方式。

③ 两路口之间设置方式，如图 6-10（c）所示。当两路口都是主路口且相距较近时（小于 400 m），横向公交线路且客流量较多时，车站均采用这种方式。

④ 道路红线外侧设置方式，如图 6-10（d）所示。车站建于道路红线外侧的建筑区内，可避免破坏路面和减少地下管线的拆迁，减少对地面交通的干扰，充分利用城市地面的土地。温州市地铁车站多采用了该种方式。贴近道路红线内侧设置站位一般很少采用。

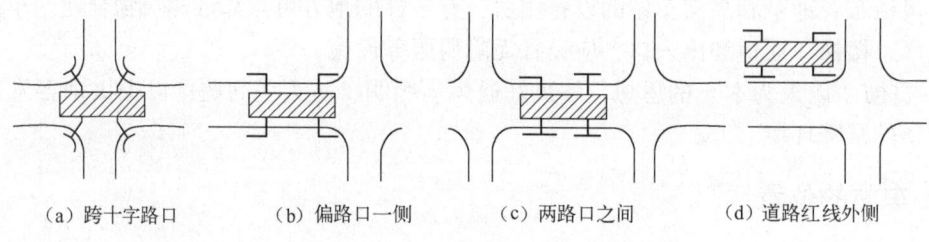

(a) 跨十字路口　　(b) 偏路口一侧　　(c) 两路口之间　　(d) 道路红线外侧

图 6-10　车站位置与路口关系图

2. 车站的规模

车站规模主要指车站外形尺寸大小、层数及站房面积多少等。车站规模主要根据本站远期预测高峰小时客流量、所处位置的重要性、站内设备和管理用房面积、列车编组长度及该地区远期发展规划等因素综合考虑确定。此外，车站规模除满足远期高峰小时预测客流集散量和运营的需要外，还应满足事故发生时乘客紧急疏散的需要。由于城市中心区的客流量多于市郊区的客流量，城市中心又是城市经济、政治、文化的中心，因此，车站的规模应有所区别。

车站规模一般分为 3 个等级，如表 6-4 所示。车站规模的大小直接影响地铁工程造价的高低。规模太大，不经济；规模太小，不能满足客运的需要和长期的发展。因此，确定车站规模等级至关重要。

表 6-4　车站规模等级适用范围

规模等级	适 用 范 围
一级站	适用于客流量大，地处市中心区的大型商贸中心、大型交通枢纽中心、大型集会广场、大型工业区及位置重要的政治中心地区
二级站	适用于客流量大，地处较繁华的商业区、中型交通枢纽中心、大型文体中心、大型公园及游乐场、较大的居住区及工业区
三级站	适用于客流量小，地处郊区各站

6.2 地下车站

6.2.1 概述

地下车站是指车站结构位于地面以下的重要建筑物,是旅客上下车及换乘的集散地点,是列车始发和折返的场所。图 6-11 为某城市的地下车站。

图 6-11 某城市的地下车站

地下车站的主要功能是要解决客流的集散、换乘,同时保证整条线路中的技术设备运转、信息控制、运行管理,以确保交通的通畅、便捷、准时和安全。城市轨道交通运输效率的高低很大一部分决定于车站的合理设计与否,其优缺点如表 6-5 所示。

表 6-5 地下车站的优缺点比较

优 点	缺 点
① 节约城市用地 ② 有良好的防护功能,战时可考虑作为避难场所	① 空间封闭、狭长。空间封闭给人们带来闭塞和压抑的感觉,往往使乘客的识别性能降低 ② 站内噪声大。由于站内空间封闭,建筑装修材料吸声系数小,声反射强度大 ③ 站内湿度大 ④ 发生火灾等灾害后扑救困难 ⑤ 采用机械通风、人工照明 ⑥ 施工比较复杂

此外，地下车站具有以下地下建筑的特征。

① 为了使结构安全、施工方便及节约投资，其形体必须简单、完整。

② 没有自然光线，必须全部靠人工采光。

③ 为保证地下空间环境的安全和舒适，设有庞大的空调、通风设施。

④ 为保证客流安全、顺畅、快捷集散，设有众多鲜明的指示标牌和消防设施。

⑤ 地面出入口通过地下通道与地下车站连接，出入口地下部分要采取人防措施，在地面上设有通风亭建筑。

地下车站是人流相对集中的交通建筑，所以在设计中必须有序地组织人流进站、出站及其换乘，满足客流高峰时所需的各种面积规定及楼梯、通道等的宽度要求，上下楼梯位置的设置能均匀地接纳客流，另外要有足够的设备用房和管理用房，以满足技术设备的布置及运行管理的要求，使车站具有完善的使用功能。

6.2.2 地下车站分类

地下车站根据其功能及地形环境等的不同可分为不同的形式。

(1) 侧式站台车站

侧式站台车站指站台设在上下行车线的两侧，既可相对布置，也可相错布置。乘客中途折返需通过天桥或地道，其特点是适用于规模较小的车站，客流不交叉且折返需经过联络通道，可不设中间站厅，管理分散，可延长站台长度，如图 6-12 (a) 所示。

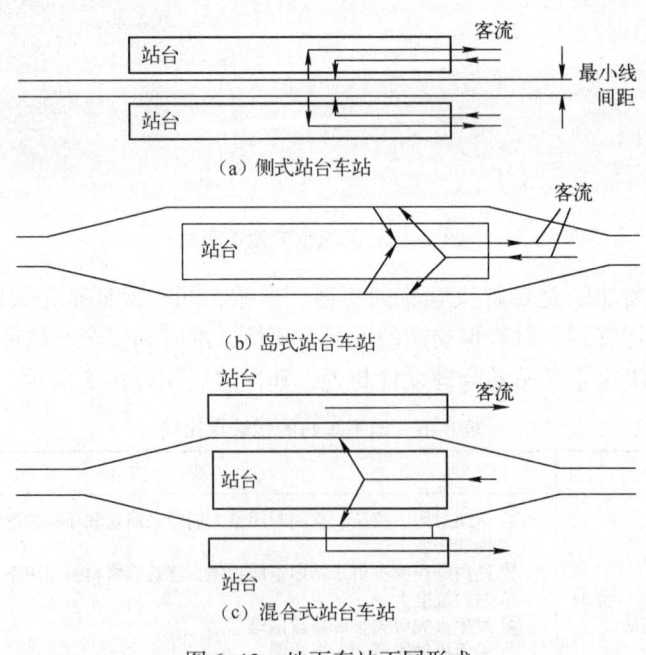

图 6-12 地下车站不同形式

(2) 岛式站台车站

岛式站台车站指站台设在上下行车线路之间，乘客中途折返同时使用一个站台，适用于规模较大的车站，如终点站、换乘站，其特点是折返方便，集中管理，需设中间站厅进入站台，站台长度固定。岛式站台与侧式站台的主要区别在于需要用桥式中间站厅解决交通问题。如图 6-12（b）所示。

(3) 混合式站台车站

混合式站台车站指将岛式站台与侧式站台相结合的形式，常用于规模更大的地铁车站，如区域站、大型立交换乘站。其特点是乘客可同时在两侧上车，能缩短停靠时间，折返方便。如图 6-12（c）所示。

岛式站台与侧式站台的优缺点比较见表 6-6 所示。

表 6-6 岛式站台与侧式站台的优缺点比较

比较项目	岛式站台	侧式站台
站台使用	站台面积利用率高，可调节客流，乘客有乘错车的可能	站台面积利用率低，不可调节客流，乘客不易乘错车
站厅设置	站厅与站台的设置不在同一高度上，站厅跨过线路轨道	站厅与站台可设置在同一高度上，站厅不可以跨过线路轨道
站内管理	管理集中，联系方便	管理分散，联系不便
乘客中途折返	乘客中途改变乘车方向比较方便	乘客中途改变乘车方向不方便，需经天桥或地道
改扩建难易性	改扩建时，延长车站困难，技术复杂	改扩建时，延长车站较容易
站内空间	站台站厅空间宽阔完整	站台站厅空间分散
喇叭口设置	需设喇叭	不需设喇叭
造价	高	低

6.2.3 地下车站的结构类型

地下车站应根据车站规模、运营要求、地面环境和地质条件等因素来选择合理的结构形式。车站结构净空尺寸应满足车站建筑、设备、使用及施工工艺等技术要求，同时还应考虑施工误差、测量误差、结构变形、沉陷等因素的影响。地下车站按不同的施工方法分为明挖法施工车站结构、盖挖法施工车站结构、矿山法施工车站结构及盾构法施工车站结构等。

1）明挖法施工的车站结构

明挖法施工车站结构一般采用矩形框架结构，根据功能要求，可以设计成为单层、双层、单跨、双跨、多层、多跨等形式。明挖法施工的车站，施工方法简单、技术成熟、工期短、造价低、便于使用，适用于环境要求不太高的地段。

明挖法施工车站结构一般由底板、侧墙及顶板等围护结构和楼板、梁、柱等内部构件组合而成，如图 6-13 所示。根据受力的不同，顶板可采用单向板、井字梁式板、无梁板或密肋板等形式；底板主要按受力和功能要求设置，均采用以纵梁和侧墙为支撑的梁式板结构；侧墙多采用以顶、底板及楼板为支撑的单向板；其立柱一般采用钢筋混凝土结构，其柱距一般取 6～8 m。

2）盖挖法施工的车站结构

盖挖法施工车站结构一般也采用矩形框架结构，盖挖法施工的车站，是通过打桩或连续墙支护侧壁，加顶盖恢复交通后在顶盖下开挖，灌注混凝土进行施工，如图 6-14 所示。其特点在于在地面交通繁忙时尽可能小的影响交通，但施工难度稍大。

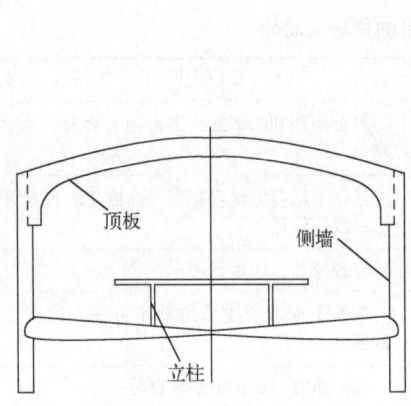

图 6-13 明挖法施工车站结构

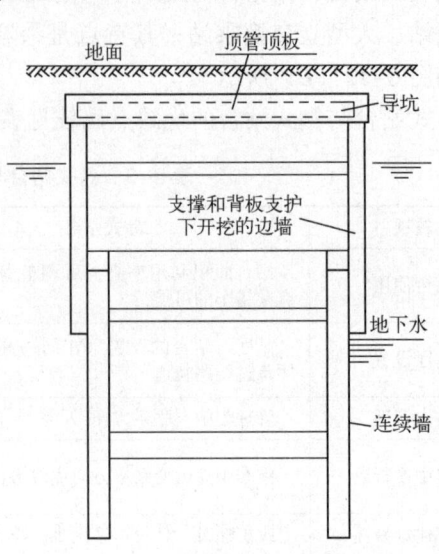

图 6-14 盖挖法施工的车站结构

3）矿山法施工的车站结构

矿山法施工的车站结构一般采用拱形结构（图 6-15），根据其地层条件的不同，可采用单拱式、双拱式或三拱式车站，根据需要可设计为单层或双层。其开挖断面一般为 150～250 m²。这种车站一般位于岩石地层，在松软地层中，施工难度和土建造价要高于明挖法车站。

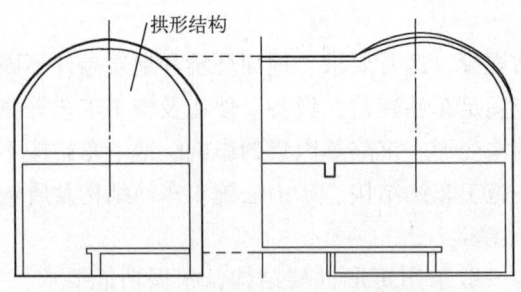

图 6-15 矿山法施工的车站结构

4）盾构法施工的车站结构

盾构车站的结构形式与所采用的盾构类型、施工方法和站台形式等密切相关。近年来开发的多圆盾构等新型盾构,进一步丰富了盾构车站的形式。盾构车站的结构形式可大致分为以下几种。

① 两圆形隧道组成的车站。这种盾构车站施工简单、造价低,适用于道路较窄和客流量较小的车站。一般每个隧道都设有1条轨道和1个站台,如图6-16所示。两隧道的相对位置主要取决于场地条件和车站的使用要求,多设于同一水平。在车站两端或车站中部,两隧道之间设有斜隧道以供乘客进出车站。

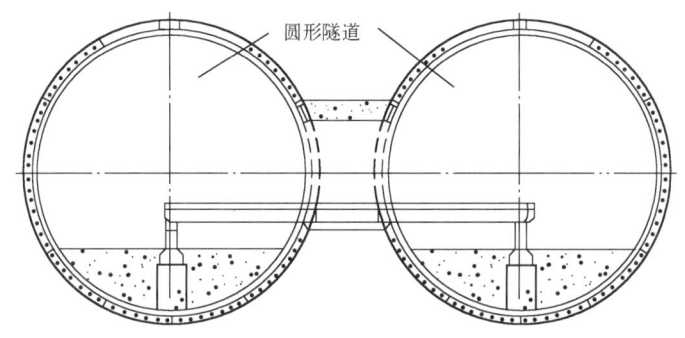

图 6-16　盾构法施工的车站结构

② 三拱塔柱式车站。这种盾构车站施工也较为简单,总宽度较大,适用于工程地质和水文地质条件较差的地段。车站由并列的3个圆形隧道组成,两侧为行车隧道并在其内设置站台,中间为集散厅,用横向通道将3个隧道连成一体。

③ 立柱式车站。这种盾构车站施工工序多,工程难度大,造价较高,具有总宽度较窄、能满足大客流量的优点。传统的立柱式车站为三跨结构,针对其存在的问题,日本开发了"多圆形盾构"。这种新型盾构经组装或拆卸后,可用于车站隧道的施工,车站断面一次开挖成型。

以上这些盾构车站结构,均需按要求设计和加工专用盾构,所需费用较大,一般在一条线多个车站使用盾构才经济合理。我国关于盾构施工的研究起步晚,进一步加强这方面的研究是我国工程技术人员的艰巨任务。

6.2.4　地下车站的建筑设计

地下车站的建筑设计,应做到功能合理、技术先进、使用方便,极大地体现出"以人为本"的设计理念,力争给乘客创建一个优美、舒适的乘车环境和地下空间。应根据车站功能使用要求,合理组织站内客流线路,安排房间位置,布设站内设施,确定车站规模、类型,选定结构形式。其地面站房、出入口及风亭的设计均需结合所在地区城市规划,做到简洁、大方,与周围环境相协调。出入口应考虑兼顾市政过街功能,出入口的数量应根据车站情况并按照车站远期预测客流量计算确定,一般不宜少于4个。车站出入口通道总宽,应以车站远期预测超高峰小时乘降量进行计算确定,与自动扶梯或楼梯相连的通道宽度必须与其通过能力相匹配,兼作城市过街道的,其宽度应根据过街客流量加宽，同时确保在灾害情况下紧急疏散的要求；车站出入口和风亭应尽量与周围建筑相结合，充分考虑城市景观的要求，出地面的出入口、风亭的体积应尽量小，造型力求美观，与周围的建筑风格协调。

1. 地下车站的设计原则

① 根据车站规模、类型及平面布置，合理组织客流线路，划分功能区分。在组织客流线路时，应考虑以下原则。

- 乘客与站内工作人员通勤线路应分开。
- 进出站客流线路应尽量避免交叉和相互干扰。
- 乘客购票、问讯及使用公用设施时，不应妨碍客流通行。
- 换乘客流与进出站客流线路分开。
- 当地铁与城市建筑物合建时，地铁客流应自成体系。

② 车站一般宜设在直线段上。

③ 车站公用区应划分为付费区和非付费区，且应进行分隔。进出站检票口应分设。采用单一票制时，换乘通道应设在付费区内。

④ 车站的站厅、站台、出入口通道、人行楼梯、自动扶梯、售检票口（机）等部位的通过能力应按该站远期超高峰客流量确定。超高峰设计客流量为该站预测远期高峰小时客流量（或客流控制时期的高峰小时客流量）乘以 1.1～1.4 超高峰系数。

⑤ 适当采用隔、吸声措施。有噪声源的房间应远离有隔声要求的房间及乘客使用区；对有高音质要求的房间，均采取隔、吸声措施。

⑥ 有条件时，车站应考虑采用无障碍通行的设计。

2. 站厅设计

站厅，是上下车的过渡空间，其作用是组织、分配客流，将出入口进入的乘客迅速、安全、方便地引导到站台乘车及将下车的乘客引导至出入口出站。站厅内需设置售票、检票、问讯等为乘客服务的各种设施，便于乘客办理上下车手续。此外，站厅内设有地铁运营、管理用房。设备管理用房基本分设于车站的两端，并呈现一端大、另一端小的现象，中间留出作站厅公共区，有利于客流均匀的通向站台候车。

站厅层公共区设计：站厅层公共区布置应满足功能分区要求，尽量避免进、出站及换乘人流线路之间的相互干扰。

主要解决客流出入的通道口、售票、进出站检票、付费区与非付费区的分隔等问题及站厅与站台的上下楼梯与自动扶梯的位置等。

站厅的位置：与车站埋深、客流集散情况、所处环境条件等因素有关。站厅的布置有以下 4 种，如图 6-17 所示。

① 站厅位于车站一端。这种布置方式常用于终点站，且车站一端靠近城市主要道路的地面车站。

② 站厅位于车站两侧。这种布置方式常用于侧式车站。适用于客流量不大的车站。

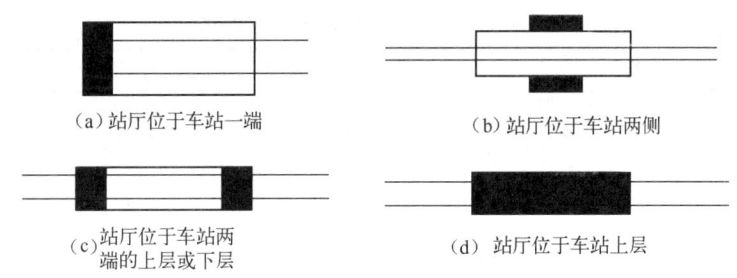

图 6-17 站厅与车站位置设置

③ 站厅位于车站两端的上层或下层。这种布置方式常用于地下岛式车站及侧式车站站台的上层,高架车站站台的下层。适用于客流量较大的车站。

④ 站厅位于车站上层。这种布置方式常用于地下岛式车站及侧式站台。适用于客流量很大的车站。

3. 站台设计

站台是供乘客上下车及候车的场所。根据站址地理条件、站内列车型号、车辆编组情况、客流预测等基本信息,确定车站和站台的结构形式及尺寸。另外,站台设计还应满足车站各设备用房协调工作的要求,同时也应满足乘客候车及紧急疏散的要求。站台层布设有楼梯、自动扶梯及站内用房。当前国内外地铁车站所采用的站台形式绝大多数为岛式站台与侧式站台两种。站台主要尺寸按以下方法确定。

1) 站台长度

站台长度分为站台总长度和站台有效长度 2 种。站台总长度是根据站台层房间布置的位置及需要由站台进入房门的位置而定,是指每侧站台的总长度。站台有效长度是指远期列车编组总长度与列车停站时允许的停车不准确距离之和(设置在站台层两端的设备和管理用房,必要时可伸入站台计算长度内,但不应超过半节车厢长度,且不得侵入侧站台计算宽度,并应满足距梯口的距离不小于 8m)。则站台长度 L 以式(6-1)计算。

$$L = s \cdot n + m \tag{6-1}$$

式中:s——列车每节长度(包括挂钩),m;

n——列车联挂节数;

m——列车停站不准确距离,m,通常取 1~2m。

日本规定站台有效长度为列车编组总长度加 10m,如东京地铁 5 号线、8 号线和 10 号线地铁车站长度均为 210~220m,列车采用 10 节编组,最长的为大手町站,其站台长度为 230m。我国北京地铁 1 号线站台有效长度按 4 节车辆编组,长度多为 125m。

2) 站台宽度

站台宽度主要根据车站远期预测高峰小时客流量大小、列车运行间隔时间、结构横断面形式、站台形式、站房布置、楼梯及自动扶梯位置等因素综合考虑确定。为了保证车站安全运营和安全疏散乘客的基本需要,《地铁设计规范》(GB 50157—2003)中规定了车站站台的最小宽度尺寸,如表 6-7 所示。

表 6-7　车站站台的最小宽度尺寸　　　　　　　　　　　　　　　m

名　称	最小宽度
岛式站台	8
岛式站台侧站台	2.5
侧式站台（长向范围内设梯）的侧站台	2.5
侧式站台（垂直于侧站台开通道口）的侧站台	3.5
通道或天桥	2.4
单向公共区人行楼梯	1.8
双向公共区人行楼梯	2.4
与自动扶梯并列设置的人行楼梯（困难情况下）	1.2
消防专用楼梯（兼疏散梯）	0.9
站台至轨道区的工作梯	1.1

3）站台高度

站台高度是指线路走行轨顶面至站台地面的高度。站台高度的确定主要根据车厢地板面距轨顶面的高度而定。车站各部位的最小高度如表 6-8 所示。

表 6-8　车站各部位最小高度　　　　　　　　　　　　　　　　m

名　称	最小高度
站厅公共区（地面装饰面至吊顶面）	3
地下车站站台公共区（地面装饰面至吊顶面）	3
地面、高架车站站台公共区（地面装饰面至风雨棚）	2.6
站台、站厅管理用房（地面装饰面至吊顶面）	2.4
通道或天桥（地面装饰面至吊顶面）	2.4
人行楼梯和自动扶梯（踏步面沿口至吊顶面）	2.3

4. 车站出入口设计

车站出入口的主要作用为吸引和疏散客流，与其所服务的半径范围内的居民人口数量有密切关系，因此，出入口的总设计客流量，应该按该站远期超高峰每小时的客流量乘以 1.1～1.25 的不均系数来计算。

1）出入口位置、数量设计原则

车站出入口的位置，最好选择在沿线主要街道的交叉路口或广场附近，尽量扩大服务半径，方便乘客。其出入口的数量要视客运需要与疏散要求而定，不得少于 2 个，且在街道两侧均应设车站出入口。车站若位于十字交叉口处，出入口数量以 4 个为宜，布置在交叉口的四角，便于乘客从不同方向进出。同时，车站出入口设计平面示意图如图 6-18 所示，应考虑以下原则。

① 车站出入口布置应与主要客流量的方向一致，建筑形式应考虑当地的气候条件和城市文化背景，应与城市公共交通接驳方便。

② 地下车站与商场共建时，宜分层、分隔设置。若车站出入口与地面建筑结合，应具备对建筑物倒塌的防御能力。车站出入口应与城市地下人行道、地下街、地下商场等相结合或连通，统一规划，同步或分期实施建设。

③ 车站出入口与地面建筑物之间应采取防火措施。大型地下车站的主要设备用房区内，应单独设置一个直达地面的消防、救援专用入口。在一般车站，经过分析论证，可利用靠近主要设备区的直达地面的独立出入口合并兼用。专用入口位置应靠近城市道路。

④ 车站出入口必须设置有特征的地铁统一标志，以引导顾客上下行。

⑤ 车站出入口宽度应根据平面布置及结构状况确定，其最小宽度应不小于 2.4 m，净高不小于 2.4 m。

⑥ 出入口地下通道或换乘通道的长度大于 100 m 时，应满足紧急疏散的消防要求。

⑦ 在严寒地区，出入口地面和楼梯应采取防冻、防滑措施。

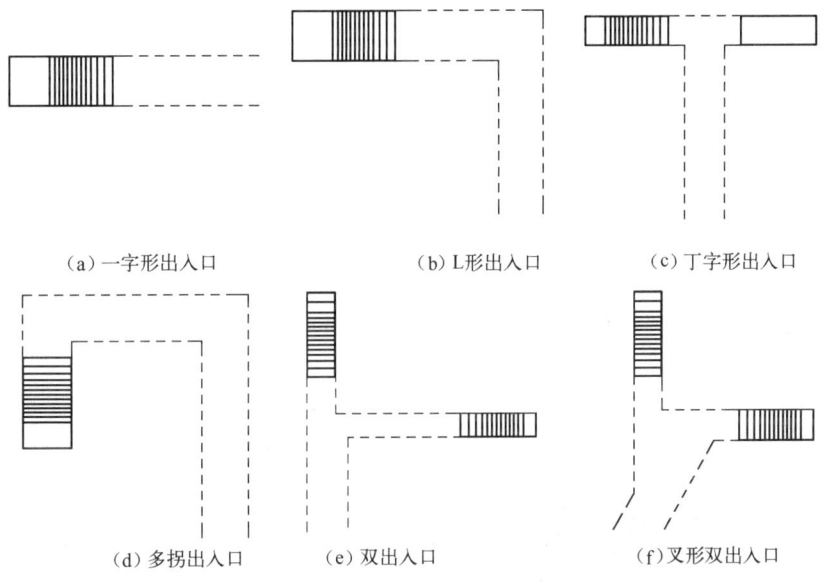

图 6-18　车站出入口平面类型示意图

2) 出入口通道设计

出入口通道宽度应根据各出入口已确定的客流量及通道通过能力经计算确定。出入口通道内若设有楼梯踏步或自动扶梯，设置楼梯或自动扶梯处的出入口通道宽度应根据其通过能力加宽。地下车站宜采用地道式出入口通道，高架车站宜采用天桥式出入口通道。此外，对于地下和高架车站，一般应考虑无障碍设计，设置供残疾人使用的专用垂直电梯或坡道，但其斜坡道的最大坡度不得超过 8%，最小宽度不得小于 1.6 m。

5. 车站主要设施设计

1) 客流通道口

客流通道口主要位于站厅层的公共区，分左右两侧布置，有利于地面道路两侧出入口的均匀布置。有时车站位于地面十字交叉道路的下面，站厅通道通常以通向地面道路交叉口的

4个方向布置。通道口的通行总宽度必须大于站台至站厅楼梯（包括自动楼梯）的总宽度，以利于灾变时紧急疏散。根据地铁设计规范规定，通道口最小宽度不能小于2.4 m。

2) 楼梯、自动扶梯及电梯

在客流不大的车站，当两地面高度差在6 m以内时，一般采用人行楼梯；大于6 m时，考虑乘客因高度差较大，行走费力，宜增设自动扶梯。

在客流量较大的车站，自动扶梯是最便利、最迅速的垂直运输设备。在《地铁设计规范》(GB 50157—2003)中规定，自动扶梯的设置倾斜角度为30度，有效净宽为1.0 m，设计通过能力不大于9 600人每小时。车站出入口的提升高度超过6 m时，宜设上行自动扶梯；超过12 m时，还需设下行自动扶梯。站厅层供乘客至站台层使用的自动扶梯应设在付费区内。有无障碍设计要求及在车站站房区内，站厅层至站台层之间宜设垂直电梯，以方便残疾人并运送站内小型机具及设备。

乘客使用的楼梯踏步高度宜采用135～150 mm，宽度宜采用300～340 mm，一般多采用高150 mm，宽300～320 mm。人行楼梯每梯段不应超过18步，不得少于3步。休息平台长度为1 200～1 800 mm。人行楼梯最小宽度单向通行时为1 800 mm，双向通行时不小于2 400 mm。当楼梯净宽度大于3 600 mm时，中间应设栏杆扶手。踏步至顶板的净高不应低于2 400 mm。楼梯栏杆的高度不宜低于1 100 mm。

3) 售检票设施

售检票设施是指乘客使用的售、检票系统。各国地铁车站售、检票可分别按通过的人数来计算。自动售票机设置的位置与站内客流线路组织、出入口位置、楼梯及自动扶梯布置有密切的关系，应沿着客流进站方向纵向设置。售票口、自动售票机应布设在便于购票、比较宽敞的地方，尽量减少与客流线路的交叉与干扰。售票处距离出入通道口和进站检票处的距离大于等于5 m，出站检票处距离楼梯口的距离应大于8 m。

6.3 高架车站

6.3.1 概述

高架车站是指车站结构设置于地面高架桥上的重要建筑物。高架车站作为一种经济、实用、高效、安全的车站形式，不但具有地下车站的通用特征，而且高架车站还具有以下特点。

① 相对于地下车站而言，高架车站造价较低，建设周期较短。在地面以上建设，建造速度快，更加适应卫星城市发展的需要。

② 相对于地面车站而言，高架车站较为高效和实用，占用地面的面积相对较少。对城

市地块的分割作用较弱，对城市规划的影响程度较小。

③ 相对于地下车站而言，高架车站主要存在三大问题，即振动、噪声和对城市景观的负面影响。

④ 在城市设计中，高架车站与周边区域的建筑景观与空间设计是展现人文景观和城市面貌的重要元素。

图 6-19 为某城市高架车站外观。

图 6-19　某城市高架车站外观

城市轨道交通高架车站的设计涉及面广，投资比重大，是轨道交通设计的重点。高架车站的设计与地下车站的设计类似。站址选择应该满足轨道交通线路设计及运营管理要求，要考虑城市公共交通组织和城市规划的要求。然后对高架车站总平面布局、建筑功能、建筑外观造型与空间环境及建筑节能设计等方面进行系统的分析研究。在增进城市轨道交通的运营效益的同时美化城市景观，以取得显著的经济、社会和环境的综合效益。

6.3.2　高架车站分类

轨道交通高架车站按照不同的分类原则可以分为不同的类型，不同的类型适应于不同的具体条件。

① 按建筑层数分可分为二层车站、三层车站、多层车站。

② 按与运行线路的位置关系可分为中间站和终点站。

③ 按配线形式可分为标准站、折返站。

④ 按换乘性质可分为一般站、换乘站。

⑤ 按与城市道路的位置关系可分为平行跨路站、路侧站（地块边缘或地块中间）、垂直跨路站。

⑥ 按站台形式可分为侧式车站、单岛式车站、双岛式站台车站、一岛一侧站台车站、

一岛两侧站台车站。本章着重介绍后面2种分类类型。

1. 按与城市道路的位置关系分类

轨道交通高架车站按其与城市道路的位置关系分类,可以将高架车站分为:平行跨路站、路侧站(地块边缘或地块中间)、垂直跨路站。高架车站与道路的平面位置关系如图6-20所示。

① 平行跨路站:车站位于城市规划道路中间上空,与城市道路平行布置,这种形式的高架轨道交通较为高效和实用,占用地面的面积也相对较少,同时由于位于规划道路中间的隔离绿化带中间,避免了大量的建筑拆迁,对城市地块的分割作用较弱,与城市规划的结合更加紧密。但由于高架车站位于城市中突出的位置,四周视线通畅且无遮挡,更加需要重视其建设对城市景观带来的负面影响。

② 路侧站:车站位于路侧地块边缘或地块中间,这种形式适用于城市道路较窄,线路敷设路中对城市道路行车环境影响较大和路中设站相对困难的地段,其优点是车站形式布置灵活,对城市道路干扰小。不足之处是线路及车站均布设于路旁地块,对一侧地块的影响较大,需结合轨道交通线路留设一定宽度的绿化隔离带。

③ 垂直跨路站:车站位于城市规划道路十字路口上空,这种形式的地铁站位于城市节点的位置,对城市景观的影响较大。

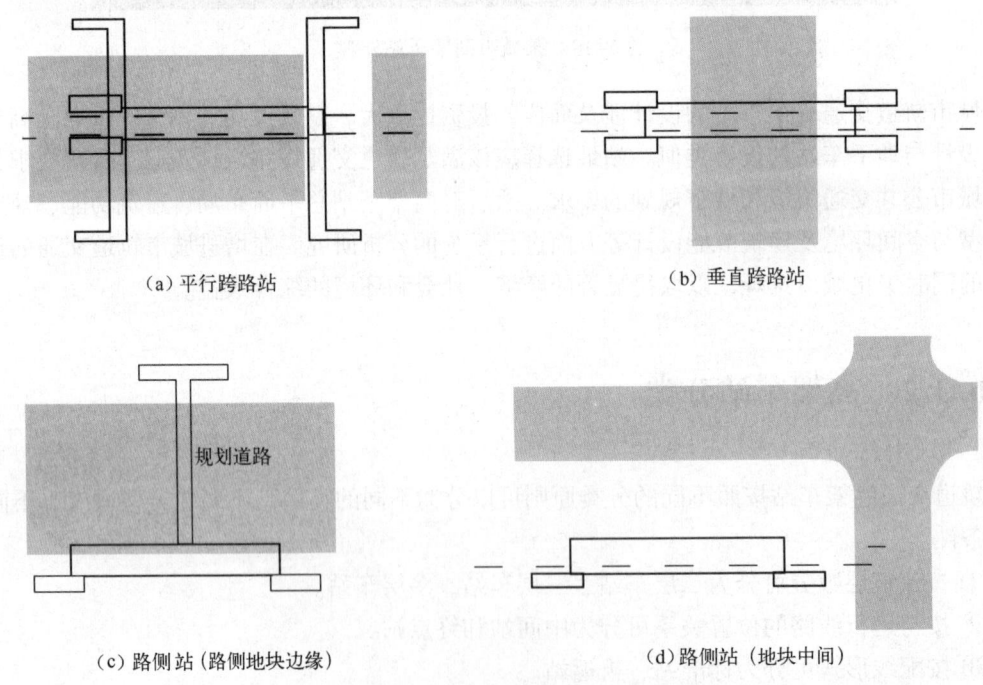

图 6-20 高架车站与城市道路的位置关系

2. 按车站站台形式分类

高架车站站台形式的确定涉及线路、区间结构和车站等各项设计,直接影响到用地、环境、经济、运营及服务水平,其形式的确定要结合线路形式、区间结构桥墩的布设、桥型的选择、周边地块的用地性质及周边环境、运营及服务水平和经济性等方面综合分析比较而确定。高架车站按照站台形式可分为岛式站台、侧式站台,具体形式如图 6-21 所示。岛式与侧式站台的特点比较如表 6-9 所示。

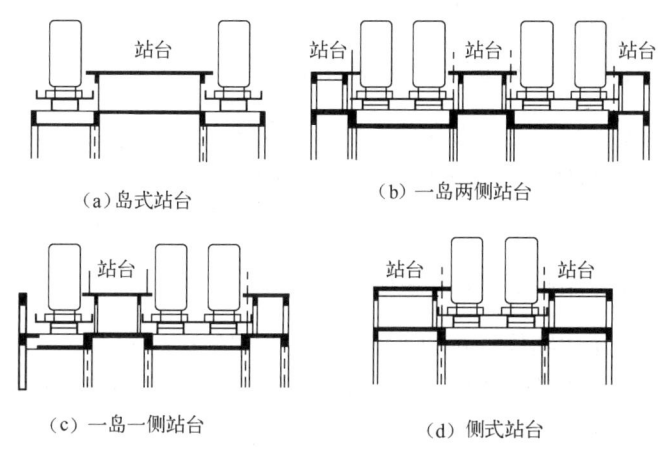

图 6-21 高架车站站台基本形式剖面图

表 6-9 侧式站台与岛式站台的特点比较

比较项目	侧式站台高架车站	岛式站台高架车站
车站的管理与使用	站台被上下行线分开,车站管理不便,需设两站台之间的联络通道,乘客使用不太方便,两侧站台适用于单侧客流量不大的车站,不利于朝夕客流较大的车站	上下行线的站台合二为一,车站便于管理,站台面积利用率高,能灵活调剂客流、乘客使用方便
与区间的关系	采用侧式站台时,车站与区间的线间距相同,区间线形较好,轮、轨磨损小,车辆、线路的养护、维修费用低,乘车舒适度较高,有利于区间结构的标准化,适应本线对工期的要求	采用岛式站台时,车站与区间的线间距不同,车站两端需采用反向曲线调整线间距,形成喇叭口,增加线路的曲线段,因而区间线形较差,轮轨磨损程度高,车辆、线路的养护维修费用高,乘车舒适度有一定的影响。异型构件多,施工工期较长
高架车站的景观、环境	车站与区间连接平顺、自然,桥墩布置规则,对区间桥梁的景观影响较小,区间墩型、梁型标准化程度高	由于岛式车站线间距的加大,双线桥墩的设计将分成两条单线桥墩,桥墩布置不规则,桥墩数量增加,增加大量的异型梁,桥梁的阴影面增加,影响区间桥梁的景观
经济比较	采用侧式站台,每侧站台均布置 2 部楼梯 2 部扶梯,与岛式站台扶梯数量相同,可满足使用要求,不增加设备投资	采用岛式站台,区间线路曲线数增加,高架区间双线桥改为单线桥,桥墩增加使桥梁投资增加,征地增加,总投资增加

6.3.3 高架车站的结构类型

高架车站属地上高架结构,轨道列车运行于结构最上层。高架车站既不是单一的房屋结构,也不是单一的桥梁结构,而是桥梁和房建融合在一起的结构体系。作为一种新的结构形式,应根据结构类型、使用条件、载荷特性、环境条件、施工工艺、盾构施工筹划等条件进行,满足施工、运营、城市规划、防火、防灾、防水、防震、防杂散电流的要求。

高架车站的结构形式,首先应满足车站的功能布置要求,并结合当地的城市规划、地面道路及工程地质条件等综合考虑而确定。高架车站常见的结构形式有空间框架结构、桥梁式结构、框架桥梁式结构三种(即站桥合一式结构、站桥结合式结构和站桥分离式结构)。

1. 空间框架结构(站桥合一式结构)

图 6-22 所示为空间框架结构形式的车站,即高架车站先形成空间框架结构,再于其上形成连续梁板,同时将桥墩作为房屋框架结构的一部分。其中,部分框架结构作为行车道,列车直接在框架梁板上行走。这种结构形式建筑布局不受限制,结构整体性和稳定性好。

2. 桥梁式结构(站桥结合式结构)

图 6-23 所示为桥梁式结构形式的车站,即行车道处设行车道梁,该梁简支在车站框架横梁上,支承点采取减震措施。因车站主体仍为框架体系,车站建筑布置比较灵活,传力途径较明确,结构整体性好。

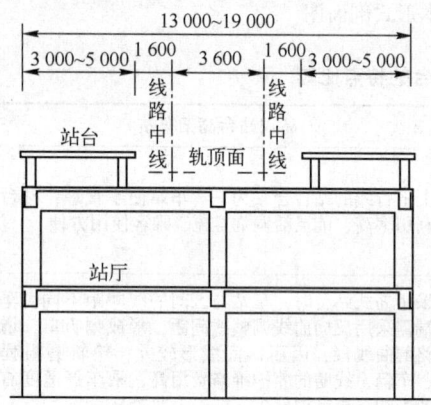

图 6-22 站桥合一式结构(尺寸单位:mm)

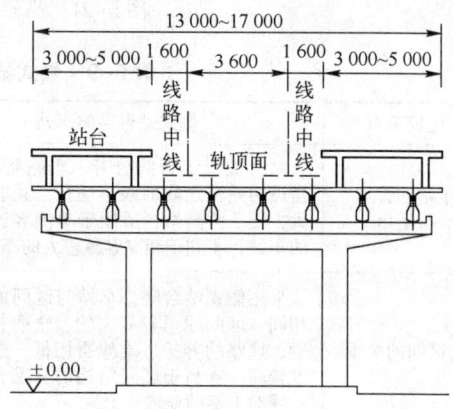

图 6-23 站桥结合式结构(尺寸单位:mm)

3. 框架桥梁式结构(站桥分离式结构)

图 6-24 所示为框架桥梁式结构形式的车站,即车站部分和轨道桥梁完全分开,桥从车站穿过,与车站构件完全分开,受力明确,传力简洁。

上述三种结构体系,其优缺点比较如表 6-10 所示。

表 6-10 高架车站结构类型优缺点比较

比较项目	优 点	缺 点
空间框架结构	采用纯框架结构,建筑布置较为方便,建筑高度小,结构整体性较好。此外,框架对桥墩能起到约束作用,减少桥墩的计算高度,降低线路高程和建筑高程,可以节省工程造价	框架结构受载不均匀,易造成基础的不均匀沉降,特别是在地质条件不好的地段,一旦发生基础不均匀沉降将损坏结构,而且修复困难,列车行驶引起的结构振动效应明显,动力稳定性较差

续表

比较项目	优　点	缺　点
桥梁式结构	车站建筑布置比较灵活，传力途径较明确，结构整体性好。而且轨道梁一般为简支梁结构，适应基础不均匀沉降	因轨道梁独立支撑于框架横梁上面，轨面高程相对于桥建合一结构有所提高，由此会带来车站整体建筑高度的增加和扶梯提升高度的增加，施工难度大
框架桥梁式结构	车站轨道梁及其基础结构为一独立的桥梁结构，该结构体系受力分明，震动和噪声对周围环境影响小，结构耐久性好，且便于处理同区间的接口问题	车站景观效果较差，存在截面较大的桥墩，使建筑平面布局不灵活

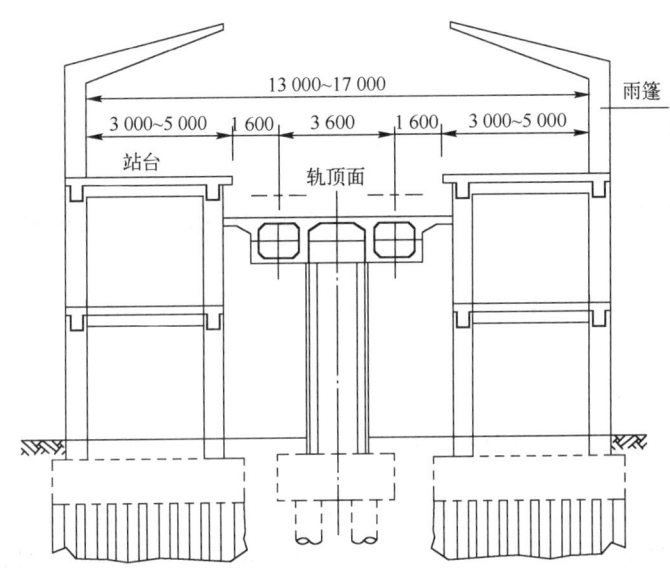

图 6-24　站桥分离式结构（尺寸单位：mm）

从使用功能上看，空间框架结构体系和框架桥梁结构体系适用于大中型车站；桥梁结构体系适用于小型车站和中间站。就大型车站而言，从结构性能上对比，我们认为有以下理由应优先采用框架桥梁结构体系。

① 可解决高架车站最突出的力学问题，即列车动力荷载对车站房屋建筑的不利影响。该结构体系把车站建筑和高架桥分离成两个完全独立的力学系统，受力及传力明确简洁，可解决车站振动控制和基础沉降控制这两个结构设计施工中的难题。

② 可发挥桥梁结构和框架结构各自的特点和优越性。高架桥适于承受列车快速移动荷载，框架结构在各类车站站房中广泛采用，给车站的功能布置和使用带来方便。框架桥梁结构体系发挥了二者的优点。

③ 高架车站的结构设计大为简化。高架桥和车站建筑可以依据现行的国家规范，分别进行独立的设计计算。

6.3.4 高架车站的建筑设计

1. 高架车站的设计原则

① 高架车站的结构形式、总体布局应根据车站的功能和使用要求从结构安全可靠、经济合理、受力明确等几方面进行综合比较，选择合适的结构类型。

② 车站柱距的选择应根据车站建筑、结构形式、周边环境及车站平面布置等因素综合确定，尽可能选择跨度与区间相匹配的柱距。

③ 结构净空尺寸应满足建筑、设备安装与管理、使用及施工工艺要求，并考虑施工误差、结构变形、后期沉降的影响。

④ 结构应分别按施工阶段和使用阶段进行强度、刚度、稳定性计算，并应按规范要求进行变形计算。在结构的关键部位，设计应保证安全。

⑤ 结构计算应满足抗震设计要求，并采取必要的构造措施满足防火、防水、防锈、防雷等要求。

⑥ 基础设计应综合考虑上部结构的类型、工程地质、水文地质、环境要求，选择合理的桩基。

⑦ 车站结构设计应符合现行国家、行业及地方有关设计规范。

2. 高架车站的平面布局及设计

高架车站相对于地下车站受地面地形、地貌影响较小，可按照其设计原则的基础上根据城乡周边环境做出调整并和环境结合。平面线形应尽量平衡、流畅。一般新城高架段区域城市发展尚不成熟，在平面布局时主要考虑以下几点要求。

① 预留轨道交通高架线路走廊。

② 统一规划 TOD 发展模式，考虑车站的服务范围和性质。

③ 预留好与其他交通形式接驳的条件。

④ 考虑不同范围人流的集散。

图 6-25 为高架车站平面布局示例。

高架车站的平面设计是高架车站设计的关键。应对车站公共区、设备及管理用房、车站主要设备的布置、出入口通道进行模块化多方案比选，对站厅、站台、站房、防灾及无障碍设施进行严格的设计。把对应车站基本功能的设施分解成站台、站厅、通道三个基本模块，如图 6-26 所示，把对应车站辅助功能的设施分为站厅管理用房模块、弱电模块及水电机房模块这样的做法就是模块化设计的方法。这种方法在车站设计时，以有利于车站的运营和维护为导向，功能分区明确，强调整体优化；以实现车站基本功能为目的，尽量减少车站不必要的空间和多余的功能；尽量将为同一功能服务的设施或功能接近的设施在逻辑上、位置上组合起来形成一个功能模块；预先科学合理地计算车站用房的个数和面积，尽量压缩各模块的规模，合理布置各模块的功能内容。

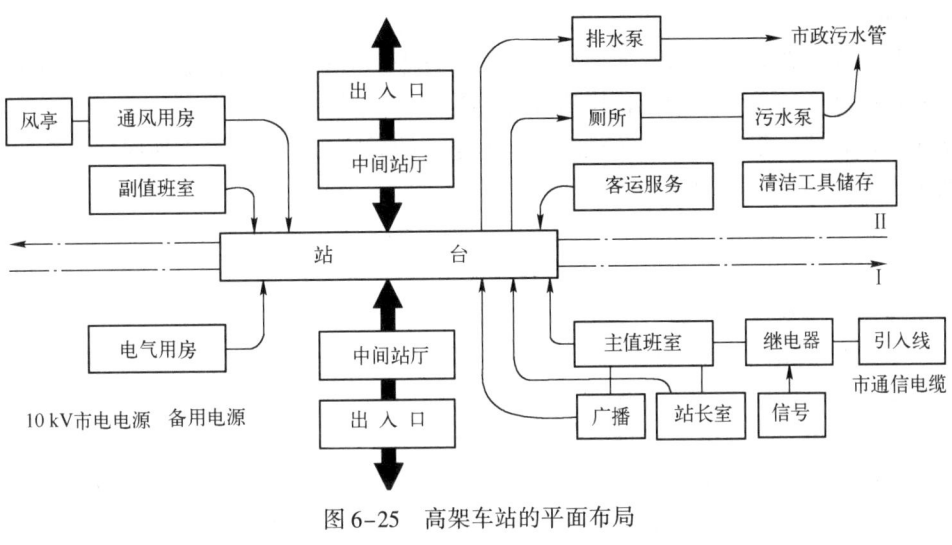

图 6-25 高架车站的平面布局

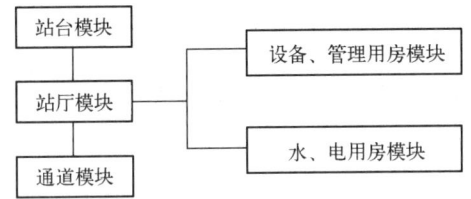

图 6-26 高架车站功能模块

城市轨道交通高架车站,其客流行进方向、站厅站台的组织顺序与地下车站正好相反。高架车站的站台层在最上层,客流向上经站厅层检票后到达站台层候车。因此,车站总体布局时,应按照乘客进出站的活动顺序,合理布置进出站的流线,减少干扰,要求流线简洁通畅,为乘客创造便捷、舒适的乘降环境。城市轨道交通高架车站,与地下车站类似,一般由站台、站房、站前小广场、升降设施及跨线设施等组成。

1) 站台

城市轨道交通高架车站的站台形式可分为岛式站台、侧式站台和混合式站台等三种形式。站台的长度、宽度和高度的设计方法,与地下车站设计方法相同。但是高架车站顶部设有雨棚,需考虑站台上部净空高度,宜比车厢顶略高。图 6-27 为站台层设计示例。

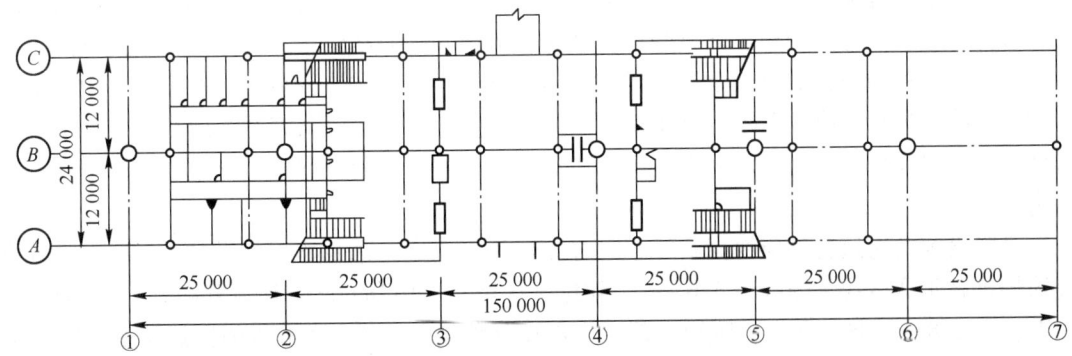

图 6-27 站台层设计示意图

2）站房

站房是根据运营管理工作的需要而设置的各种用房。其组成应根据运营管理的要求来决定，主要包括站厅、运营管理设备用房和通道等。

站厅，是售票、集散、连接车站进出口和站台的场所。为了减少占地面积、方便乘客乘降和便于管理，高架车站的站厅层一般设在站台层的下一楼层（通常为地面层），且在站厅层设置客流出入大厅等，利用围栏分隔付费区及非付费区，其过街人行天桥及地道的出入口，必须设于非付费区内。售票室的位置应与进站口毗邻，使乘客活动流程尽可能短。

车站运营管理及设备用房的布置，应尽量设置于车站一端，与乘客候车区隔开。同时，应尽可能布置在地面以降低工程造价。由于高架车站建于地面以上，具有开敞空间的条件，不需设置庞大的空调机房而大大减小了设备用房的面积。

通道，包括出入口通道、楼梯、自动扶梯、消防楼梯、人行天桥等。其位置应根据站前小广场及站内、站外人流交通组织关系来确定，以最大限度地吸引客流为原则，力求采取与地面公交换乘最方便的方案。此外，出入口通道的宽度和数量，应根据车站的规模和客流量来确定，要求在紧急情况下6分钟内使聚集在车站上的人员全部疏散出站。

3）站前小广场

站前小广场，起集散乘客的作用，是乘客进出站的缓冲之地，为乘客提供休闲场所及停放车辆。对于特大型车站或大型换乘站，站前小广场的设计内容比较丰富，必须与城市、交通规划部门协调研究，布置大小适宜的站前小广场，应考虑布置汽车、自行车的停放处，商业服务设施及公用设施，并布置绿地以美化环境。而对于一般的大、中、小型车站，在城市人口众多、用地紧张的情况下，只能在可能的条件下因地制宜，恰当布置进出站的缓冲地带，并且配合交通安全保护措施（如斑马线等），使乘客进出车站有安全感。

4）跨线设施及升降设施

由于城市轨道交通行车速度快，密度高，要求整个线路封闭程度较高。高架车站存在上、下行越线问题，因此，必须设置跨线设施及升降设施，方便乘客且有利于城市观瞻。

高架车站的跨线设施，应尽量利用高架桥面以下的结构空间，注意避开道路的交汇路口，以满足道路上空的限高要求。在设计时，要求位置适宜，线路简洁，宽度合理流畅。

高架车站的升降设施布置，通常有2种方式，一种为街道两侧布置升降设施，经天桥进入高架站台；另一种为利用桥下空间，经楼梯通向两侧高架站台。两种方式各有优缺点，前者不占桥下道路面积，对机动车道干扰小，但造价高，且侧式站台乘客中途折返不便，上下行乘客越线需另行解决。后者可利用桥下空间垂直交通同时解决乘客越线问题，乘客上下行选择方便，但在桥下占有一定的宽度，对机动车道有一定影响，需城市交通规划部门拓宽车站附近道路。

升降设施及通道宽度应根据高峰小时客流量计算而定，采用宽度一般不小于2 m。垂直交通楼梯踏步宽度应为300～320 mm，高度应为150～165 mm。阶梯每升高3 m，应设步宽为1.2～1.8 m的休息平台，阶梯上部净空高度最低为2.5 m。楼梯两侧应设扶手，宽度大的楼梯中间也应设扶手。

3. 高架车站立体外观设计

高架轨道交通以其"现代"、"快速"、"便捷"等特点成为公共交通系统和城市景观中引人注目的彩带，各车站恰似串在彩带上的明珠。高架车站作为一种形式较为特殊的交通建筑，在设计中应力求做到功能和审美的完美结合。由于车站体量大，所以其建筑形式、立面造型对城市环境的影响较大，在设计中就必须从城市大环境出发对每个车站在城市中所处的不同区域加以分析研究，在充分发挥车站功能的同时，也能丰富城市空间，改善城市景观。

外部造型设计时应该处理好整条线路共性和个性的关系。既具有各自的特色，又相互呼应，同时兼具轨道交通的系统性。轨道交通高架车站的立面形式还应根据其与道路的关系不同而变化。例如车站平行于道路时就应该与垂直跨路时的处理手法不同。跨路时应该特别注意城市道路的视线通透效果，如图6-28所示。

图 6-28　跨路口高架站

平行于道路位于道路中央时，应特别注重形式的轻巧性和视线的通透性，如图6-29所示。

图 6-29　平行于道路位于道路中央高架站

轨道交通高架车站的建筑形式，又具有城市景观建筑必须具备的景观艺术性，需与周围特有的环境景观协调。这种车站不仅只是一座地铁建筑，更应该是一座具有交通建筑性格特点的城市雕塑。高架地铁站在建筑设计时，要充分满足其不可变因素，最大限度地发挥其可变因素。建筑设计时应该严格执行以上这些原则性问题，充分挖掘其可变的、可发挥的因素，运用现代新的科学技术和新的建筑材料创造出新的建筑形式。尽量充分体现高架地铁站的交通建筑、景观建筑的双重性格，尽量体现其通透、轻盈的特点。

6.4 地面车站

地面车站是指车站结构设置于地面，地面车站是城市轨道交通路网中一种重要的建筑物。地面车站是供旅客乘降、换乘和候车的场所，应保证旅客使用方便、安全、迅速地进出站，并有良好的通风、照明、卫生、防灾设备等，为旅客提供舒适、清洁的环境。地面车站应容纳主要的技术设备和运营管理系统，从而保证城市轨道交通的安全运行。

6.4.1 地面车站的形式

1. 地面车站按层数分类

地面车站一般分为单层、双层或结合周围环境进行开发的多层车站，其形式主要根据功能要求和环境特点确定，图 6-30 为单层地面车站示意图。

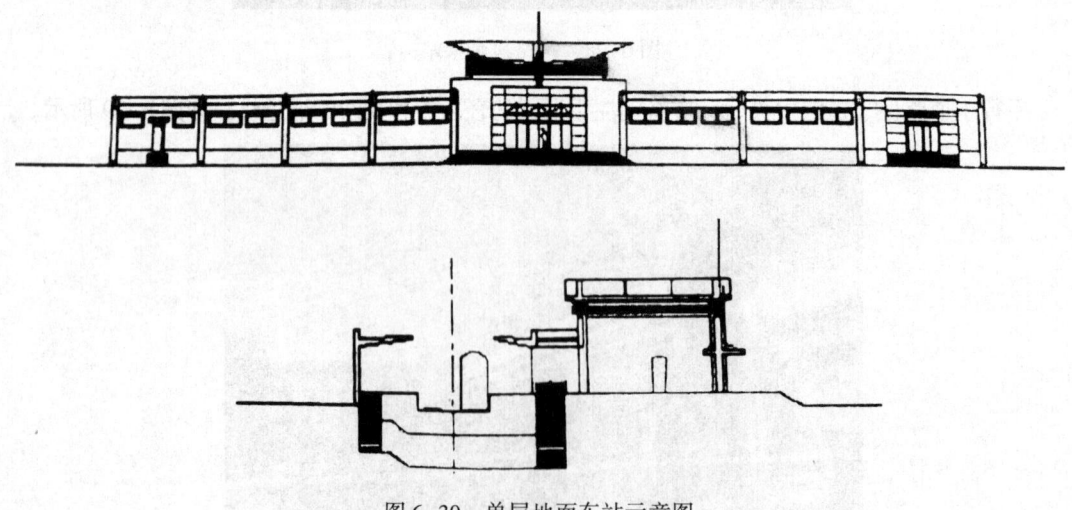

图 6-30 单层地面车站示意图

图 6-31 为法国里昂改造后的帕雷里（Parilly）地铁站示意图，采用的是一种半地下型式，较好地结合了车站附近的地形条件。

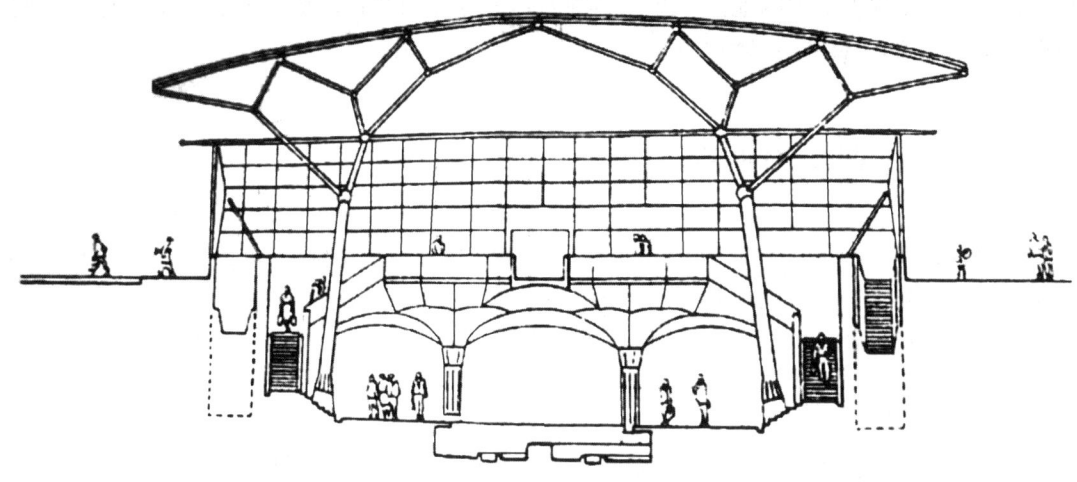

图 6-31　帕雷里（Parilly）地铁站示意图

2. 地面车站按站台形式分类

按车站站台形式，可将地面车站分为岛式车站、侧式车站和岛侧混合式车站，如图 6-32 所示。

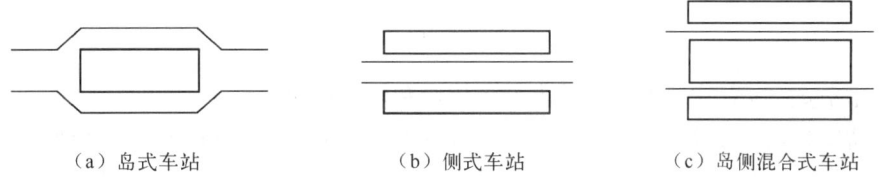

（a）岛式车站　　　　（b）侧式车站　　　　（c）岛侧混合式车站

图 6-32　车站站台分布形式示意图

1) 岛式车站

站台位于上、下行行车车线路之间的布置形式称为岛式站台，具有岛式站台的车站称为岛式车站。岛式车站具有站台面积利用率高、能调剂客流、车站管理集中、站台空间宽阔、乘客中途改变乘车方向方便等优点，是一种常用的车站形式，适用于客流量较大的地面车站。如图 6-32（a）所示。

2) 侧式车站

站台位于上下行行车线路的两侧的布置形式称为侧式站台，具有侧式站台的车站称为侧式车站。侧式车站站台可以相对布置，也可以相错布置，上下行乘客可避免相互干扰，正线和站线间不设喇叭口、造价低、改建容易，但是站台面积利用率低、不可调剂客流，中途改变乘车方向须经地道或天桥，车站管理分散，站台空间不及岛式宽阔。一般适用于两个方向客流量较均匀或流量不大的地面车站。如图 6-32（b）所示。

3) 岛侧混合式车站

指将岛式站台与侧式站台相结合同设于一个车站内的形式，主要用于两侧站台换乘或列车折返，适用于规模更大的地面车站，其特点是乘客可同时在两侧上车，能缩短停靠时间，折返方便。如图 6-32（c）所示。

6.4.2 地面车站组成

地面车站一般由车站主体、出入口组成。车站主体是列车的停车点，它不仅要供乘客上下车、集散、候车，一般也是办理运营业务和运营设备设置的地方。出入口是供乘客进、出车站的口部建筑设施。车站主体根据功能的不同，可分为以下两部分。

1. 乘客使用空间

乘客使用空间在车站建筑平面组成中占有很重要的位置，是车站中的主体部分。乘客使用空间包括站台、站厅、设备用房、管理用房等。乘客使用空间又可以分为非付费区和付费区。非付费区是乘客购票并正式进入站台前的活动区域，一般具有宽敞的空间和售检票位置，还可以根据需要设置银行、公用电话、小卖部等设施。付费区包括站台、楼梯、自动扶梯和导向牌等，是为停车和乘客乘降提供服务的设施。乘客使用空间是车站设计的重点，对车站类型、总平面布局、车站平面、功能是否合理、面积利用率、人流线路组织等设计有较大影响。

2. 车站用房

车站用房包括运营管理用房、技术设备用房和辅助用房三部分。

① 运营管理用房是车站运营管理人员使用的办公用房，是直接或间接为列车运行和乘客服务的。运营管理用户能够保证车站具有正常运营条件和营业秩序，主要包括站长室、行车值班房、业务室、广播室、会议室和公安保卫室等。

② 技术设备用房是为了保证列车正常运行和车站内具有良好环境条件及在事故灾害情况下能够及时排除灾害不可缺少的设备用房，是维持整个车站正常运营的核心，主要包括环控机室、变电所、通风与空调用房、综合控制室、防灾中心、通信机械室、信号机械室、自动售检票室、冷冻站、机房、配电室、公区用房等。

③ 辅助用房是为了保证车站内部工作人员正常工作生活所设置的用房，是直接供站内工作人员使用的房屋，主要包括卫生间、更衣间、休息室、茶水间等，这些用房均设在站内工作人员使用的区域内。

6.4.3 地面车站的布局设计

地面车站设计时，首先确定地面车站在城市轨道交通路网中的确切位置，车站位置确定后，根据客流量及其站位特点综合考虑，从而确定车站规模、平面布置、车站各个组成部分的设计。

1. 地面车站的选址

当城市轨道交通线路在市区边缘或郊区时，由于地面交通量不大，为降低成本，可以考虑将轨道交通车站设置在地面，尤其是轻轨系统。地面车站的选址除应符合地铁车站总体布局和城市规划的有关规定外，还应符合以下规定。

① 地面车站应设置在客流量大的集散点、地铁线路交会的地方或者直线段上。车站间的距离应根据实际需要确定，在市区宜为 1 km 左右，在郊区不宜大于 2 km。

② 大型地面车站宜设于方便旅客乘降的地点，中小型地面车站宜设于主要居民点的同侧。

③ 地面车站宜设于拆迁或填挖方工程量较少的地方，宜具备必要的场地面积，应符合环境保护、安全、卫生的有关规定。

④ 地面车站站址不应选择在低洼易淹和不良地质等地段。

2. 地面车站的规模

在进行地面车站总体布局之前，要确定车站的规模。地面车站规模主要是指车站站台外廓尺寸、层数及用房面积的大小等。城市轨道交通系统地面车站的规模主要是根据车站设计客流量确定，一般可以参照日均客流乘降量、远期预测高峰小时客流乘降量、所处位置的重要性、站内设备和管理用房面积及该地区远期发展规划等因素来综合确定。表 6-11 为我国地铁车站规模分级。

表 6-11 地铁车站规模分级表

地铁车站规模	日均乘降量	预测高峰小时乘降量
特大型	100 万人次/日以上	10 万人次/h 以上
大型	20～100 万人次/日	2～10 万人次/h
中型	5～20 万人次/日	0.5～2 万人次/h
小型	5 万人次/日以下	0.5 万人次/h 以下

地铁车站规模主要根据车站远期预测客流量及所处位置确定，一般可分为三级：第一级适用于客流量大、地处大型客流集散点和地理位置十分重要的车站；第二级适用于客流量较大、地处较大居住区的车站；第三级适用于客流量较小，地处郊区的车站。

3. 地面车站平面布局设计

地面车站的平面布局设计包括站台设计、站厅设计、车站照明设计和防灾设计。

1）站台设计

我国地铁地面车站一般采用侧式站台，其主要尺寸一般按以下方法确定。

① 站台长度。站台设计中一般要保证所有车辆均在站台有效长度之内，站台的有效长

度由列车编组的计算长度决定，考虑到停车位置的偏差和车站值班员、司机确定信号的需要，通常还需预留一段停车误差。站台有效长度是指乘客可以乘降的站台范围。站台长度 L 按式（6-2）计算。

$$L = a \cdot n + r \tag{6-2}$$

式中：L——站台有效长度，m；

a——车辆长度，包括车钩长度，m；

n——远期列车的车辆编组数；

r——停车误差，一般取 $1 \sim 2$ m。

站台两端一般还布置一些其他车站设备，整个站台长度还与这些设备的布置方式有关。站台应尽可能平直，以便于车站员工能监控全部站台情况和客流拥挤状况。站台边缘与车辆边缘的间距宜为 $80 \sim 100$ mm，最大不得超过 180 mm，以免乘客掉下站台。

② 站台宽度。站台宽度应满足列车编组长度、远期预测客流量、站台的形式、连接站台与站厅的通道位置来综合考虑确定。目前，我国现行的规范和标准对站台宽度没有统一的计算方法，现介绍两种计算方法。

• 经验法

侧式站台宽度

$$B_1 = \frac{m \cdot w}{L} + 0.48 \tag{6-3}$$

式中：B_1——侧式站台宽度，m；

L——站台有效长度，m；

0.48——站台安全防护宽度；

m——超高峰小时每列车单向上下车人数，人；

w——人流密度，一般按 $0.4 \text{ m}^2/$人计算。

• 按客流量计算

站台总面积
$$S = nwcP_{车}（P_{上} + P_{下}）/100 \tag{6-4}$$

式中：S——站台总面积，m^2；

n——列车车厢数；

w——人流密度，一般按 $0.75 \text{ m}^2/$人计算；

c——超高峰系数，一般取 $1.2 \sim 1.4$；

$P_{车}$——每节车厢人数；

$(P_{上} + P_{下})$——上下乘客百分数，一般取 $20\% \sim 50\%$。

侧式站台宽度
$$B_1 = S/L + B' + 0.48 \tag{6-5}$$

式中：B_1——侧式站台宽度，m；

S——站台总面积，m^2；

L——站台有效长度，m；

B'——乘客沿站台纵向流动宽度，一般取 $2 \sim 3$ m；

为了保证车站安全运营与疏散的基本需要，站台的宽度均不得小于我国《地下铁道设计规范》（GB 50157—2003）中规定的车站站台的最小宽度尺寸。

③ 站台高度

站台高度是指线路走行轨顶面至站台地面的高度,与车型有关。站台按高度可分高站台和低站台。站台与车厢底板面等高,则称为高站台,一般为900mm,一般适用于客流量较大,车站停车时间较短的场合,考虑到满载时弹簧的挠度,高站台的设计高度一般低于车厢底板面50～100mm。站台比车厢底板面低一两个台阶称为低站台,一般为450～650mm,一般适用于客流量不大的场合。站台的横断面映射2%的坡度,以便于排水。

④ 轨道中心到站台边缘距离

根据车辆类型确定的建筑限界给定了从轨道中心到站台边缘距离,设计时还要考虑10mm左右的施工误差。如果站台布置在平直线段上,轻轨车体宽度为2.6m,则轨道中心到站台边缘距离可选定为1.4m。如果特殊情况下需要站台布置在曲线上时,轨道中心到站台边缘距离可按式(6-6)计算。

$$L = L_1 + E + 0.8H \tag{6-6}$$

式中:L——轨道中心到站台边缘距离,m;

L_1——轨道中心到建筑限界边的距离加10mm的施工误差,m;

E——曲线总加宽,m;

H——线路超高值,m。

2)站厅设计

站厅应该有足够的面积,除了考虑购检票、安检及通行面积外,还需要考虑乘客作短暂停留及特殊情况下紧急疏散的情况。站厅的面积主要由远期车站预测的客流量大小和车站的重要程度决定。站厅内设有地铁运营、管理用房,这些用房的面积和位置可以参考表6-12进行设置。

表6-12 站厅主要用房设置

房 间 名 称	参考面积/m²	位　　置
站长室	10～15	站厅,靠近控制室
车站控制室	25～35	站厅客流大的一端
站务室	10～15	站厅
行车主值班室	15～20	不设车站控制室时设在站厅
安全保卫室	10～20	站厅客流大的一端
工作人员休息室	2×15	站厅
更衣室	2×15	站厅
清扫员室	8	站厅
清扫工具间	6	站厅
厕所	2×8	站厅
售票处	2×6	站厅,靠近入口处
问讯处	2×3	站厅,靠近入口处
补票处	2×3	站厅付费区内

3）车站照明设计

照明在地面车站环境中起着相当重要的作用，不仅保证城市轨道交通系统运行所需要的照明要求，而且可以增添人们对车站的亲和感。在城市轨道交通车站中，照明灯按布置方式主要有整体照明、局部照明和灯箱照明。

整体照明是车站照明的主要形式。整体照明要考虑布置方式及照明灯具的形式，一般以长条形的日光灯为主，具有较好的显色系数。灯具尽量以直接照明的方式布置，这样有利于提高照明效率及以后的维修。灯具的布置形式要和顶面用材形式有机结合，这样才能取得较好的光照艺术效果。灯箱照明可增加车站的亮度，而且也可增添车站内部的色彩和人情气氛。

4）车站防灾设计

地面车站内客流密集并设有大量机电设备，一旦发生灾害，将会涉及国家财产的损失和人民生命的安危。车站防灾设计包括车站紧急疏散、车站消防。

车站内所有人行楼梯、自动扶梯和出入口宽度总和应分别能满足远期高峰小时设计客流量在紧急情况下，6 min 内将一列车满载乘客和站台上候车乘客及工作人员疏散到安全地带。车站出入口处及附近区域不得设置和堆放任何有碍客流疏散的设备及物品，以保证疏散的畅通性。

为了把火灾控制在一定的范围内，减少火灾的损失，需要在车站内划分防火分区。车站内中间公共区（售票区或站台）为一个防火分区，设备用房各为一个防火分区。每个防火分区内的安全出口数量不应少于 2 个。而且车站内墙、地面及顶面的装修应采用阻燃材料，车站内的装修材料不得采用石棉、玻璃纤维制品和塑料制品。车站内必须按照规定配齐消防的设备。

思考题

1. 请叙述轨道交通车站的含义及其作用。
2. 按车站运营性质车站分为哪些类型？各种类型的车站分别有什么特点？
3. 按车站结构横断面形式车站分为哪些类型？各种类型的车站分别有什么特点？
4. 车站的总平面布局主要是为了解决哪些问题？车站的总平面布局应该符合什么规定？
5. 车站的位置应该如何设置？设置的时候应该注意哪些问题？
6. 车站规模主要是指什么？主要根据哪些因素来综合考虑确定？
7. 对于一个大型轨道交通车站，请从各个方面来考虑，应该如何来规划总体平面布局？
8. 请简述地下车站的主要功能及其优缺点。
9. 地下车站的设计应符合哪些原则？其设计内容主要有哪些？
10. 地下车站站台各部分尺寸应该如何来确定？
11. 车站出入口的主要作用是什么？车站出入口的设计原则主要有哪些？
12. 简述高架车站建筑设计的设计原则？
13. 高架车站平面布局及设计应考虑哪些方面并简述其设计内容。

14. 地面车站分为哪些形式？其由哪些部分组成？
15. 地面车站的选址应符合哪些规定？
16. 地面车站的规模分为哪几类？
17. 已知地面车站人流密度为 $0.45\,\mathrm{m^2/人}$，使用 A 型车辆，车长 $24.4\,\mathrm{m}$，远期列车编组数是 8 辆，列车停车误差为 $2\,\mathrm{m}$，预测高峰客流量时，每列车单向上下车人数为 9 018 人，试计算站台的有效长度和宽度。

第 7 章
给排水系统及结构防水

本章主要内容

本章首先介绍城市轨道交通水源、水量、水质、水压等基本概念，给水系统的概念及其分类，排水系统的分类及其设置；其次介绍结构防水的概念及城市轨道交通主要防水材料；最后介绍了结构主体及细部结构防水设置原则及方法。

本章学习重点

1. 给水系统和排水系统的概念及其分类；
2. 结构防水的概念及城市轨道交通主要防水材料；
3. 盾构法施工结构主体防水的设置。

7.1 给水系统和排水系统

7.1.1 概述

城市轨道交通的给排水系统首先应解决水源、水量定额、水质、水压及排水量等基础问题。

1. 水源

地下铁道给水水源，应优先选择城市自来水，当沿线无城市自来水时，应和当地规划等部门协商，采取其他可靠的供水水源，但是除人防要求及特殊情况外，不宜选择地下水或地表水。当选择城市自来水，其设计应符合当地自来水公司等有关部门的规定。地铁水源的供水量必须满足地下铁道各项用水量的需要。

为满足地铁消防用水的要求，每个车站宜由城市自来水干管引入地铁两根给水管，如有困难也必须引入一根给水管。

2. 水量定额

① 工作人员生活用水量为 30～60 L/（人·班），小时变化系数为 2.5～2.0。
② 冷水机组的水系统的补充水量为冷却循环水量的 2%～3%。
③ 车站公共区域冲洗用水量为 2～4 L/（m^2·次），每次按冲洗 1 h 计算。
④ 生产用水量按工艺要求确定。
⑤ 地铁消防栓用水量为：地下车站不小于 20 L/s；地下折返线及地下区间隧道不应小于 10 L/s；地面车站及高架车站应符合现行国家标准《建筑设计防火规范》的规定。

3. 水质

① 生活用水的水质，应符合现行国家标准《生活饮用水卫生标准》的规定。
② 生产用水和消防用水的水质按工艺要求确定。

4. 水压

① 生活用水设备和卫生器具的水压，应符合现行国家标准《建筑给水排水设计规范》的规定。
② 生产用水的水压按工艺要求确定。
③ 消防用水的水压应保证充实水柱不小于 10 m，消火栓栓口的静水压力不应大于 0.80 MPa，

消火栓栓口的出水压力不大于0.5 MPa时，消火栓处应设减压装置；自动喷水灭火系统的供水压力应符合国家现行《自动喷水灭火系统设计规范》的规定。

5. 排水量

计算各系统排水量时，可参考以下标准：结构渗漏水按隧道结构每昼夜不大于$0.5 L/m^2$计算；消防废水按消防用水量计算；冲洗废水按$2 \sim 4 L/m^2$计算；粪便污水量按我国现行《建筑废水设计规范》的规定计算；生活排水量按生活用水量的95%计算；隧道洞口及露天出入口的雨水量按当地30年一遇的暴雨强度计算。

车站每次冲洗时间宜按1h计算，区间隧道冲洗时间按冲洗车喷头的喷水量、隧道断面及长度计算。

7.1.2 给水系统

给水系统是指通过管道及辅助设备，按照建筑物和用户的生产，生活和消防的需要有组织的输送到用水地点的网络。城市轨道交通的给水系统主要是为满足地铁生产、生活和消防用水的需求。

1. 给水系统的分类

1) 生产及生活给水系统

该系统设在车站，可以由地面城市自来水管单独引入一根给水管，敷设在车站站厅及站台层，宜设计为枝状管网而不必构成环状，如图7-1所示。主要供空调冷却及冷冻给水系统的补充水；车站冲洗水；卫生间、盥洗间、茶水间、洗脸室及拖布池的给水。

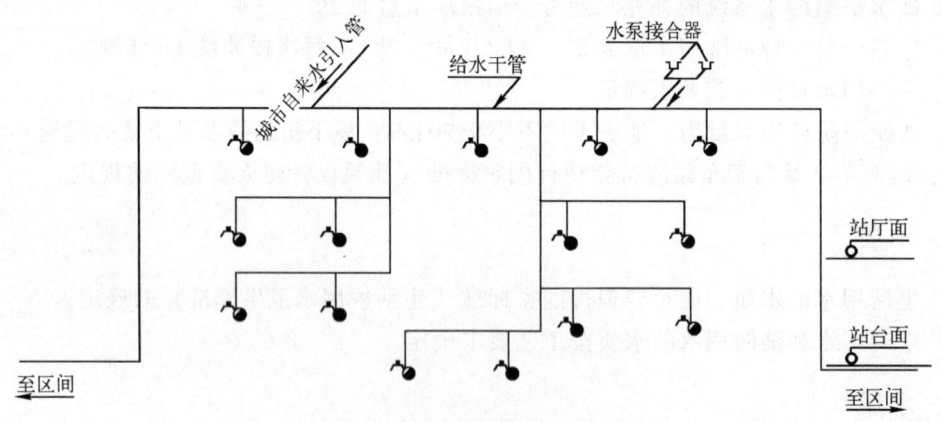

图7-1 枝状管网供水系统

2) 消火栓给水系统

地下车站和区间的消防给水应设计为环状管网，如图7-2所示。每座地下车站宜由城市两路自来水管各引一根消防给水管和车站环状管网相接。地下区间上下行线各设置一根消防给水管,并宜在区间中部连通,在车站端部和车站环状管网相接。如果地面仅有一路城市自来水管,每座地下车站可只引入一根消防给水管。在经济技术比较合理的情况下,地下区间两条给水干管之间可不设连通管。

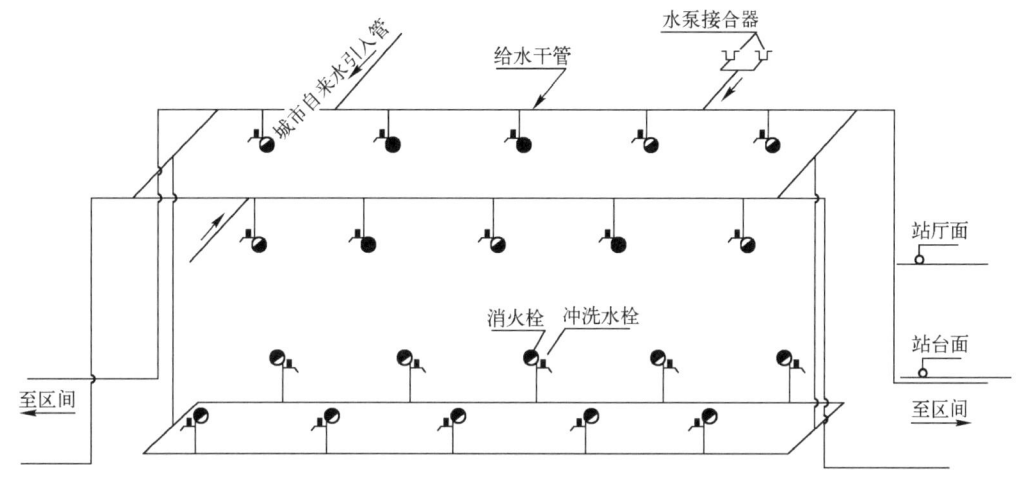

图 7-2　环状管网供水系统

3) 自动喷水灭火给水系统

地下商场、地下停车库及地下仓库应单独设置自动喷水系统。自动喷水灭火系统的设计,应按照我国现行《自动喷水灭火系统设计规范》的规定执行。

当城市自来水的压力和供水量能够满足自动喷水灭火系统的压力和用水量时,可不必设置喷淋泵房和消防水池,但必须由城市自来水引入两根给水管接至自动喷水灭火系统。如果城市自来水的压力和供水量不能满足要求,则必须设置喷淋泵房和消防水池,而且平时对自动喷水灭火系统应设稳压装置。这种情况下可由城市自来水引入一根给水管接入消防水池。当地铁车站必须设消防泵和消防水池时,消防水池的有效容积应满足消防用水量的要求。消火栓系统的用水量火灾延续时间按 2h 计算,当补水又保证时可减去火灾延续时间内连续补充的水量。

2. 主要给水设施

1) 阀门及冲洗给水栓

地铁两条给水干管的车站两端及区间连通管处应设阀门。每个用水点的给水直管应设阀门。消火栓给水系统每个独立的供水区段宜设手动电动阀门分隔。当车站由城市自来水引入两根消防给水管时,宜在区间连通管的前后设 4 个手动电动阀门;当车站由城市自来水引入一根消防水管时,则在车站两端连通管处分别设 4 个手动电动阀门,如图 7-3 所示。

2) 消火栓设置

地铁消火栓的设置,应保证两支水枪的充实水柱能同时到达地铁内任何部位。如采用双口双阀消火栓,车站消火栓间距为 40～50m,区间为 50～100m。

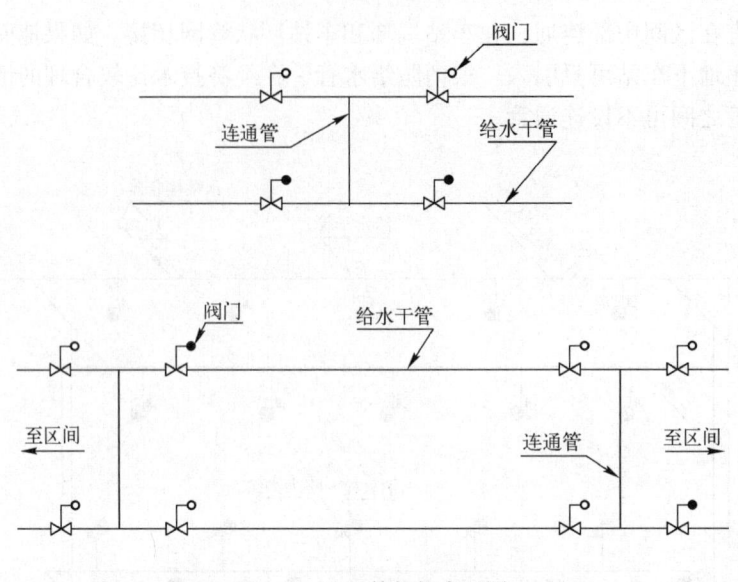

图 7-3　连通管阀门布置图

3) 水泵结合器设置

地铁消防给水系统，应设水泵接合器，水泵接合器的数量应根据消防用水量确定，并应设在地面出入口或通风亭附近便于消防车通行的地下或墙壁上，距接合器 40 m 范围内必须设置室外消火栓或消防水池（也可利用城市的室外消火栓）。

4) 水表及水表井设置

地铁车站或区间的给水引入管，必须根据当地自来水公司的要求，设置水表及水表井。

3. 给水系统设置原则

1) 给水系统选择原则

地铁给水系统的选择，应根据生产、生活和消防等各项用水对水质、水压和水量的要求，结合市政给水系统等因素确定，一般按以下情况选择给水系统。

① 为保证人员饮用水的水质，地铁宜采用生活和消防分开的给水系统。生活给水管宜由市政自来水管引入。但生产用水可和消防或生活给水系统共用。

② 当城市自来水的供水能满足生产、生活和消防用水的需求。而供水压力不能满足消防用水压力时，应和当地消防及市政部门协商设消防泵和稳压装，不设消防水池。

③ 当城市自来水的供水量和供水压力能满足生产和生活用水，而不能满足消防用水量要求时，则应设消防泵、稳压装置和消防水池。

④ 如设自动喷水灭火系统时，应采用独立的给水系统，不应和生产、生活及消火栓给水系统共用。

2) 管道布置及敷设要求

① 地下车站的自来水引入管宜通过风道或人行通道和车站给水系统相接。

② 地下区间的给水干管的布置，当为接触轨供电时，应设在接触轨的对侧；当为架空接触网供电时，可设在隧道行车方向的任一侧，管道和消火栓的位置不得侵入设备限界。

③ 供水管不应穿过变电所、通信信号机房、控制室、配电室等房间。

④ 车站内的给水干管宜采用防结露措施。

⑤ 寒冷地区设在出入线洞口附近、进风道内及无采暖措施的地面或高架站站厅、站台的给水管应采取防冻保温措施。

⑥ 地铁的管道敷设应考虑热膨胀的影响。当穿过结构变形缝时，必要时应考虑防沉降措施，给水干管必须固定在主体结构或道床上。

⑦ 当给水管穿过主体结构时，应设防水套管。

3）管材及附件设置要求

① 地下车站站台板下及地下区间隧道敷设的给水干管，宜采用球墨铸铁给水管和胶圈接口。吊顶内的消防给水干管及其他支管宜采用内外热镀锌钢管，根据管径的不同，分别采用沟槽式、法兰盘或丝扣接口。生活给水管应采用符合国家有关规定并符合生活饮用水卫生标准的管材。

② 如设自动喷水灭火系统时，消防给水管应采用内外热镀锌钢管或热镀锌无缝钢管。

③ 埋地或设在垫层内的给水管道的外壁，应采取防腐蚀措施。

④ 给水管网上的阀门设置，应符合现行国家标准《建筑给水排水设计规范》及《建筑设计防火规范》的规定。

⑤ 地下车站及区间给水干管的最高点设排气阀，最低点设泄水阀，其直径应通过计算确定。

⑥ 给水泵的送水管上应设压力表，当扬程超过35m时，应采取防水锤措施。

7.1.3 排水系统

1. 排水系统的分类

城市轨道交通排水系统可分为：结构渗漏水排水系统；消防及冲洗废水排水系统；粪便及生活污水排水系统；隧道洞口或露天出入口雨水排水系统等。

1）结构渗漏水

主要通过设在车站及区间隧道的线路排水沟，自流集中到线路某区段坡度最低点处的排水泵站集水池，然后提升排至地面城市雨水或雨污合流排水系统。消防及冲洗废水也通过线路排水沟集中到另邻近的区间或车站排水泵站排除。线路排水沟的流水坡度一般不小于3‰。

2）粪便及生活污水

主要是车站及折返线厕所的粪便及卫生器具的生活污水。首先考虑将这些污水通过重力流排放，如果不行的话则集中到厕所附近的污水泵房的污水池中，利用排水泵提升排至地面的化粪池，然后再自流到城市污水排水系统。

3）隧道洞口及露天出入口的雨水

应在口部就近设置排雨水泵站，将雨水汇流至泵站集水池，然后提升排至地面城市雨水排水系统。该泵站所处位置如能利用地形高差使雨水按重力流排放，则不必设排雨水泵站。

2. 排水泵站（房）

1）排水泵站（房）的设置要求

① 区间隧道主排水泵站应设在线路实际坡度最低点，每座泵站担负的区间长度，单线不宜大于 3km，双线不宜大于 1.5km，主要排除结构渗水、冲洗及消防废水；当主排水泵站所担负的区间长度超过规定，而排水量又较大，或者车站结构需要设倒滤层排水时，宜设辅助排水泵站。当采用架空接触网供电时，泵房的室内地面宜和走形轨顶面齐平；当采用接触轨供电时，泵房的室内地面宜和接触轨防护罩面齐平。

② 地下车站排水泵房必须设在车站线路坡度的下坡方向的一端，主要排除车站范围内的结构渗水、冲洗和消防废水，如车站端部设排水泵房有困难，而且区间排水泵站距该站又较近时，也可布设排水泵房。车站排水泵房的压力排水管宜通过风道或人行通道接入城市排水系统。

③ 地下车站污水泵房宜设在厕所附近，主要排除厕所的污水。泵房的集水池有效容积，宜按 6h 的污水量确定。

④ 临时排水泵房应设在地铁分期修建的先建段内；

⑤ 地下车站局部排水泵房宜设在地面至站厅层的自动扶梯基坑附近，折返线车辆检修坑端部，地下车站站台板下、碎石道床区段及电梯井等不能自流排水而又有可能集水的低洼处。

⑥ 露天出入口及敞口通风口排水泵房的雨水排放设计按当地 50 年一遇暴雨强度计算，集流时间为 5～50min。

⑦ 洞口的雨水如不能自流排放时，必须在洞口适当位置设排水泵站，并在洞口道床的适当位置设横向截水沟，保证将雨水导流至泵站集水池。排水管渠或排水泵站的排水能力，按当地 50 年一遇的暴雨强度计算，激流时间按计算确定。洞口排雨水泵站设 2～3 根压力排水管。集水池的有效容积不应小于最大一台水泵 5～10min 的出水量。

⑧ 排水泵站（房）的布置，除了执行《地下铁道设计规范》的规定外，还应执行我国现行的《室外排水设计规范》规定。

2）排水泵的设置

① 区间排水泵站、辅助排水泵站及车站排水泵房应设两台排水泵，平时一台工作；当排除消防废水时，两台泵同时工作；排水泵的总排水能力，按消防时的排水量和结构渗水量之和确定。位于水域下的区间及车站排水泵站，应增设一台排水泵，每台排水泵的排水能力应大于最大小时排水量的 1/2；

② 车站露天出入口及敞开通风口的排水泵房，设两台排水泵，平时一台工作，最大雨水时两台泵同时工作。每台排水泵的排水能力，应大于最大小时排水量的 1/2；

③ 洞口的雨水泵站。宜设三台排水泵，最大水量时三台泵同时工作，每台泵的排水能力应大于最大小时排水量的 1/3；

④ 车站污水泵房、临时和局部排水泵房设两台污水泵，一台工作，一台备用，每台泵的排水能力，不小于最大小时的污水量。

3）排水泵控制方式

各种排水泵均设计为自动和就地控制，空间排水泵站及洞口排雨水泵宜在车站控制室内也能控制。水位信号应设工作泵及备用泵的开泵水位、停泵水位及报警水位。其工作泵及备用泵应能自动及手动切换。排水泵的工作状态和各种水位信号应能在车站控制室显示。

排水泵为自动控制启动时，水泵每小时启动次数不得超过6次。

7.2 结构防水

结构防水是为防止修建在含水地层或透水地层的地下铁道受到地下水和地面水的有害作用或影响而采取的结构性防水措施，其主要目的保证地铁的运营和结构物的使用寿命。

地铁工程的防水设计，应根据气候条件、工程地质和水文地质状况、结构特点、施工方法、使用要求等因素进行，以保证结构的安全、耐久性和使用要求。并应遵循"以防为主、刚柔结合、多道防线、因地制宜、综合治理"的原则，采取与其相适应的防水措施。当结构处于贫水稳定地层。主要是提高混凝土的密实性、抗裂性，加强变形缝、施工缝的防水性能。同时要采用合适的防水材料等附加防水措施，以到达有效的防水目的。

地下结构防水等级应符合以下规定。

① 地下车站及机电设备集中区段的防水等级应为一级，即不允许渗水，结构表面无湿渍；

② 区间隧道及连接通道等附属的隧道结构防水等级应为二级，即顶部不允许滴漏，其他不允许漏水，结构表面可有少量湿渍，总湿渍面积不应大于总防水面积的6/1 000；任意100 m²防水面积上的湿渍不超过4处，单个湿渍的最大面积不大于0.2 m²。

7.2.1 防水材料

现代防水材料最初是焦油沥青和石油青纸胎油毡，起源于欧美，1925年传入中国。通过几十年来的不断发展，以及高分子防水卷材等新材料的问世，我国逐渐形成了卷材、涂料和密封材料三大系列的防水材料。

地下铁道若修建在含水层或透水地层中，则将受到地下水的有害作用，并受到地面水的影响。若没有可靠的防水措施，地下水就会浸入，以致危害运营和影响结构物使用寿命。而防水材料的选择是防水措施实施的重要部分。同时，由于防水材料由于品种和性能各异，因而有不同的特点，也有相应的适用范围和要求，因此施工中正确选择和合理使用防水材料对防水工程的质量、经济成本及施工的难易程度都有较大影响。地下铁道中根据不同的隧道施工方法，常用的防水材料包括防水卷材、防水涂料及密封材料三类。

1. 卷材类

1) 高聚物改性沥青防水卷材

根据不同的改性剂，改性沥青防水卷材可分为塑性体的（以无规聚丙烯 APP 为代表）、弹性体的（以 SBS 为代表）、自黏结的、聚乙烯沥青的、橡胶粉改性的等。国际上常用的为 APP 和 SBS 改性剂。地下铁路施工中，该两类材料主要应用在明挖法施工的结构防水上。

（1）APP 改性沥青防水卷材

APP 改性沥青防水卷材是以无规聚丙烯（APP）使沥青改性，将沥青包在网状结构中并形成弹性键，从而达到提高软化温度、硬度和低温柔性的目的。

该卷材具有良好的橡胶质感，加之用优质聚酯或玻纤做胎基，故抗拉强度大，延伸率高，-30℃不龟裂，120℃不变形，150℃不流淌，老化期长，为理想的防水、防潮、防腐材料。

（2）SBS 改性沥青防水卷材

SBS 改性沥青防水卷材用热塑性弹性材料 SBS（苯乙烯—丁二烯—苯乙烯）与石油沥青进行高剪切混合，得到的一种相容性混合物，大大改善了沥青主体的物理性能，使材料在工作温度下具有较高的延伸率和优良的弹性并有从 -25℃（甚至 -40℃）～100℃的温度使用范围。由于具有很好的弹性，故该类卷材又被称为弹性体沥青防水卷材。

2) 合成高分子防水卷材

高分子防水卷材，按其母材性质可分为：橡胶类的，如三元乙丙橡胶、氯丁橡胶、丁基橡胶、再生橡胶防水卷材等；塑料类的，如聚氯乙烯（PVC）、聚乙烯（PE）；多种合成树脂的，如用乙烯醋酸乙烯共聚物（EVA）、乙烯共聚物沥青（ECB）等制成的防水卷材。

合成高分子防水卷材常常被用作复合式衬砌的夹层防水结构的隔离层材料。为了为规范铁路隧道用防水板技术标准，保证隧道防排水工程质量，铁道部公布的《铁路隧道防水材料暂行技术条件》第 1 部分防水板对 EVA、ECB 和 PE 等材料的使用做了具体的说明。下面着重对该三类材料进行的介绍。

① EVA：抗拉强度及抗裂强度大，比重小，操作方便，伸长和耐破损性良好、耐菌性也好；

② ECB：广泛应用于水沟、蓄水池、屋面防水等，在隧道内使用 2.0mm 板，伸长性和焊接性良好，一般表面有一层彩色薄膜，一旦破坏很易发现；

③ PE：可分为高密度（HDPE）和低密度（LDPE）两类，前者强度和硬度较高，但加工困难，需要专用焊枪，在隧道防水中已很少使用；后者虽然强度较低，但操作方便、价格便宜。

2. 涂料类

涂料防水层应根据工程所在地区环境、气候条件、施工方法、结构构造形式、工程防水等要求选择防水涂料品种，并应符合以下规定。

① 潮湿基层宜选用与潮湿基面黏结力大的水泥基渗透结晶型防水涂料、聚合物改性水泥基等无机涂料或有机防水涂料，或采用先涂水泥基类无机涂料而后涂有机涂料的复合涂层。

② 冬季施工宜选用反应型涂料。

③ 有腐蚀性的地下环境宜选用耐腐蚀性较好的反应型、聚合物水泥涂料。涂料防水层的保护层应根据结构具体部位的情况确定。

④ 涂层防水所选用的涂料应具有良好的耐水性、耐久性、耐腐蚀性。并且无毒、难燃、低污染；无机防水涂料应具有良好的湿干黏结性、耐磨性；有机防水涂料应具有较好的延伸性及适应基层变形的能力。

⑤ 无机防水涂料厚度宜为 0.8～3mm，有机防水涂料厚度宜为 1～2mm，其中反应型涂料宜不小于 1.5mm。

⑥ 防水涂料可采用外防外涂，外防内涂和顶板外涂、侧墙与底板内涂三种做法。

涂料防水主要应用在明挖法施工结构防水中。地下铁道施工中选用的涂料主要是焦油聚氨酯涂料。

聚氨酯防水涂料在固化前为无定形黏稠状液态物，易在任何复杂的基面上施工，其端部手头容易处理，防水工程质量容易保证，防水层质量较高。该涂料为化学反应型，几乎不含溶剂，体积收缩小，易做成较厚的涂膜，而且涂膜呈整体性，无接缝，有利于提高防水层质量。这种涂料属于橡胶系，涂料具有橡胶弹性，延伸性好，抗拉强度和抗撕强度都较高，对一定范围内的基层变形裂缝有较强的适应性，是一种高档防水涂料。该类涂料在使用时需要训练有素的施工人员操作，在进行称量拌和时要注意安全。

3. 密封类

对于盾构法施工的地下铁道管片接缝防水需要采用密封材料，该类防水包括管片间的密封垫防水、隧道内侧临管片间的嵌缝防水及必要时向接缝内注浆等。

1）密封垫

密封垫位置一般在管片外缘，如图 7-4 所示。一般要求密封垫能够承受实际最大水压 3 倍的压力，衬砌环缝的密封垫还应在衬砌产生纵向变形及估计的错位量时，保持在规定水压力作用下不渗水。

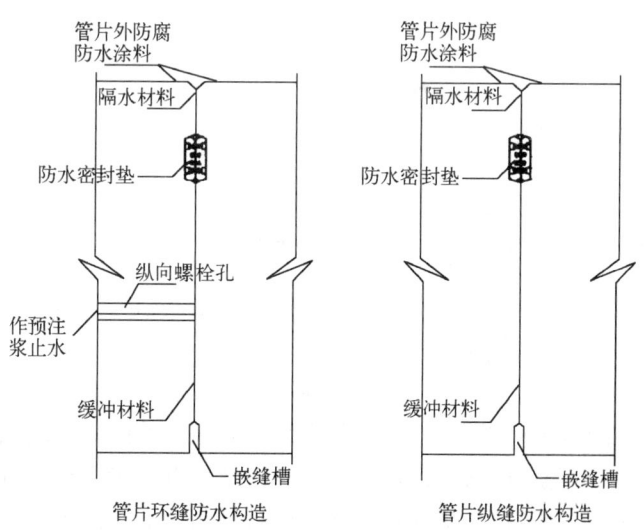

图 7-4 密封垫位置

(1) 密封垫材料要求

实践证明，密封垫的材料性能很大程度上决定着接缝防水的短期或长期效果，尤其是在防水功能的耐久性上，即要求密封垫能长时间保持接触面应力不松弛。其耐久性包括耐水性、耐疲劳性、耐干湿反复作用、耐化学腐蚀性等。对于雨水膨胀橡胶还要求保持膨胀压力。

密封材料之间及密封材料与管片之间应有足够的黏结性，而且不能影响管片的拼装精度，施工还应方便。

(2) 密封材料

按密封材料的发展过程来看，有单一型的，包括未硫化的异丁烯类、硫化的橡胶类、海绵类、两液型的聚氨酯类等；有复合型的，如海绵加异丁烯类加保护层、硫化橡胶加异丁烯类加保护层等；以及现在最为常用的水膨胀类，如遇水膨胀橡胶与弹性橡胶的复合密封材料，该类材料是在弹性橡胶弹性止水的基础上增加遇水膨胀止水功能。水膨胀材料能够在管片之间产生较大张开量，依靠弹性橡胶回弹无法完全止水的情况下，膨胀橡胶遇水会产生体积膨胀，从而达到止水的目的，有效地提升了盾构法隧道的防水性。

2) 嵌缝防水

嵌缝防水是在隧道内侧用防水材料嵌缝防水。

嵌缝的作业区范围应根据隧道使用功能和防水要求进行设计。根据设计经验，嵌缝范围一般为拱底90°，拱顶45°（这被称为"标准环嵌缝"）；在盾构进洞和出洞口，即每条区间隧道与车站连接的两端各25环，以及联络旁通道两侧各5环则需要整环嵌缝，即全断面实施嵌缝。

嵌缝材料应具有良好的水密性、耐侵蚀性、伸缩复原性、硬化时间短、收缩小、便于施工等特点。满足上述要求的材料有环氧类、聚硫橡胶类和尿素树脂类等材料。对于变形缝，则常采用柔性防水材料，如聚氨酯等。

3) 接缝注浆

重要盾构法隧道宜设置一道在管片拼装结束后可以通过预留注浆孔灌注浆的防水线。灌注的注浆材料要求流动性好，具有膨胀性，固结后无收缩。注浆材料一般有两类，一类是处理一般接缝的丙烯酰胺，一类是处理变形缝的水溶性聚氨酯。

7.2.2 结构主体防水

1. 明挖法结构防水

明挖法修建的地下铁道的结构防水，应采用钢筋混凝土结构自防水，并根据需要可局部或全部增设附加防水层或采用其他防水措施。

针对不同的基坑护坡方法，如敞口放坡、地下连续墙法等，防水结构的设计要求有所不同。敞口放坡施工，结构防水宜采用防水混凝土和全外包柔性防水层组成双道防线；对于地下连续墙法施工的车站，施工时宜采用高分子护壁泥浆护壁和水下抗分散混凝土浇筑，对墙体应该施作内防水层，同时应该考虑连续墙体间的接缝防水。

附加防水层一般采用卷材、涂料等做成，通常防水层设在主体结构外侧（即迎水面），且要求与结构表面黏结良好。明挖法修建地下铁道可采用的防水措施如表7-1所示。

表7-1 明挖法修建的地下结构防水措施

工程部位	主体				施工缝				后浇带			变形缝					
防水措施	防水混凝土	防水卷材	防水涂料	塑料防水板	遇水膨胀止水带	中埋式止水带	外贴式止水带	金属板	外涂防水涂料	膨胀混凝土	遇水膨胀止水带	外贴止水带	防水嵌缝材料	中埋式止水带	外贴式止水带	可卸式止水带	防水嵌缝材料	外贴防水卷材	外涂防水涂料	遇水膨胀止水条
防水等级 一级	应选	应选1～2种			应选2种					应选	应选2种			应选	应选2种					
防水等级 二级	应选	应选1种			应选1～2种					应选	应选1～2种			应选	应选1～2种					

外包防水层通常采用塑料防水板、卷材防水层,铺设在混凝土结构主体的迎水面,敷设层数为一到二层。选用塑料防水板时,厚度宜为1～2mm。当采用高聚物改性沥青防水卷材时,厚度不应小于3mm,单层使用厚度不应小于4mm,双层使用总厚度不应小于6mm;当采用合成高分子防水卷材时,单层使用厚度不应小于1.5mm,双层使用总厚度不应小于2.4mm。防水层的设计应包括保护层,保护层通常有水泥砂浆保护层、细石混凝土层、土工布和泡沫缓冲材料等。主体结构防水层施工完后,由于结构外空间较大,一般要以黏土层作为不透水层,结构顶面做成"人"字形排水坡,外围回填土分层夯实。

施工的一般步骤为:先在地板的找平层及边墙下部(永久保护墙与卷材接槎高度)按规定施作防水层,并抹防水砂浆予以保护,然后立模灌注主体结构,拆模后接长卷材将其粘贴于边墙和顶板的外侧,最后施作保护层。图7-5为桩支护敞口明挖车站防水做法。

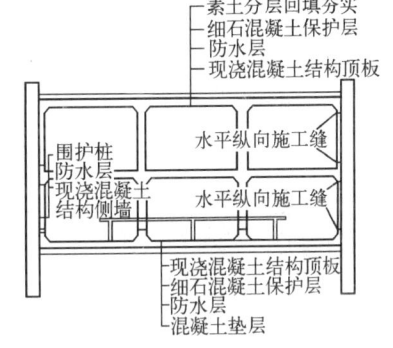

图7-5 桩支护敞口明挖车站防水做法

2. 矿山法结构防水

矿山法修建的地下铁道的防水结构一般采用符合式衬砌结构,其具体做法是在喷混凝土的初期支护上铺设塑料板或膜为主体材料的防水隔离层,然后再进行二次衬砌混凝土的浇筑。实践证明,夹层防水结构不仅防水效果好,而且可以减少二次衬砌的收缩裂缝。

复合式衬砌的夹层防水结构根据初期支护表面凹凸情况,一般都在防水隔离层背后加设缓冲和导水的垫层,并采用无钉铺设法,以保护防水隔离层免遭破坏和提高防水效果。

国内外大量工程实践证明,隧道采用复合式衬砌结构,在初期支护喷射混凝土和二次衬砌模注防水混凝土之间采用高分子树脂板材(如ECB、EVA、PE板材等)作防水隔离层,其防水效果好。矿山法修建的地铁车站和区间隧道所采用的防水措施应符合表7-2的规定。图7-6为北京地铁浅埋暗挖法复合式防水典型做法示意。

夹层防水设计中需要注意以下几个方面。

① 根据工程具体情况和防水要求,夹层式防水可只设在拱部,或拱部和边墙形成全面

的防水层,也可做成包括仰拱在内的全断面连续防水层。

② 对于非全断面的防水层,要配置排水孔和洞内排水系统。其厚度要求如下:
- ECB 膜 1.5mm 以上,不得小于 1.2mm;
- EVA 膜 1.0mm 以上,不得小于 0.8mm;
- LDPE 膜 0.8mm 以上,不得小于 0.65mm。

③ 对于不平整的基面,必须设置缓冲、导水垫层。对于二次衬砌亦要提出具体的抗渗等级,当二次衬砌采用 C30 补偿收缩性防水混凝土时,抗渗等级不得小于 S8;

④ 根据不同的工程要求,夹层防水的原材料允许多种混用,但必须处理好不同材料防水层的接头问题,提出可靠措施,保证密封。

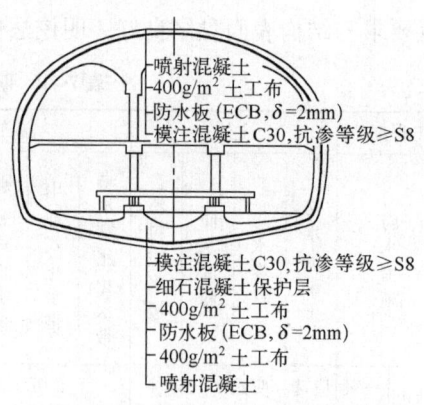

图 7-6 矿山法修建的地下车站复合式衬砌防水做法

表 7-2 矿山法修建的地下结构防水措施

工程部位	防水措施		防水等级	
			一级	二级
主体	复合式衬砌	喷锚初期支护	应选 1 种	应选 1 种
		夹层防水层或隔离层		
		整体现浇防水混凝土二次衬砌,抗渗等级 S8		
	整体现浇防水混凝土衬砌,抗渗等级不小于 S8			
	喷射混凝土易掺入复合外加剂材料,其品种及掺量应通过试验确定,喷射混凝土的抗渗等级不应小于 S6		不应选	
内衬砌施工缝	外贴式止水带		应选 2 种	应选 1～2 种
	遇水膨胀止水条			
	防水嵌缝材料			
	中埋式止水带			
内衬砌变形缝	中埋式止水带		应选	应选
	外贴式止水带		应选 2 种	应选 1～2 种
	可卸式止水带			
	防水嵌缝材料			
	遇水膨胀止水带			

3. 盾构法结构防水

盾构法修建的隧道绝大部分采用由单层钢筋混凝土管片拼装而成的衬砌结构,其结构防水主要针对管片防水和管片接缝防水进行介绍。

1) 管片防水

管片防水包括管片本体防水和管片外防水涂层。盾构法隧道防水主要是在一定的水压作用下，除了管片必须有抗渗能力外，更应满足管片纵横缝在规定的张开量及允许的错位量下的防水能力。盾构管片裂缝应满足迎水面不大于 0.15mm，背水面不大于 0.2mm。根据隧道所处的水文地质条件，管片应采用不小于 C45 高强度混凝土制作的高精度管片，其抗渗等级不小于 S10，混凝土渗透系数不宜大于 5×10^{-13} m/s。

管片外防水涂层要求如下。

① 涂层应能在盾尾密封钢丝刷与钢板的挤压摩擦下不损伤。

② 当管片弧面的裂缝宽度达到 0.3mm 时，仍能抵抗 0.6MPa 的水压，保持长期不渗漏。

③ 涂层应具有良好的抗化学腐蚀功能、抗微生物侵蚀功能和耐久性。

④ 涂层应具有防迷流的功能，其体积电阻率、表面电阻率要高。

⑤ 管片外防水涂料宜采用环氧或改性环氧涂料等封闭型材料；也可采用水泥基渗透结晶型或硅氧烷类等渗透型材料。

2）管片接缝防水

管片接缝防水包括管片间的密封垫防水、隧道内侧相邻管片间的嵌缝防水和必要时向接缝内注浆等。其中密封垫防水最重要也最可靠，是接缝防水的重点。

在试件材质确定的情况下，密封垫的断面构造形式对止水起了决定性的作用。常用的密封垫有 3 种断面结构：梯形（弹性橡胶与雨水膨胀橡胶复合、全遇水膨胀橡胶）、中孔型（弹性橡胶与遇水膨胀橡胶复合、全遇水膨胀橡胶、全弹性橡胶）、梳型（弹性橡胶与遇水膨胀橡胶复合、全弹性橡胶），具体如图 7-7 所示。

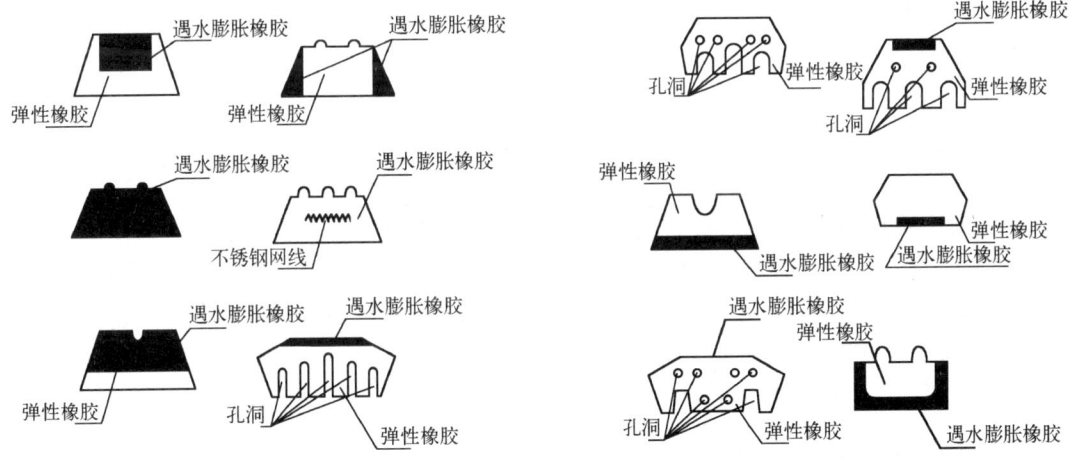

图 7-7 密封垫形状

7.2.3 细部结构防水

1. 细部结构防水的特点

地铁结构的细部如变形缝、施工缝、后浇带（缝）、穿墙管（盒）、预埋件等都是结构防水的重点，稍有不慎就会发生渗漏。这些细部是工程完工后渗漏水的主要发生部位。细部构造在防水上具有以下特点。

① 防水工艺复杂，施工难度大。细部构造防水在设计上要求各种防水材料定位准确、连接密贴牢固，也对细部构造拐角、缝隙及基面的处理提出很高的要求。要达到满意的防水效果，这就要求施工人员不但对防水材料的焊接、安放、定位要牢固准确，也要求在窄小的施工空间中保证混凝土的浇筑质量，确保混凝土密实。

② 应用防水材料多，通常采用多层次防水。在细部构造部位，通常外部防水层需要加强，止水带、止水条、嵌缝材料、密封材料及防水涂料等都被用到，从而实现了防水的多层化。

2. 变形缝防水

变形缝处采取的防水措施应能满足接缝两端结构产生的差异沉降及纵向伸缩时的密封防水要求。从防水构造上看，变形缝需要具备以下几个条件。

① 能够承受一定的水压力。
② 能适应结构的变形和沉降，在一定的外力作用下不致破坏。
③ 和主体结构的防水层四面相互衔接，形成一个整体以防渗漏。
④ 具有足够的耐久性。

变形缝防水层应由止水带、填缝板、密封材料三部分组成。止水带的放置方式一般分为埋入式和外贴式两种，止水带应具有当变形缝产生变形时在混凝土中锚固、止水及适应变形的性能；填缝板应具有一定的适应变形缝变形的能力，用于填封变形缝并起到对止水带及密封材料的支撑或背衬作用；密封材料应对变形缝起到止水密封的作用，能适应变形缝的变形，并应嵌置在迎水面。目前常见的变形缝防水构造形式如图 7-8 所示。

3. 施工缝防水

施工缝分纵向施工缝和环向施工缝，施工过程中混凝土应连续浇筑，少留施工缝。留设施工缝须遵守以下规定：墙体水平施工缝不应留在剪力和弯矩最大处或底板与侧墙的交接处，应留在高出底板表面不小于 300 mm 的墙体上；拱（板）墙结合的水平施工缝，宜留在拱（板）墙接缝线以下 150～300 mm 处；施工缝距墙体预留孔洞边缘不小于 300 mm。图 7-9 为明挖法施工地铁施工缝防水结构。

4. 穿墙管（盒）防水

穿墙管要在浇筑混凝土前预埋，其与内墙角、凹凸部位的距离应大于 250 mm，其常见防水形式如图 7-10 所示。

穿墙管防水施工时应符合以下规定：金属止水环应与主管满焊密实；管与管的间距应大于 300 mm；穿墙管伸出外墙的部位，应采取有效措施防止回填时将管损坏。

5. 转角防水

对于转角处防水，需要经转角做成半径 R 不小于 50 mm 的圆角，同时增贴一层相同的半径的卷材，卷材宽度应不小于 500 mm，如图 7-11 所示。

第7章 给排水系统及结构防水

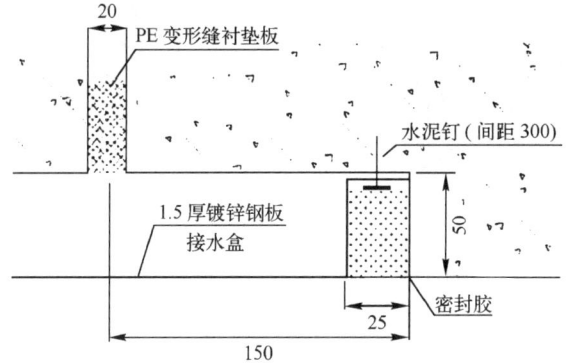

(a) 顶板变形缝柔性防水层构造

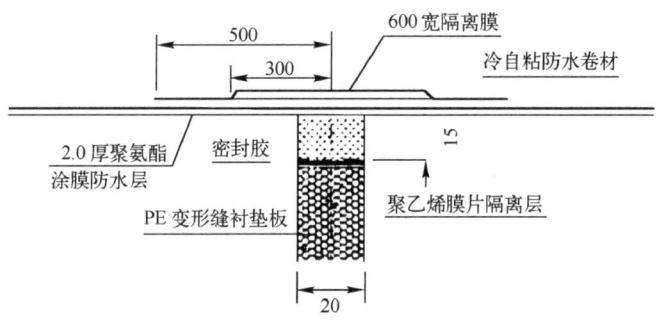

(b) 变形缝预留凹槽构造

图 7-8 常见变形缝防水构造图（尺寸单位：mm）

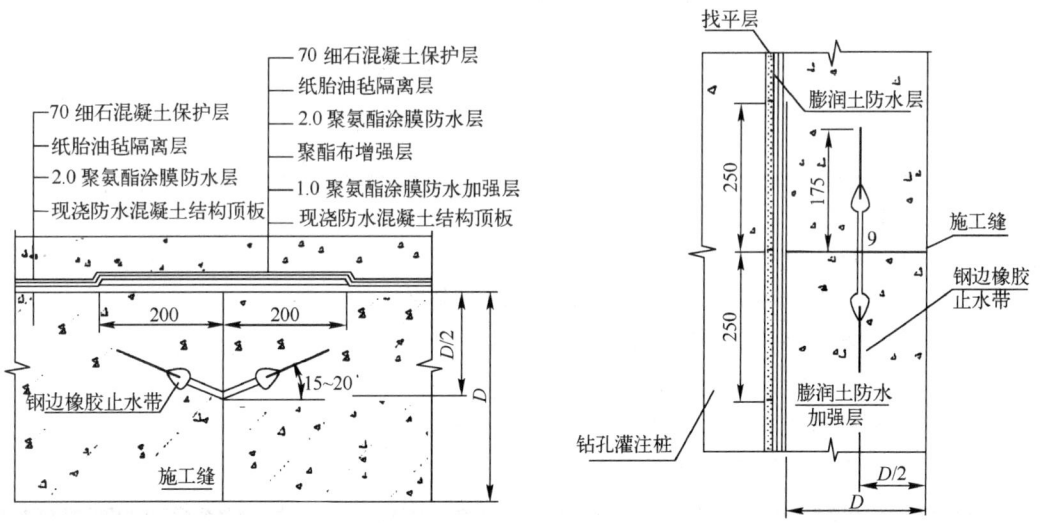

(a) 明挖法施工顶板施工缝防水结构　　(b) 明挖法结构底板施工缝防水结构

图 7-9 明挖法施工地铁施工缝防水结构（尺寸单位：mm）

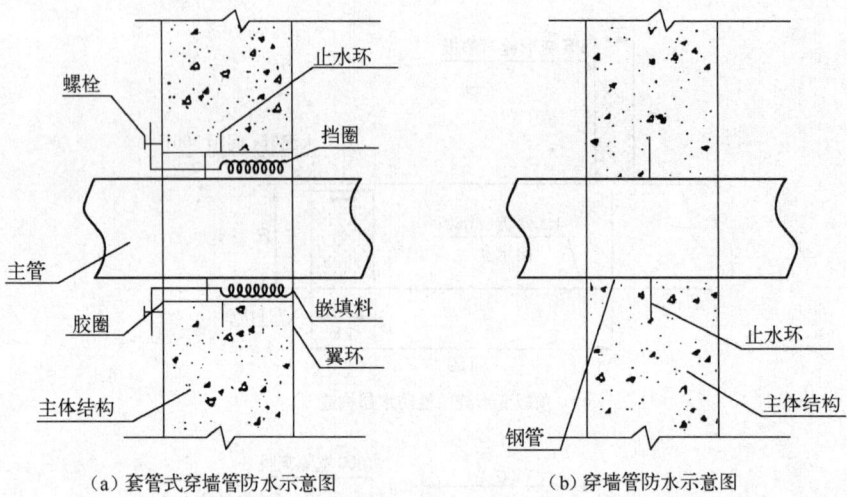

图 7-10 地铁结构穿墙管防水示意图

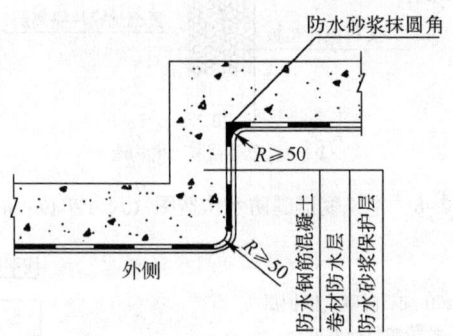

图 7-11 地铁结构转角防水做法

思考题

1. 简述地铁给水系统的概念和选择原则。
2. 简述地铁给水系统中管道布置和敷设的要求。
3. 说明各类排水系统的排水方式。
4. 简述矿山法中夹层防水设计中需要注意的事项。
5. 细部结构防水有哪些特点?
6. 简述主要的结构防水材料及其性质。

附录 A 城市轨道交通土建工程模拟试题

A1 模拟试题 1

一、填空题（24分，每空1分）请将合适的答案填在每题的空中

1. 城市轨道交通线路按其敷设方式可分为_____、_____和_____。
2. 较常用的明挖施工法的衬砌结构包括_____、_____等形式。
3. 盾构法管片类型根据截面形式可以分为_____和_____两类。
4. 地铁工程中常用的防水材料有_____、_____和_____等三类。
5. 混凝土高架桥有_____、_____和_____三种类型。
6. 桥墩一般由_____、_____及_____三部分组成。
7. 轨道交通高架车站常见的结构形式有_____、_____、_____。
8. 地下车站的结构按不同的施工方法分为_____、_____、_____及_____等。
9. 车辆段的规模主要由_____、_____两部分的能力决定。

二、单项选择题（14分，每题2分）

1. 我国常用缓和曲线的方程是（　　）。
   A. 放射螺旋线　　B. 三次抛物线　　C. 五次曲线　　D. 七次曲线
2. 新奥法是（　　）。
   A. 一种施工方法　　B. 施工原则　　C. 矿山法　　D. 施工条件
3. 最常见的隧道断面形式是（　　）。
   A. 马蹄形　　B. 圆形　　C. 四边形　　D. 五边形
4. 隧道施工过程主要包括（　　）。
   A. 开挖方式　　B. 临时支护　　C. 永久支护　　D. 监控量测
5. 地下车站和区间的消防给水应设计成（　　）。
   A. 单向型　　B. 环状管网型　　C. 双向型　　D. 枝状型
6. 对于侧式站台高架车站，以下描述不正确的是（　　）。
   A. 站台被上下行线分开，适用于单侧客流量不大的车站
   B. 车站与区间的线间距相同，区间线形较好，有利于区间结构的标准化
   C. 车站与区间连接平顺、自然，桥墩布置规则
   D. 区间线路曲线数增加，高架区间双线桥改为单线桥，总投资较大
7. 下列哪项不属于岛式站台的特点？（　　）
   A. 站台面积利用率高
   B. 站厅与站台的设置不在同一高度上
   C. 改扩建时，延长车站困难，技术复杂
   D. 不需设喇叭

三、简答题（40 分，每题 8 分）

1. 请简述明挖法施工的优点是什么？
2. 请简述浅埋暗挖法中稳定隧道开挖面的方法有哪些？
3. 请简述深基础的特点和分类。
4. 请简述高架车站建筑设计的设计原则。
5. 请简述车辆段平面布置的原则是什么？

四、问答题（22 分）

城市轨道交通线路为什么要设置曲线外轨超高？超高与哪些因素有关？为什么要限制欠超高和最大外轨超高？

A2　模拟试题 2

一、填空题（20 分，每空 1 分）请将合适的答案填在每题的空中

1. 列车折返方式根据折返线位置布置情况分为_____和_____。
2. 我国生产的轨道长度有_____和_____两种标准轨长。
3. 地下墙各槽段之间靠接头连接。连接方式有两种：_____和_____。
4. 桥梁基础根据埋置深度可分为_____和_____。
5. 重力式桥墩按其墩身截面形式，可以分为_____、_____、_____和_____四种。
6. 高架车站按照与城市道路的位置关系可分为_____、_____、_____。
7. 地下车站按其功能及地形环境不同可分为_____、_____、_____。
8. 地铁车辆段的总平面布置按厂房组合形式可分为_____、_____。

二、单项选择题（12 分，每题 2 分）

1. 选择隧道施工方法主要应根据（　　）。
   A. 隧道长度　　　B. 工期要求　　　C. 地质条件　　　D. 资金投入
2. 下列不属于喷射混凝土的方式的是（　　）。
   A. 干喷　　　　　B. 湿喷　　　　　C. 低温喷　　　　D. 潮喷
3. 隧道围岩分为几类（　　）。
   A. 4 类　　　　　B. 5 类　　　　　C. 6 类　　　　　D. 7 类
4. 对于防水涂料品种的选择，以下符合规定要求的是（　　）。
   A. 冬季施工宜选用水乳型涂料
   B. 有腐蚀性的地下环境宜选用无机防水涂料
   C. 有振动或者有较大变形的工厂，宜选用高弹性防水涂料
   D. 潮湿基层宜选用聚合物水泥涂料
5. 对于空间框架式高架车站，以下描述正确的是（　　）。
   A. 车站建筑布置比较灵活，传力途径较明确，结构整体性好
   B. 车站轨道梁及其基础结构为一独立的桥梁结构，受力分明，震动和噪声对周围环境影响小，结构耐久性好
   C. 采用纯框架结构，建筑布置较为方便，建筑高度小，结构整体性较好，框架对桥墩

能起到约束作用

D. 轨道梁独立支撑于框架横梁上面,且便于处理同区间的接口问题

6. 根据下列哪些基本信息来确定车站和站台的结构形式及尺寸（　　）。

A. 站址地理条件　　B. 站内列车型号　　C. 车辆编组情况　　D. 客流预测

三、简答题（40分,每题8分）

1. 简述地下车站的主要功能及其优缺点有哪些?
2. 简述换乘站设计的原则。
3. 何谓小半径曲线？简述小半径曲线对工程和运营的影响。
4. 简述新奥法有哪些原则？
5. 简述初期支护中喷射混凝土的作用。

四、问答题（28分,每题14分）

1. 按照车辆段内的站段关系,车辆段总平面布置分为哪些基本形式？通过比较分析得出各自有哪些特点。
2. 请比较分析混凝土拱桥、梁桥和刚性框架桥的优缺点及混凝土梁桥简支体系和连续结构的特点。

参考文献

[1] 北京城建设计研究总院. 地铁设计规范(GB 50157—2003)[S]. 北京:中国计划出版社,2003.
[2] 中华人民共和国住房和城乡建设部. 城市轨道交通技术规范(GB 50490—2009)[S]. 北京:中国计划出版社,2009.
[3] 铁道部第二勘察设计院. 铁路隧道设计规范(TB 10003—2005)[S]. 北京:中国铁道出版社,2005.
[4] 上海建设和管理委员会. 建筑给水排水设计规范(GB 50015—2003)[S]. 北京:中国计划出版社,2003.
[5] 上海建设和管理委员会. 室外给水设计规范(GB 50013—2006)[S]. 北京:中国计划出版社,2006.
[6] 上海建设和管理委员会. 室外排水设计规范(GB 50101—2005)[S]. 北京:中国计划出版社,2005.
[7] 顾保南,叶霞飞. 城市轨道交通工程[M]. 武汉:华中科技大学出版社,2007.
[8] 周晓军,周佳媚. 城市地下铁道与轻轨交通[M]. 成都:西南交通大学出版社,2008.
[9] 毛保华. 城市轨道交通规划与设计[M]. 北京:人民交通出版社,2006.
[10] 铁道部第二勘测设计院. 铁路工程设计技术手册:隧道[M]. 北京:中国铁道出版社,1995.
[11] 张立. 城市轨道交通[M]. 成都:西南交通大学出版社,2006.
[12] 毛保华. 城市轨道交通[M]. 北京:科学出版社,2004.
[13] 刘杰,章韵. 高架结构[M]. 北京:人民交通出版社,2009.
[14] 周良. 城市高架桥设计施工技术及工程实例[M]. 北京:中国建筑工业出版社,2009.
[15] 沈庆均. 铁路桥梁墩台基础[M]. 北京:中国铁道出版社,1997.
[16] 何宗华. 城市轨道交通土建设施运行与维修[M]. 北京:中国建筑工业出版社,2006.
[17] 黄宏伟. 轨道交通工程建设风险管理及其应用[M]. 上海:同济大学出版社,2009.
[18] 王承礼. 铁路桥梁[M]. 北京:中国铁道出版社,1993.
[19] 刘龄嘉. 桥梁工程[M]. 北京:人民交通出版社,2006.
[20] 姜晨光. 地铁工程建造技术[M]. 北京:化学工业出版社,2010.
[21] 孙章,何宗华,徐金祥. 城市轨道交通概论[M]. 北京:中国铁道出版社,2000.
[22] 赵惠祥,谭复兴,叶霞飞. 城市轨道交通土建工程[M]. 北京:中国铁道出版社,2000.
[23] 施仲衡. 地下铁道设计与施工[M]. 西安:陕西科学技术出版社,1997.
[24] 刘钊,佘才高. 地铁工程设计与施工[M]. 北京:人民交通出版社,2004.
[25] 铁道部基本建设总局. 铁路隧道新奥法指南[M]. 北京:中国铁道出版社,1988.
[26] 沈春林. 防水工程手册[M]. 北京:中国建筑工业出版社,2006.
[27] 国家人民防空办公室. 地下工程防水技术规范(GB 50108—2001)[S]. 北京:中国计划出版社,2001.
[28] 刘清文. 地铁工程防水技术研究[D]. 成都:西南交通大学,2005.
[29] 吴俊奇,付婉霞. 给排水工程[M]. 北京:中国水利水电出版社,2010.
[30] 安宁. 城市轨道交通工程[M]. 北京:人民交通出版社,2008.
[31] 张庆贺,朱合华,庄荣. 地铁与轻轨[M].2版. 北京:人民交通出版社,2006.
[32] 孙章,蒲琪. 城市轨道交通概论[M]. 北京:人民交通出版社,2010.
[33] 毛保华,姜帆,刘迁. 城市轨道交通[M]. 北京:科学出版社,2008.
[34] 周顺华,崔之鉴. 城市轨道交通结构工程[M]. 上海:同济大学出版社,2004.
[35] 周虎利. 城市轨道交通轨道结构的选型研究[J]. 铁道标准设计,2009(11).
[36] 徐振廷. 城市轨道交通线路选线设计[J]. 交通科技,2009(7).

[37] 杨志团. 城轨交通线路方案选择及城轨交通规划建设问题探讨[J]. 建筑设计,2008(3).
[38] 马振海. 城市轨道交通线路的敷设方式[J]. 学术专论,2005(3).
[39] 雷磊,罗霞. 关于城市轨道交通线路合理长度的讨论[J]. 都市快轨交通,2008(4).
[40] 孟凡铁. 地铁线路设计研究[J]. 铁道工程学报,2007(2).
[41] 曾向荣,张格妍,赵晓华. 关于城市轨道交通钢轨选型的探讨和建议[J]. 都市快轨交通,2007(2).
[42] 孟祥雷. 浅析地铁车站设计[J]. 甘肃科技,2009(13).
[43] 于春华. 城市轨道交通轨道扣件综述[J]. 铁道工程学报,2003(3).
[44] 缪东. 论城市轨道交通车辆段的设置规模和建设方式[J]. 铁道工程学报,2005(3).
[45] 陈义志. 城市轨道交通车辆段内线路的配置[J]. 中国轨道交通研究,2009(1).
[46] 尚漾波,叶霞飞. 国内外城市轨道交通车辆段规模比较分析[J]. 都市快轨交通,2009(3).
[47] 叶霞飞,李君,霍建平. 国内外城市轨道交通车辆段对比研究[J]. 城市轨道交通研究,2003(1).
[48] 党京. 地铁车辆段设计咨询的几点思考[J]. 铁道标准设计,2004(1).
[49] 彭义,赵金峰. 浅谈城市地铁车辆段总平面布置[J]. 铁道标准设计,2001(3).
[50] 肖瑞金. 国外地铁车辆段的设计和车辆维修设施[J]. 都市快轨交通,2005(1).
[51] 张雄. 论地铁车辆段总平面设计的特点及优点[J]. 铁道工程学报,1999(3).
[52] 仇立新. 城市轨道交通系统车辆段设计有关问题探讨[J]. 城市轨道交通,2001(12).
[53] 王晋川. 盾构隧道防水设计要点[J]. 中国建筑防水,2009(3).